elefante

elefante

Conselho editorial
Bianca Oliveira
João Peres
Tadeu Breda

Edição
Tadeu Breda

Assistência de edição
Luiza Brandino

Preparação
Eduarda Rimi

Revisão
Natalia Engler

Capa
Sidney Schunck

Direção de arte
Bianca Oliveira

Diagramação
Fernando Zanardo
Daniela Miwa Taira

Antony Loewenstein

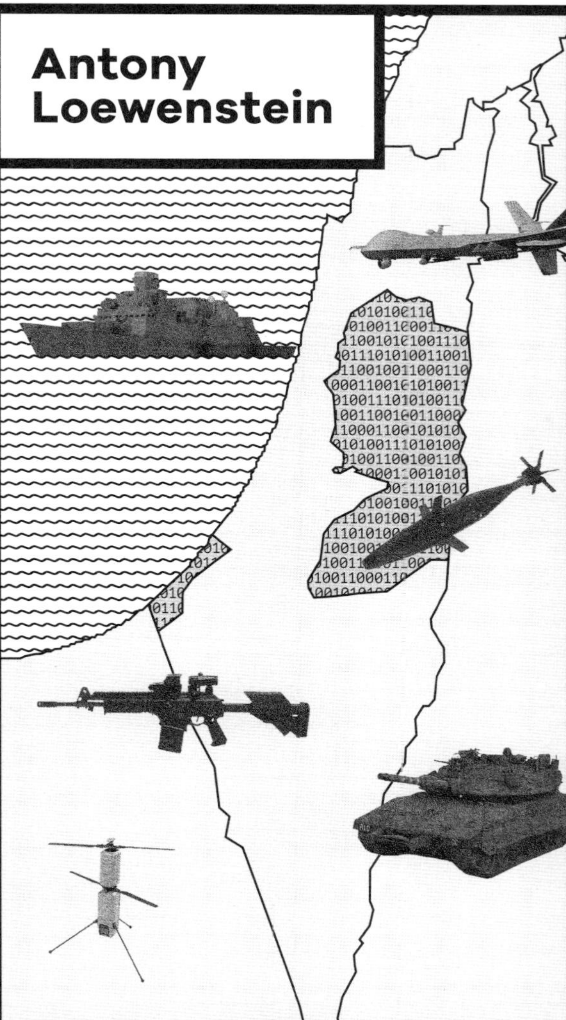

LABORATÓRIO PALESTINA

Como Israel exporta tecnologia de ocupação para o mundo

TRADUÇÃO **Gabriel Rocha Gaspar**

Em solidariedade aos palestinos e israelenses que lutam por um futuro justo

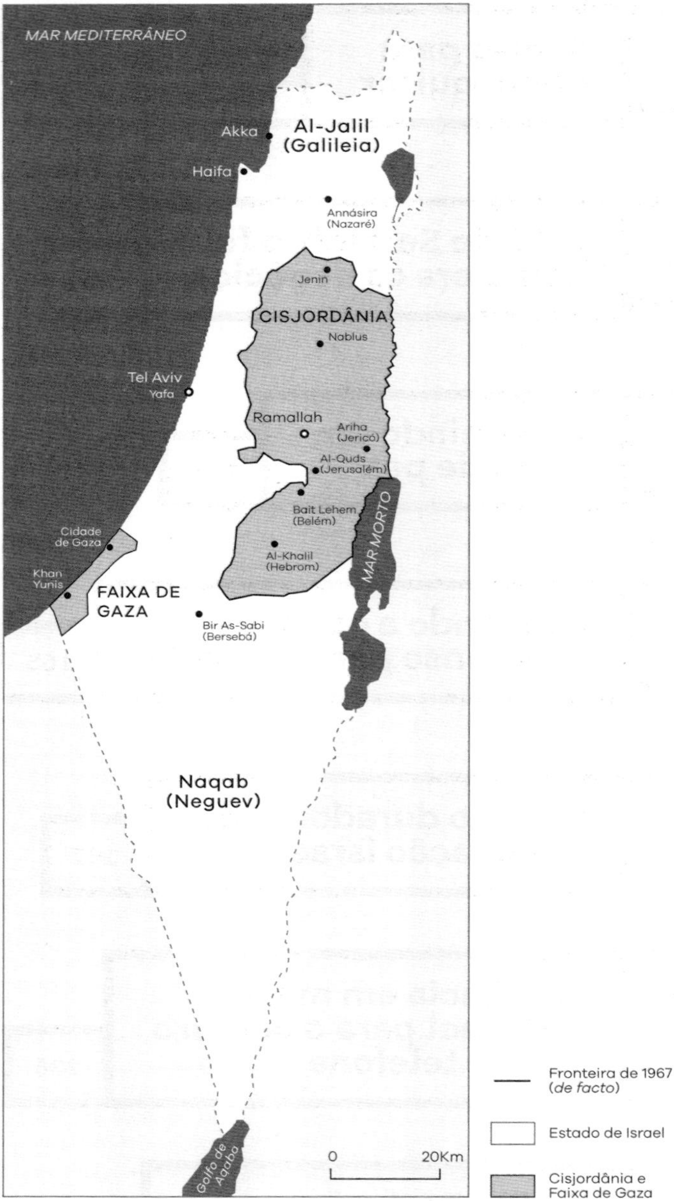

Linhas do armistício
de 1949.

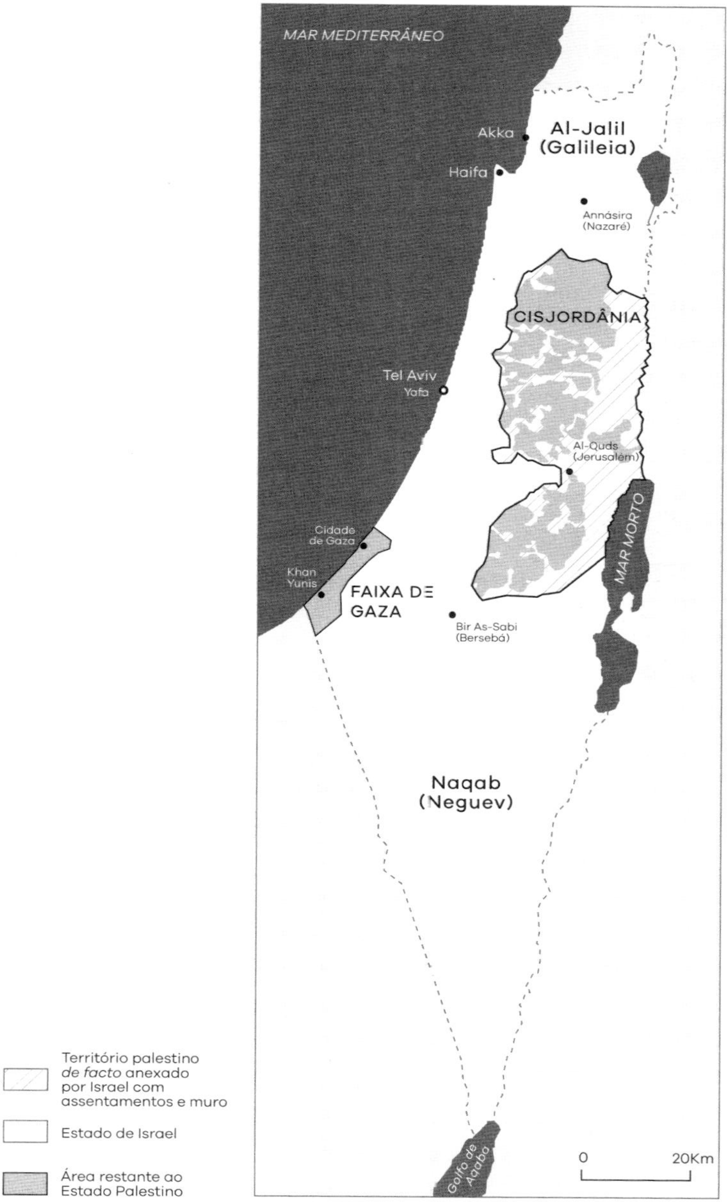

Assentamentos israelenses na Cisjordânia a partir de 2020.

Laboratório Gaza

Prefácio à edição brasileira

O ataque do Hamas contra Israel, em 7 de outubro de 2023, chocou pela brutalidade. Seu nível de sofisticação, incapacitando tanto as Forças de Defesa de Israel (IDF) quanto sua ampla arquitetura de vigilância ao redor de Gaza, pegou Tel Aviv de calças curtas. Cerca de 1,2 mil israelenses, entre soldados e civis, foram mortos ou sequestrados, o que levou o Estado judeu a uma situação de paralisia, medo e raiva sem precedentes nos últimos cinquenta anos.

O Oriente Médio nunca havia testemunhado coisa parecida: um grupo militante sediado em Gaza cegou e subjugou temporariamente a nação mais poderosa da região. Foi um golpe contra a crença, há muito consolidada em Israel, de que os 2,3 milhões de palestinos residentes em Gaza poderiam ser confinados para sempre na maior prisão a céu aberto do mundo, sem que houvesse consequências.

Nada justifica os massacres cometidos pelo Hamas. Eles foram atrozes, ilegais e contraproducentes para a causa palestina — provocaram um sofrimento indescritível a milhões de palestinos, sem produzir qualquer ganho político aparente. No máximo, deixaram ainda mais precária a situação dos palestinos em sua terra ancestral.

Como era de esperar, Israel respondeu imediatamente ao 7 de outubro com uma campanha acachapante de choque e pavor, matando até agora pelo menos quarenta mil palestinos em Gaza, dos quais muitos eram civis e crianças. Dizimou amplas parcelas do território sitiado, deixando-as inabitáveis. E esse era exatamente o objetivo: forçar os palestinos a saírem ou viverem permanentemente em cidades de barracas.

É difícil colocar em palavras a escala dos horrores em Gaza. Valas comuns para palestinos. Cadáveres com sinais de tortura. Hospitais bombardeados, invadidos e inutilizados. Soldados israelenses filmando a si próprios enquanto humilham palestinos para exposição pública no TikTok, usando roupas íntimas roubadas de mulheres palestinas, e exibindo como troféu a devastação de escolas e mesquitas. A tortura de prisioneiros palestinos, que não foi algo marginal, conduzido por umas poucas "laranjas podres" do exército, mas ações populares, reflexos da sede de sangue de todo um público israelense que não enxerga os palestinos como merecedores de igualdade, muito menos de direito à segurança.

"A direita quer mais, mais e mais", escreveu o jornalista Gideon Levy no *Haaretz*, em abril de 2024, "assim como muitos israelenses que não se consideram de direita. Não basta que todos os cidadãos de Gaza sejam mortos, desabrigados ou mutilados. Eles querem mais".

As imagens de Gaza são apocalípticas. Lembram o bombardeio aliado contra a cidade alemã de Dresden, nos estertores da Segunda Guerra, ou a destruição da cidade iraquiana de Mossul, conduzida pelos Estados Unidos em 2017 sob o pretexto de destronar o Estado Islâmico. Junto com a maior parte do Ocidente, o presidente Joe Biden cerrou fileiras com Israel depois do 7 de outubro e não deixou a carnificina abalar seu apoio às ações de Tel Aviv. O apoio ocidental foi praticamente incondicional. Estados Unidos, Alemanha, Holanda, Austrália e Reino Unido despacharam armamento às pressas para auxiliar na luta israelense. Ficou óbvio que, para eles, vidas palestinas não importam. Famílias inteiras foram extintas, bairros deixaram de existir. Amigos palestinos em Gaza, com quem eu convivi desde que fiz minha primeira cobertura local em 2009, perderam suas casas, seu sustento. Tornaram-se refugiados em sua própria terra. Uns poucos tiveram a sorte de escapar para o Egito e alhures, mas seu futuro é incerto.

Nunca havia ficado tão patente o desprezo de grande parte da mídia e da classe política ocidentais em relação à própria existência dos palestinos. A Nakba de 1948 [ver p. 54] foi um período catastrófico, que ecoa até hoje na vida palestina. Mas esse evento infame empalidece diante do massacre e do deslocamento forçado de palestinos que sucederam o 7 de outubro. Só podemos imaginar as consequências deste último desastre. Mas é certo que não produzirá nada de bom.

Como nos reconciliaremos com esse nível de matança e humilhação deliberadas? Não é difícil perceber que Israel vê nesse momento uma oportunidade de terminar o trabalho iniciado em 1948: produzir uma Nakba de proporções bíblicas, capaz de dispersar para sempre a identidade palestina pelos quatro cantos do mundo. O ex-primeiro-ministro israelense Naftali Bennett descreveu assim sua visão para o futuro: "A partir de agora, Israel precisa viver um Vale do Silício em Esparta. [...] Fomos cruelmente rememorados [no 7 de outubro] de que a existência de Israel depende de que estejamos constantemente vigilantes, em alerta. E de que sejamos fortes e muito, muito duros".[1]

Esse sonho é desafiado por uma inédita campanha popular de boicote e embargo de armas. Com ela, surge a probabilidade de julgamentos de soldados israelenses — inclusive com a emis-

1 X: @naftalibennett, 8 abr. 2024. [N.E.]

são de mandados de prisão para o premiê Benjamin Netanyahu e seu ministro da Defesa, Yoav Gallant (junto com três líderes do Hamas), pelo Tribunal Penal Internacional. Esses são todos resultados plausíveis da carnificina em Gaza. A crueldade de Israel, que exibe de forma tão ostensiva seu desprezo pelo sofrimento palestino, resultou em protestos globais numa escala que não se via desde as manifestações contra a invasão estadunidense do Iraque em 2003. Pesquisas de opinião pública nos Estados Unidos, principalmente entre pessoas de 18 a 35 anos, mostram uma insatisfação completa, tanto com a maneira como a administração Biden conduz a guerra quanto com a falta de vontade da Casa Branca em frear as ações israelenses.

Em direção diametralmente oposta, o clima político em Israel é repleto de clamores pela aniquilação completa de Gaza, uma demanda cotidiana de políticos, jornalistas, do público em geral. O *Kan*, um grande veículo de mídia local, publicou um vídeo em que crianças israelenses cantam: "dizimaremos todo mundo" em Gaza.[2] Enquanto isso, o primeiro-ministro Netanyahu, assolado internamente por protestos contra a tentativa de seu governo de neutralizar por completo uma Suprema Corte já fraca e muitas vezes relapsa, repetiu sua praxe de não assumir qualquer responsabilidade pelos profundos fracassos militar e de inteligência escancarados no 7 de outubro. Não se sabe quanto tempo mais ele permanecerá no poder.

Por trás do fracasso israelense de 7 de outubro, está uma combinação de arrogância *hi-tech*, calcada na crença de que o aparato de vigilância é impenetrável, com uma cegueira fatal

2 "Israeli state TV video shows children singing about Gaza", *Al Jazeera*, 21 nov. 2023. [N.E.]

das agências de inteligência diante dos claros sinais de que o Hamas preparava um ataque em grande escala. O fato de Tel Aviv ter sitiado Gaza com um conjunto de cercas, drones e aparelhos de escuta sempre se amparou na ideia delirante de que, cedo ou tarde, os palestinos se conformariam com seu próprio aprisionamento.

Hoje, sabe-se que a inteligência israelense tomou conhecimento dos planos do Hamas pelo menos um ano antes dos ataques, mas nunca acreditou que o grupo militante fosse capaz de (ou mesmo que tivesse interesse em) escalar o conflito tão radicalmente. Foi uma falha de proporções catastróficas, similar à incompetência dos Estados Unidos em detectar as pistas de que sofreria os ataques terroristas de 11 de setembro de 2001.

Nada disso tem impedido Israel de testar novos armamentos durante sua campanha de terra-arrasada contra Gaza a partir de 7 de outubro de 2023. As ferramentas de guerra foram orgulhosamente exibidas nas redes sociais, tanto para o público doméstico quanto internacional — e, claro, a potenciais compradores globais. Israel usou armas guiadas por inteligência artificial para atingir alvos não militares com uma ferocidade nunca antes vista. É uma "fábrica de assassinato em massa", como definiu um oficial da inteligência israelense.

Esse é o *modus operandi* do Laboratório Palestina. E por isso minha expectativa é de que a indústria armamentista israelense prospere depois do 7 de outubro. A Elbit, principal empresa de defesa do país, já anunciou um "considerável aumento da demanda" por seus produtos. Feiras globais de armamentos em Singapura e Paris estiveram abarrotadas de israelenses promovendo armas, drones assassinos e aparatos tecnológicos de vigilância já "testados em batalha" na Faixa de Gaza. Sem dúvida, os instrumentos de morte empregados tão impiedosamente em Gaza logo figurarão em outras zonas de conflito.

Mesmo para alguém que cobriu Israel e Palestina por mais de vinte anos, o que passou a acontecer a partir de 7 de outubro tem sido demais. Todos os dias, vejo fotos e vídeos de palestinos mortos em Gaza. Isso está sendo feito em meu nome, como judeu. E a imensa maioria da comunidade judaica organizada no mundo tem oferecido apoio acrítico ao governo israelense. Uno-me aos judeus dissidentes de Estados Unidos, Reino Unido, Europa e Austrália que denunciam, ao mesmo tempo, o massacre do Hamas e a brutal resposta israelense, aos gritos de "não em nosso nome".

Em décadas de jornalismo, nunca meu trabalho foi tão notado quanto agora. Tenho recebido literalmente milhares de mensagens, de todos os cantos do mundo. A maioria, de pessoas expressando seu apoio a uma perspectiva judaica crítica sobre o conflito. Inúmeros veículos de mídia, incluindo CNN e *Al Jazeera*, me entrevistaram repetidas vezes acerca da indústria bélica israelense e da tecnologia repressiva empregada contra os palestinos.

Um dos episódios mais tocantes desse período foi descobrir o artista bangladês Debashish Chakrabarty. Ele criou uma série de imagens inspiradas pelo meu livro [originalmente publicado em maio de 2023], destacando os meios que Israel emprega para vender a tecnologia mais repressiva do mundo a alguns dos maiores infratores de direitos humanos. A arte dele viralizou na internet. E, então, algo extraordinário aconteceu: as imagens ganharam o mundo real. Pôsteres de seu trabalho começaram a aparecer em manifestações pró-Palestina, de Bangladesh aos Estados Unidos, mostrando como a mensagem de *Laboratório Palestina* saiu destas páginas e passou a influenciar ativistas e cidadãos no mundo todo.

Há um movimento crescente de pessoas preocupadas com o assunto deste livro: o "teste em batalha" de armas em palestinos. Leitores e leitoras estão determinados a usar esse conhecimento para pressionar governos e fabricantes de armas. Esse tipo de impacto é o sonho de qualquer escritor.

Mas nada disso significa que será fácil acabar com o Laboratório Palestina. O ataque de 7 de outubro e a resposta israelense fortalecem alas políticas e militares que almejam eternizar uma "guerra ao terror" israelense. Objetivamente, isso exige promover Israel como o principal combatente global contra o terrorismo islâmico. Apoiadores de Israel compararam o Hamas aos nazistas e perseguiram qualquer um que questionasse as táticas ditas necessárias para derrotar o grupo. Se for preciso atacar hospitais, escolas e campos refugiados palestinos, isso será feito.

É a mesma "lógica" usada pelos Estados Unidos depois do 11 de Setembro de 2001. E vejam para onde ela conduziu o mundo: mais de duas décadas de guerras ilegais contra as nações muçulmanas e um programa global de tortura. Como mostro exaustivamente neste livro, há muito tempo Israel argumenta que enfrenta uma guerra civilizacional contra os terroristas para que o Ocidente não tenha de fazê-lo. E essa retórica só ganhou mais tração depois de 7 de outubro.

Uma lição central do conflito Israel-Palestina, amplamente ignorada tanto nas capitais ocidentais quanto no mundo árabe, é o grande perigo de arrastar conflitos por décadas. A mudança começará pela sociedade civil e por ativistas pacifistas de diversas nações, que sabem que a Palestina é o derradeiro teste para qualquer pessoa supostamente preocupada em lutar por um mundo melhor, mais humano.

A imensa resposta internacional a este livro revela a demanda mundial por uma cobertura jornalística investigativa, rigorosa, sobre Israel e Palestina. E, sobretudo, pela exposição das forças malignas empregadas para que o conflito se perpetue indefinidamente.

Antony Loewenstein, maio de 2024

Introdução

O apartheid na África do Sul durou 46 anos.
O israelense tem 72 e segue a todo vapor.
— NATHAN THRALL[1]

Quando comecei a cobrir Israel/Palestina no início dos anos 2000, a internet engatinhava e os leões de chácara da mídia corporativa raramente permitiam que vozes críticas à ocupação israelense se fizessem ouvir. Cresci num lar sionista liberal em Melbourne, Austrália, onde o apoio a Israel não era obrigatório, mas certamente esperado. Meus avós fugiram da Alemanha nazista e da Áustria em 1939 e chegaram à Austrália como refugiados. Ainda que não fossem sionistas fanáticos, fazia sentido para eles enxergar Israel como um porto seguro para o povo judeu em caso de conflitos futuros.

Apesar desse sentimento permear a comunidade judaica na maior parte do mundo, logo comecei a me sentir desconfortável com o explícito racismo antipalestino que eu entreouvia, acompanhado de um apoio bovino às ações israelenses. Era como um culto, no qual vozes contrárias eram condenadas e ostracizadas. Durante a adolescência, lembro de meus amigos judeus papagaiando o que escutavam de seus pais e rabinos. Poucos haviam visitado Israel, que dirá a Palestina, mas

1 Nathan Thrall, "The separate regimes delusion: Nathan Thrall on Israel's apartheid", *London Review of Books*, v. 43, n. 2, 21 jan. 2021.

encampavam a narrativa dominante do medo: judeus estavam constantemente sob ataque e Israel era a solução. Pouco importava que palestinos tivessem de sofrer para que judeus se sentissem seguros. Parecia uma lição pervertida do Holocausto. Hoje tenho dupla cidadania — sou australiano e alemão — devido à fuga de minha família da Europa antes da Segunda Guerra Mundial. Sou um judeu ateu.

Quando estive no Oriente Médio pela primeira vez, em 2005, ainda nutria ilusões acerca de Israel e da Palestina. Eu dizia acreditar numa solução de dois Estados e no direito de Israel existir como Estado judeu. Não apoio mais nenhuma dessas ideias. Nos anos que se sucederam àquela viagem inaugural, fiz reportagens na Cisjordânia, em Gaza e em Jerusalém Oriental, documentando o crescente estrangulamento israelense da Palestina. Entre 2016 e 2020, vivi no bairro de Sheikh Jarrah, em Jerusalém Oriental, e cansei de ver a polícia israelense assediar e humilhar palestinos. A rotina da ocupação era opressiva contra quem não era judeu. Senti vergonha pelo que estava sendo feito em meu nome como judeu. Hoje, como solução para o conflito, defendo a criação de um Estado único, onde todos os cidadãos vivam em pé de igualdade.

Minha evolução nos últimos vinte anos reflete o crescimento da sensibilização global acerca do que Israel sempre foi e para onde parece ir. O debate público sobre o tema mudou sensivelmente no início dos anos 2000, e isso se deve à realidade em campo.

A principal organização de direitos humanos de Israel, B'Tselem, divulgou um relatório no início de 2021 que concluía haver no país um "regime de supremacia judaica, do Rio Jordão ao Mediterrâneo. Isso é apartheid". A Human Rights Watch e a Anistia Internacional adotaram o mesmo tom logo depois. Passado mais de meio século de ocupação, foram esses proeminentes relatórios que fizeram a diferença. Embora palestinos denunciassem isso há décadas, a compreensão do fato demorou a penetrar as elites e populações ocidentais. Hoje, o antiliberalismo israelense é inegável, a ponto de liberais ocidentais já terem perdido o constrangimento de admiti-lo.[2]

Uma pesquisa realizada em 2021 mostrou que um quarto dos judeus estadunidenses concordam que "Israel é um Estado de apartheid". Mesmo Amos Schocken, editor-chefe do *Haaretz*, jornal mais progressista de Israel (apesar de sionista), admite que "o produto do sionismo, o Estado de Israel, não é um Estado judeu e democrático, mas um puro e simples Estado de apartheid. Pode-se dizer muitas coisas a esse respeito, mas não se pode afirmar que Israel está colocando em prática o sionismo como um Estado judeu democrático".[3]

A autoproclamação de Israel como um oásis de democracia no coração do Oriente Médio não sobrevive aos fatos. Todos os veículos de mídia israelenses, bem como editores e redatores, precisam submeter matérias relacionadas a geopolítica ou à segurança interna ao censor-chefe militar das Forças de Defesa de Israel (IDF) antes da publicação. Nenhum outro país ocidental tem um sistema parecido. É uma regulamentação arcaica iniciada pouco depois da fundação do Estado. O censor tem o poder de reescrever e barrar, integral ou parcialmente, a publicação de qualquer texto[4] — o que é considerado aceitável, mas é, no mínimo, questionável, já que as prioridades do establishment de segurança nacional são muito diferentes do que é necessário para um Estado democrático saudável. Essa contradição ficou

2 Peter Beinart, "Why American liberals now call Israel an apartheid state", *The Beinart Notebook*, 14 fev. 2022.

3 Amos Schocken, "A lesson in Zionism for MK Amichai Chikli", *Haaretz*, 8 dez. 2021.

4 Haggai Matar, "IDF censorship hits an 11-year low", *+972 Magazine*, 28 jun. 2022. Pouquíssimos jornalistas israelenses condenam a natureza extrema da censura israelense, mas Yossi Melman escreveu em 2022 que "não há nenhum outro país ocidental que proíba sua mídia de publicar informações sobre vendas de armas"; ver Yossi Melman, "How Israel's censor helps arms dealers", *Haaretz*, 31 jul. 2022.

evidente quando a censora-chefe Ariella Ben Avraham deixou o cargo em 2020 e assumiu um posto na principal empresa de vigilância cibernética do país, o NSO Group.

Por décadas a fio, somente judeus debateram Israel e Palestina na mídia ocidental. Os palestinos sob ocupação eram mencionados, mas nunca ouvidos. Um estudo conduzido em 2020 por Maha Nasser, da Universidade do Arizona, desnudou o silenciamento. Autores palestinos assinaram menos de 2% dos artigos de opinião publicados pelo *New York Times* entre 1970 e 2020. No *Washington Post*, a cifra foi de 1%.[5] Hoje em dia, é mais comum vermos e escutarmos palestinos expressarem os mais distintos pontos de vista, de Noura Erakat a Yousef Munayyer e Mohammed El-Kurd.

Mas cobrir a Palestina ainda é um desafio. Ahmed Shihab-Eldin é um jornalista kuwaitiano-estadunidense de ascendência palestina, ganhador do prêmio Emmy. Ele me contou sobre uma matéria produzida para a *Vice* em 2015 que mostrava colonos suecos demolindo a casa de uma família palestina no bairro de Silwan, em Jerusalém Oriental. Sua equipe filmou os colonos jogando os brinquedos de uma menininha palestina pela janela, enquanto destruíam a mobília e arrancavam o encanamento. A *Vice* cortou a cena.

"Cara, os assentamentos são polêmicos pra caramba", disse um editor da revista a Shihab-Eldin. "Alguns os consideram ilegais. Para Israel, não são. Então, a gente não pode mostrar esse confronto porque vai dar muito destaque ao argumento de um dos lados, complicando uma história já complexa."

O TRATAMENTO INCLEMENTE QUE ISRAEL dedica aos palestinos e o perfilamento racial sancionado pelo Estado criaram

5 Maha Nasser, "U.S. media talks a lot about Palestinians — just without Palestinians", *+972 Magazine*, 2 out. 2020.

um paradoxo: popularizaram o país entre grupos que tradicionalmente odeiam os judeus. Uma bandeira israelense podia ser vista no ato em frente ao Capitólio dos Estados Unidos em 6 de janeiro de 2021, antes de o prédio ser invadido por manifestantes de extrema direita. Por todos os Estados Unidos, o pavilhão azul e branco flamulou ao lado da bandeira Confederada.[6] Manifestantes de extrema direita no Reino Unido, na Alemanha e em outros países agitam bandeiras israelenses em seus comícios.

Ícone da *alt-right*,[7] Richard Spencer expressou efusivamente sua admiração por Israel em 2018, afirmando que "judeus estão mais uma vez na vanguarda, repensando a política e a soberania para o futuro, mostrando um caminho para os europeus". Ele deu essa declaração na esteira da promulgação da Lei do Estado-nação de Israel, que formalizou a supremacia judaica, enterrando qualquer ilusão de democracia para todos. Spencer se autodenominou um "sionista branco".

Ele se aproveitava da crença — generalizada entre elementos da extrema direita — de que Israel constitui a linha de frente na defesa da civilização ocidental contra as hordas muçulmanas. O secularismo é um empecilho para a colaboração patriótica. O fundamentalismo religioso é o objetivo. O Estado judeu defende fronteiras fortes com orgulho, rejeita qualquer tentativa de organismos de governança global como a Organização das

6 Ben Lorder, "How the Israeli flag became a symbol for white nationalists", *+972 Magazine*, 22 jan. 2021.

7 *Alt-right* poderia ser traduzido como "direita alternativa", mas se refere basicamente a um movimento supremacista branco que se originou na internet no início dos anos 2000 e, ao longo de uma década, reuniu teóricos da conspiração, bandidos filiados à Ku Klux Klan, neonazistas, skinheads, anarcocapitalistas alucinados, misantropos anônimos de chats on-line como 4Chan e outros personagens pitorescos, contribuindo muito com o caldo de cultura que levou à eleição de Donald Trump. [N.T.]

Nações Unidas (ONU) de se imiscuir em seus assuntos domésticos e se vende como um Estado onde judeus estão acima de tudo.

O intelectual palestino Edward Said tinha uma visão clara sobre as verdadeiras origens do Estado judaico:

> O sionismo foi uma flor de estufa, cultivada a partir do nacionalismo europeu, do antissemitismo e do colonialismo, enquanto o nacionalismo palestino, derivado da grande onda de sentimento anticolonial árabe e islâmico, tem, desde 1967, se inserido na principal corrente do pensamento secular pós-imperialista, ainda que não esteja livre de sentimentos religiosos retrógrados.[8]

Essa forma extremada de nacionalismo vem sendo comercializada há mais de cinquenta anos. Shir Hever, um dos mais perspicazes especialistas nos aspectos econômicos da ocupação israelense, me disse que os fabricantes de armas israelenses vendem uma mensagem peculiar, reflexo da experiência concreta de violência contra os palestinos. "Se você escutar as empresas bélicas [de Israel] quando vão à Europa vender seus produtos, você vai ouvir o mesmo mantra várias vezes", ele relatou. "Dizem que esses europeus são ingênuos demais, pois acham que podem ter direitos humanos, acham que podem ter privacidade. Isso é absurdo. Nós sabemos que a única maneira de combater o terrorismo é julgar as pessoas pela aparência e pela cor da pele."

Desde que foi criado, em 1948, Israel é um Estado etnonacionalista, mas esse status foi turbinado no século XXI. O líder israelense que melhor conseguiu seguir essa política foi Benjamin Netanyahu, um fervoroso apóstolo da ocupação permanente das terras palestinas. Ele foi o mais longevo primeiro-ministro da história do país até finalmente perder o cargo

8 Edward Said, "Permission to narrate", *London Review of Books*, v. 6, n. 3, 16 fev. 1984.

em 2021, após mais de doze anos à frente do governo. Netanyahu voltou ao poder em novembro de 2022, liderando a coalizão mais direitista já formada no país. Sua visão foi vitoriosa; prova disso é que convenceu muitos outros países a adotar Israel como modelo. O netanyahismo é uma ideologia que sobreviverá a Netanyahu.

"O papel de Israel é servir de modelo", disse o neoconservador Elliott Abrams, um dos principais arquitetos da guerra ao terror durante os governos dos presidentes George W. Bush e Donald Trump. Em uma conferência conservadora em Jerusalém em maio de 2022, ele pediu que o mundo seguisse o Estado judeu como "um exemplo de poderio militar, de inovação e de incentivo à natalidade".[9]

Israel desenvolveu um setor armamentista de categoria internacional, graças à conveniência de poder utilizar equipamentos em territórios palestinos ocupados para depois vendê-los como "testados em batalha". Graças à marca IDF, empresas de segurança israelenses figuram entre as mais bem-sucedidas do mundo. O Laboratório Palestina é um tradicional ponto de venda israelense.

Pense no Pegasus, infame software de hackeamento de telefones celulares desenvolvido pelo NSO Group que proliferou durante a era Netanyahu, conforme Israel o utilizava para angariar apoio diplomático internacionalmente. "Antes um risco internacional, o etnonacionalismo à moda antiga de Israel e seu tratamento linha-dura com os palestinos tornaram-se um trunfo", escreveram Max Fisher e Amanda Taub no *New York Times* em 2019.[10]

Essa vantagem vem sendo construída há muito tempo. Em *Pobre nação*, relato seminal do jornalista Robert Fisk sobre a guerra civil libanesa, fica claro que o manual militar e retórico

9 Noam Sheizaf, "An Israeli home for America's New Right", *+972 Magazine*, 18 jul. 2022.

10 Max Fisher & Amanda Taub, "Netanyahuism is winning in Israel — and globally", *The New York Times*, 11 abr. 2019.

israelense estava sendo desenvolvido no início da década de 1980, quando o país invadiu e ocupou o Líbano de forma desastrosa. Já naquela época, os israelenses usavam o termo "precisão cirúrgica" para descrever os ataques de sua força aérea. O saldo de incontáveis civis libaneses inocentes assassinados nos bombardeios testemunha a falácia do termo.

No entanto, como mostro neste livro, o fracasso militar no Líbano não impediu que Israel usasse a guerra como vitrine de armamentos e táticas. Sua propaganda ofereceu um atraente elixir às nações que compraram a ilusão de que o Estado judeu poderia ajudá-las com seus próprios problemas internos. Isso não era de todo uma mentira, mas o imenso custo humano nunca foi considerado na equação.

O objetivo do netanyahismo é esmagar as aspirações palestinas. Durante seu mandato como presidente, Barack Obama argumentou que era "insustentável" ocupar indefinidamente outro povo porque o racismo e o colonialismo eram relíquias de uma época diferente. Netanyahu discordou veementemente. De acordo com Netanyahu, explicou o escritor judeu Peter Beinart, "o futuro não pertence ao liberalismo, como Obama o definiu — tolerância, direitos iguais e Estado de direito —, mas ao capitalismo autoritário: governos que combinam nacionalismo agressivo e muitas vezes racista com poder econômico e tecnológico". Netanyahu insinuou que o futuro produziria líderes que se assemelhariam não a Obama, mas a ele próprio.[11]

A mensagem defendida por Netanyahu e seus sucessores é que Israel é o Estado-nação moderno ideal, que rejeita as suposições multiculturais da Europa Ocidental e de outras partes do Ocidente. Um microfone escondido captou Netanyahu durante uma reunião, em 2017, recomendando que os líderes da Hungria e da República Tcheca não caíssem na con-

11 Peter Beinart, "Benjamin Netanyahu, father of our illiberal age", *The Beinart Notebook*, 14 jun. 2021.

versa da União Europeia de que a colaboração tecnológica [com Israel] estava condicionada ao progresso das negociações de paz com os palestinos.

Netanyahu estava certo. A ocupação nunca impediu a União Europeia de trabalhar com empresas israelenses. Mas seus comentários foram instrutivos: "A Europa deve decidir se quer viver e prosperar ou definhar e desaparecer", disse. "Vejo que vocês estão chocados porque não estou sendo politicamente correto. [...] Fazemos parte da cultura europeia. A Europa termina em Israel. A leste de Israel, não há mais Europa."

Netanyahu estava orgulhoso de seu trabalho. O jornalista israelense Gideon Levy me narrou uma reunião privada com o premiê em 2016, da qual participou ao lado do conselho editorial do *Haaretz*. Netanyahu falou por quatro horas. Levy disse que ele estava de bom humor e não precisou de comida ou bebida e, com um mapa-múndi atrás de si, listou o que considerava seus grandes feitos na política externa, incluindo a construção de boas relações com a Índia, a Europa Oriental, a África, a Ásia e os Estados Unidos. Ele disse que Israel era líder mundial em armas, tecnologias cibernéticas e hídricas.

"A julgar pelas cores no mapa dele, o mundo está quase todo em nossas mãos", relatou Levy mais tarde. "Depois de se reunir com 144 estadistas, tudo o que resta é um problema com a Europa Ocidental. Todos os outros estão do nosso lado, ou quase (e acho que ele tem razão)."[12] Netanyahu quis dizer que a Europa Ocidental era insignificante. Levy me disse que a região deveria representar o liberalismo, a cultura e a democracia, mas Netanyahu a via como uma ralé barulhenta. Apesar da retórica, fato é que a União Europeia é o maior parceiro comercial de Israel e aprofundou seus laços com o país durante os anos

12 Gideon Levy, "An overwhelming one-man theater performance by Benjamin Netanyahu", *Haaretz*, 18 ago. 2016.

de Netanyahu, independentemente do acirramento da ocupação na Palestina.

O sucessor de Netanyahu, Naftali Bennett, foi ainda mais explícito em 2015 sobre o papel de Israel como um "farol de liberdade". Então ministro da Economia e líder do partido de extrema direita Lar Judaico, Bennett dirigiu-se para as câmeras em plena Cisjordânia. Depois de advertir que Israel estava sendo cercado por terroristas muçulmanos de todos os lados, declarou: "Israel está na vanguarda da guerra global contra o terrorismo. Essa é a linha do *front* entre o mundo livre e civilizado e o Islã radical. Estamos impedindo que a onda do Islã radical flua do Irã e do Iraque até a Europa. Quando combatemos o terror aqui, estamos protegendo Londres, Paris e Madri". Bennett argumentou que era impossível abrir mão da Cisjordânia porque, "se abrirmos mão desse pedaço de terra e o entregarmos aos nossos inimigos, meus quatro filhos em Raanana [uma cidade em Israel] estarão em perigo. Um simples míssil pode acabar com eles". Ele concluiu alertando os europeus e, implicitamente, qualquer ocidental preocupado com a imoralidade da ocupação, para que enxergassem Israel como a ponta da lança em uma batalha global pela democracia. "Sua guerra pela democracia começa aqui", disse. "Sua guerra pela liberdade de expressão começa aqui. A guerra pela dignidade e pela liberdade começa bem aqui."

Líderes israelenses, tanto do passado quanto contemporâneos, compartilham a imagem de Israel como uma Esparta global. Nos dias seguintes à retomada do Afeganistão pelo Talibã em agosto de 2021, Netanyahu descreveu no Facebook a lição que apreendera das duas décadas de guerra: "A doutrina correta é que não devemos confiar nossa segurança aos outros. Devemos nos defender com nossa própria força contra qualquer ameaça".

ISRAEL É ADMIRADO COMO UM país que sobrevive por conta própria e não tem vergonha de abusar da força para se manter.[13] Andrew Feinstein é um especialista de renome internacional no setor de armas ilícitas. Jornalista, escritor e ex-político sul-africano, ele me contou sobre sua participação no Paris Air Show em 2009, a maior exposição do setor aeroespacial e de shows aéreos do mundo. Em um descolado hotel de luxo, ele viu a Elbit Systems, a maior empresa de defesa de Israel, anunciar seus equipamentos para um seleto público de compradores globais. A Elbit exibia um vídeo promocional sobre drones assassinos, que têm sido usados nas guerras de Israel contra Gaza e na Cisjordânia.

A filmagem havia sido feita alguns meses antes e mostrava o reconhecimento dos palestinos nos territórios ocupados. Um alvo foi assassinado. De acordo com Feinstein, enquanto o vídeo era projetado, um grupo de belas jovens circulava entre o público:

> Uma delas estava ajoelhada ao lado dos donos dos melhores assentos na primeira fila, que obviamente haviam sido reservados para eles. Eram os generais e compradores militares. Consegui me sentar logo atrás de um desses generais e fiquei ouvindo o que elas diziam. A jovem explicava tudo para ele de uma forma encantadora.

Meses depois, Feinstein investigou o ataque do drone e descobriu que o incidente apresentado no vídeo havia matado vários palestinos inocentes, inclusive crianças. Esse fato importante não foi apresentado no Paris Air Show. "Essa foi a minha introdução ao setor de armas israelense e à maneira como ele se vende", disse. "Nenhum outro país produtor de armas se atreveria a mostrar imagens reais como aquela."

13 Anat Peled & Milàn Czerny, "How Israel has become a dangerous model for Russia and Ukraine", *Haaretz*, 14 fev. 2022.

Para Feinstein, era inconcebível que a Lockheed Martin ou a BAE Systems, duas outras gigantes do setor de defesa com participação ativa em guerras internacionais, mostrassem aos compradores

> imagens reais de bombardeios a civis inocentes no Iêmen ou de ataques de drones em qualquer lugar do Oriente Médio. Israel está muito além dos limites na forma como opera e na maneira como orientou sua economia. Há uma ilegalidade generalizada, acompanhada de desacato às leis internacionais. Eles simplesmente não dão a mínima.

O historiador Greg Grandin, ganhador do Prêmio Pulitzer, argumenta em seu aclamado livro de 2006, *Empire's Workshop: Latin America, the United States, and the Making of an Imperial Republic* [Oficina do império: América Latina, Estados Unidos e a produção de uma república imperial], que Washington tradicionalmente vê a América Latina como uma "oficina ou um campo de treinamento, onde os Estados Unidos podem se reagrupar durante os períodos de retração" e testar novas formas de controlar seus vizinhos.[14] A Palestina é a oficina de Israel, uma nação ocupada em seu quintal, que oferece milhões de cobaias subjugadas a um laboratório dos métodos mais precisos e bem-sucedidos de dominação.

A comercialização de sua mensagem é fundamental para a sobrevivência de Israel como modelo etnonacionalista ideal. Embora alguns países queiram armas ou tecnologia israelense apenas para espionar ou frear dissidentes e não tenham interesse em criar sua própria entidade etnorreligiosa, outros acreditam nos mitos sobre a supremacia racial israelense e querem imitá-la em seus próprios territórios. O setor de defesa de Israel é amoral porque é assim que ele cresce. Ele venderá para qualquer um, exceto para inimigos oficiais como a Coreia do Norte, o Irã ou a Síria.

14 Greg Grandin, *Empire's Workshop: Latin America, the United States, and the Making of an Imperial Republic*. Nova York: Picador, 2021, p. 5.

De acordo com o analista militar e jornalista israelense Yossi Melman, Israel passou os séculos XX e XXI promovendo suas relações internacionais usando o que ele chama de "diplomacia de espionagem".[15] Ele quer dizer que o establishment militar israelense não se importa com o fato de suas ferramentas de vigilância e morte serem onipresentes em todo o mundo, embora eles "conheçam muito bem os riscos de vender esses equipamentos intrusivos a regimes duvidosos". Israel "incuba traficantes de armas, empreendedores do setor de segurança e magos tecnológicos, venera-os e os transforma em heróis intocáveis para a pátria".

O mundo está captando a mensagem. As vendas de armas israelenses em 2021 foram as mais altas já registradas, com um aumento de 55% em relação aos dois anos anteriores, chegando a 11,3 bilhões de dólares. A Europa foi o maior destinatário dessas armas — mesmo antes da invasão da Ucrânia pela Rússia —, seguida pela Ásia e região do Pacífico. Foguetes, sistemas de defesa aérea, mísseis, armas cibernéticas e radares foram apenas alguns dos equipamentos vendidos pelo Estado judeu. O resultado é que Israel é, hoje, um dos dez maiores países vendedores de armas do mundo, tendo fornecido uma série de equipamentos a nações como Índia, Azerbaijão e Turquia, agravando os conflitos naquelas regiões. O governo israelense aprovou todos os acordos de defesa que lhe foram apresentados desde 2007, de acordo com detalhes revelados em 2022 pelo advogado israelense de direitos humanos Eitay Mack.

É discutível se alguma nação tem interesses para além de seus próprios, mas Israel se torna uma espécie rara entre as autodenominadas democracias ao optar por não denunciar ou sancionar atrocidades cometidas mundo afora. Inegavelmente, essa postura ajuda seu setor de defesa, mas não muito mais. Quando a Rússia invadiu a Ucrânia em 2022, Israel não condenou imediatamente

15 Yossi Melman, "A wild, dangerous military-security complex has wielded power in Israel", *Haaretz*, 20 jan. 2022.

Moscou e não abraçou a Ucrânia. Pelo contrário, uma vez que o Estado judeu quer carta branca para seguir bombardeando o que chama de alvos terroristas na Síria, foi preciso mimar Moscou — o patrono do presidente Bashar Al-Assad.

A guerra causou extremo constrangimento em Israel quando o presidente ucraniano Volodimir Zelenski, que é judeu, exigiu apoio mais tangível de Tel Aviv, incluindo armas, por meio de um link de vídeo transmitido ao Knesset,[16] em março de 2022. Ele comparou a situação perigosa de seu país com o Holocausto, ignorando convenientemente a cumplicidade ucraniana no assassinato de judeus durante a Segunda Guerra Mundial e a presença de soldados neonazistas — o Batalhão Azov — nas atuais Forças Armadas da Ucrânia. O político israelense Simcha Rothman rejeitou o pedido de ajuda de Zelenski. "Afinal de contas, somos uma nação moral", afirmou ele. "Uma luz entre as nações." Rothman ficou irritado quando Zelenski pediu que Israel tratasse os ucranianos da mesma forma que o líder ucraniano disse que seu país havia tratado os judeus durante o Holocausto.

Zelenski explicou sua própria visão aos jornalistas ucranianos em abril de 2022, dizendo que Israel era o modelo ideal para seu país. "Vamos nos tornar uma grande Israel, com características próprias", declarou.

> Não ficaremos surpresos se tivermos representantes das Forças Armadas ou da Guarda Nacional em cinemas, supermercados, gente armada por todos os lados. A Ucrânia definitivamente não será o que queríamos que fosse desde o início. Impossível. Completamente liberal, europeia — não será assim. Ela [a Ucrânia] virá definitivamente da força de cada casa, cada prédio, cada pessoa.[17]

16 Parlamento unicameral de Israel, estância máxima do Poder Legislativo. [N.T.]
17 Sam Sokol, "Zelensky says post-war Ukraine will emulate Israel, won't be 'liberal, European'", *Haaretz*, 5 abr. 2022.

Dias depois, o *think tank* Atlantic Council, bancado pela Organização do Tratado do Atlântico Norte (Otan), publicou um "passo a passo" para a Ucrânia se converter numa "grande Israel", assinado por Daniel B. Shapiro, ex-embaixador dos Estados Unidos em Israel durante o mandato de Obama.[18]

O presidente judeu da Ucrânia já havia demonstrado sua posição ao elogiar Israel durante o Fórum Judaico de Kiev, no final de 2021. Disse que o Estado judeu é "frequentemente um exemplo para os ucranianos [...] e tanto os ucranianos quanto os judeus valorizam a liberdade". Durante o conflito de 2021 entre o Hamas e Israel, Zelenski tuitou que Israel era a "vítima", por causa dos foguetes do Hamas que caíam em suas cidades.

Israel sempre se salvaguardou em tempos de guerra, como quando se recusou a condenar os crimes sérvios durante a crise nos Bálcãs na década de 1990, por exemplo. Mesmo quando os sérvios bombardearam mercados em Sarajevo em 1994, matando mais de cem civis, Israel se recusou a distinguir entre o agressor e a vítima.[19]

A postura de Israel em relação ao genocídio de Ruanda em 1994 foi ainda pior. Tel Aviv enviou uma equipe de assistência médica para ajudar os sobreviventes em Ruanda, liderada pelo então ministro da Proteção Ambiental, Yossi Sarid. Mas essa missão não passou de um espetáculo, pois o governo havia enviado armas para o brutal regime hutu, que matou cerca de oitocentos mil tutsis em cem dias. Essas remessas incluíam submetralhadoras Uzi e granadas de mão, tanto antes quanto durante o genocídio. Quando Sarid foi questionado sobre o apoio

18 Daniel B. Shapiro, "Zelensky wants Ukraine to be a 'big Israel'. Here's a road map", Atlantic Council, 6 abr. 2022.
19 Eitay Mack, "How Israel is helping Putin", *Haaretz*, 7 mar. 2022.

de Israel aos massacres liderados pelos hutus, ele respondeu: "Não temos controle sobre o destino de nossas armas".[20]

O mundo sabia o que estava acontecendo em Ruanda, tanto antes quanto durante o genocídio, mas não fez nada. A partir do momento em que as potências ocidentais armaram os perpetradores do genocídio, quantidade alguma de tecnologia moderna ou de ferramentas de vigilância reforçadas poderia impedi-lo. Israel tinha, no mínimo, a possibilidade de tentar conter os massacres usando seus vastos poderes de vigilância para informar os tutsis. Em vez disso, jogou uma quantidade enorme de combustível na fogueira e, assim, implicou-se diretamente no massacre.

Em seu livro de 2019 que alerta sobre os perigos da espionagem em massa, *A nova idade das trevas: a tecnologia e o fim do futuro*, o escritor e artista britânico James Bridle explicou que a vigilância

> se revela um empreendimento retroativo, incapaz de agir sobre o presente e totalmente subserviente aos interesses formados e plenamente comprometidos do poder. O que faltou em Ruanda e em Srebrenica [onde oito mil muçulmanos bósnios foram assassinados por milícias sérvias em 1995] não foi a evidência de uma atrocidade, mas a disposição de agir diante do que acontecia.[21]

A cautela de Israel em relação à Rússia em 2022 não foi surpreendente, pois a empresa de vigilância israelense Cellebrite vendeu a Vladimir Putin a tecnologia de interceptação telefônica que ele usou contra dissidentes e oponentes políticos durante anos, empregando-a dezenas de milhares de vezes. Israel não vendeu o Pegasus, a poderosa ferramenta de hacking telefônico do

20 Eitay Mack, "Israel's support to Ukraine involves no policies, only disgrace and shticks", *The Wire*, 23 mar. 2022.

21 James Bridle, *New Dark Age: Technology and the End of the Future*. Londres: Verso, 2019, p. 243-4. [Ed. bras.: *A nova idade das trevas: a tecnologia e o fim do futuro*. Trad. Érico Assis. São Paulo: Todavia, 2019.]

NSO Group, para Kiev, a despeito de pedidos ucranianos iniciados ainda em 2019. Israel não queria irritar Moscou, e assim foi cúmplice da degeneração autocrática da Rússia.

Poucos dias após a agressão russa na Ucrânia, os preços das ações globais das empresas de defesa dispararam, incluindo a maior de Israel, a Elbit Systems, cujas ações subiram 70% em relação ao ano anterior. Uma das armas israelenses mais procuradas é um sistema de interceptação de mísseis. Analistas financeiros estadunidenses do Citi argumentaram que o investimento em fabricantes de armas era uma atitude eticamente louvável, pois "defender os valores das democracias liberais e criar um meio de dissuasão [...] preserva a paz e a estabilidade globais".[22]

Havia imensa demanda para as gigantes israelenses de tecnologia. A ministra do Interior, Ayelet Shaked, disse que Israel se beneficiaria financeiramente porque as nações europeias queriam armamentos israelenses.[23] Ela disse o que não se diz, desavergonhadamente tratando a crise como oportunidade. "Temos oportunidades sem precedentes, e o potencial é insano", revelou uma fonte do setor de defesa israelense ao *Haaretz*.[24]

A EXPORTAÇÃO ISRAELENSE NÃO É o único meio usado pelo país para capitalizar a ocupação. Alguns estadunidenses são ávidos por aprender em solo judeu as táticas israelenses antes de aplicá-las no próprio território. Em 2004, a Liga Antidifamação (ADL), autoproclamada organização de direitos civis pró-Israel, com sede nos Estados Unidos, começou a enviar comitivas da polícia para Israel. Era o pós-11 de Setembro, e a ideia era equipar

22 Jeff Sommer, "Russia's war prompts a pitch for 'socially responsible' military stocks", *The New York Times*, 4 mar. 2022.

23 Yossi Verter, "Israel has failed this week's test of humility and enlightenment", *Haaretz*, 4 mar. 2022.

24 Yoram Gabison, "An early winner of Russia's invasion: Israel's defense Industry", *Haaretz*, 1º mar. 2022.

esses policiais com informações valiosas sobre contraterrorismo à moda israelense. De lá para cá, mais de mil policiais estadunidenses realizaram intercâmbios com Israel, seja pelo programa da ADL ou organizados por outros grupos pró-Israel. Eles aprendem o que Israel tem a lhes dizer sobre homens-bomba, coleta de informações e terrorismo.

A ADL é uma virulenta lobista pró-Israel, que há décadas se mascara atrás dos direitos humanos — sem nunca ter tido tempo para a igualdade palestina. Na década de 1990, um funcionário da ADL chamado Roy Bullock se infiltrou em grupos de esquerda e afro-estadunidenses para coletar informações sobre supostos inimigos de Israel.[25] O mesmo homem também passou informações para o regime do apartheid na África do Sul. Essa operação se encaixou em um padrão bem conhecido e vigente até hoje. Um dos principais objetivos da ADL sempre foi atacar os críticos do Estado judeu.[26]

Ao contrário do que dizem boatos de internet, não há evidências de que Derek Chauvin, policial que matou o afro-estadunidense George Floyd em maio de 2020, tenha aprendido sua técnica fatal de estrangulamento com o joelho em um treinamento em Israel. Mas é fato que essa técnica de sufocamento faz parte do arsenal utilizado cotidianamente pelas IDF contra palestinos. De acordo com o diretor das iniciativas para as Forças de Segurança Nacionais da ADL, David C. Friedman, o objetivo do programa policial era criar conexões "entre as forças de segurança em duas democracias". Os policiais estadunidenses que foram "voltaram e são sionistas. Eles entendem Israel e suas necessidades de segurança de uma forma que muita gente não entende".[27]

25 Richard D. Paddock, "Infiltrated 30 groups, ADL figure says: Spying, Roy Bullock, admits selling information to South Africa was wrong but insists he never acted dishonestly", *Los Angeles Times*, 21 abr. 1993.
26 Alex Kane & Jacob Hutt, "How the ADL's Israel advocacy undermines its civil rights work", *Jewish Currents*, 2021.
27 Ben Hartman, "American law enforcement learns anti-terror tactics from Israeli experts", *Jerusalem Post*, 9 set. 2015.

A "israelização" das forças de segurança nos Estados Unidos se intensificou imediatamente após o 11 de Setembro, embora as polícias dos Estados Unidos nunca tenham precisado de treinamento israelense para se tornarem violentas ou racistas. Elas têm um longo histórico de perseguição, abuso, prisão e morte injustificadas de afro-estadunidenses e outras minorias. Suas raízes estão na manutenção e defesa da escravidão e da supremacia branca dentro das fronteiras estadunidenses, o que espelha nitidamente o tratamento dado por Israel aos palestinos. Eles certamente aprenderam uns com os outros em suas visitas mútuas. Em setembro de 2022, Amir Cohen, chefe da Polícia de Fronteira de Israel e major-general, foi recebido por seu colega estadunidense Raul Ortiz, chefe da Patrulha de Fronteira dos Estados Unidos. Ortiz disse que estava interessado em aprender sobre os métodos "não letais" usados pelos israelenses para dispersar e reprimir protestos. Cohen mostrou um drone israelense que lança gás lacrimogêneo sobre os manifestantes.[28]

Durante a Guerra Fria, os Estados Unidos treinaram forças policiais para reprimir a dissidência em mais de cinquenta países.[29] Atualmente, muitos estadunidenses negros veem a polícia como um exército de ocupação em suas comunidades, noção agravada pelo fato de que vigilância em massa, drones e tecnologia de reconhecimento facial se tornaram corriqueiros. A empresa israelense de vigilância Cellebrite vendeu suas ferramentas de interceptação telefônica para inúmeros departamentos de polícia nos Estados Unidos.[30] "Israel é a Harvard

28 Richard Silverstein, "Israeli Border Police demonstrates riot control methods, tear gas drone to U.S. Border Patrol", *Tikun Olam*, 19 set. 2022.
29 "An empire of patrolmen: an interview with Stuart Schrader", *Jacobin*, 18 out. 2019.
30 Mara Hvistendahl & Sam Biddle, "Use of controversial phone-hacking tool is spreading across federal Government", *The Intercept*, 9 fev. 2022.

do combate ao terrorismo", como apontou o chefe da polícia do Capitólio dos Estados Unidos, Terrence W. Gainer, em 2005.[31]

O movimento Black Lives Matter relacionou explicitamente a colonização da Palestina às formas como as autoridades policiais dos Estados Unidos tratavam as minorias. Uma integrante afro-estadunidense do Congresso, Cori Bush, tuitou em 2021: "As lutas dos negros e dos palestinos pela libertação estão interconectadas e não vamos desistir até que todos nós sejamos livres".

A campanha mais bem-sucedida contra as viagens de comitivas de polícia dos Estados Unidos para Israel foi liderada pelo grupo ativista estadunidense Jewish Voice for Peace [Voz judaica pela paz]. Lançada em 2017, a Deadly Exchange [Intercâmbio mortal] buscava denunciar como esses programas promoviam a convergência entre "a violência de Estado nos Estados Unidos e em Israel".[32]

Na esteira do assassinato de George Floyd pela polícia, a gerência sênior da ADL recomendou o fim das comitivas em um memorando interno secreto:

> À luz da brutalidade policial muito real nas mãos de forças policiais militarizadas nos Estados Unidos, devemos nos fazer perguntas difíceis — por exemplo, se estamos contribuindo para o problema. Devemos nos perguntar por que é necessário que a polícia estadunidense, que aplica as leis estadunidenses, precise se reunir com membros do exército israelense. Devemos nos perguntar se, ao voltar para casa, aqueles que treinamos estarão mais propensos a usar a força.[33]

No final, a ADL decidiu manter os programas.

31 Sari Horwitz, "Israeli experts teach police on terrorism", *The Washington Post*, 12 jun. 2005.

32 Jewish Voice for Peace, "Deadly Exchange".

33 Alex Kane & Sam Levin, "Internal ADL memo recommended ending police delegations to Israel amid backlash", *Jewish Currents*, 17 mar. 2022.

Uma das pessoas por trás da campanha Deadly Exchange, Efraim Efrati, um ex-soldado das IDF convertido em crítico feroz da ocupação, me disse que sua pesquisa sobre o assunto trouxe à tona um exemplo emblemático de como a ocupação israelense inspira quem quer aplicar isso em casa. "Ouvi dizer que muitos policiais estadunidenses eram cínicos em relação ao treinamento israelense", disse Efraim. "Mais do que conselhos práticos, eles se inscreviam com o objetivo de conseguir uma promoção e desenvolver um estado de espírito mais agressivo."

A POTÊNCIA DA PALESTINA COMO um laboratório para métodos de controle e segregação é o foco principal deste livro. Examinamos de que modo Israel exportou a ocupação e por que ela é um modelo tão atraente para enquadrar o Estado judeu como uma das nações mais influentes do planeta. Os capítulos que se seguem não apenas detalham os muitos países em que as ferramentas e o rastreamento israelenses reduziram as possibilidades democráticas, mas revelam uma campanha para aumentar e influenciar entidades etnonacionalistas de mentalidade semelhante.

O fato de a ocupação enriquecer o setor privado israelense não deveria causar espanto ou polêmica. Meu livro está repleto de exemplos de empresas israelenses que mostram o que foi feito na Palestina e como esse modelo poderia ser aplicado em outros cenários. No entanto, quando conversei com um dos jornalistas investigativos mais famosos de Israel, Ronen Bergman, redator da equipe do *New York Times* e autor do aclamado livro de 2018 *Levante-se e mate primeiro: a história do serviço secreto e dos assassinatos seletivos de Israel*, ele hesitou. Bergman reconheceu que "a ocupação é moralmente questionável. Controlar outras pessoas em outro território sem dar a elas direitos iguais representa um desafio para a democracia israelense". Mas, perguntado sobre como a ocupação é usada como ferramenta de marketing, ele respondeu:

> Não conheço nenhuma empresa que comercialize seus produtos enquanto se vangloria de terem sido usados contra palestinos. É claro que muitos desses produtos são equipamentos antiterrorismo, portanto pode-se imaginar de onde vêm as organizações e os indivíduos visados por eles. Há uma diferença entre algo que você anuncia e algo que você diz em uma reunião com seu cliente em potencial, onde presumo que eles se sintam menos restringidos.

Bergman disse que, com o crescimento do movimento de Boicote, Desinvestimento e Sanções (BDS), as empresas de defesa israelenses "precisariam ser descuidadas, do próprio ponto de vista, para serem francas e mencionarem os palestinos. Vangloriar-se do uso de uma nova metralhadora nos territórios ocidentais [palestinos] para que alguém se interesse por comprá-la pode ser muito contraproducente". No entanto, as evidências são claras, e este livro mostra em detalhes como a ocupação é a ferramenta de marketing ideal.

Laboratório Palestina é um alerta de que o despotismo nunca foi tão facilmente compartilhável, com tecnologia compacta. As ideias etnonacionalistas por trás dele são atraentes para milhões de pessoas porque os líderes democráticos não conseguiram cumprir suas promessas. Uma pesquisa do Pew Research Center conduzida em 34 países em 2020 revelou que apenas 44% dos entrevistados estavam satisfeitos com a democracia, contra 52% de descontentes.

A ideologia etnonacionalista cresce quando a democracia responsável enfraquece. Israel é o principal modelo e objetivo.

Armas para quem quiser

1

Não estou nem aí para o
que os gentios fazem das armas.
O importante é que os judeus lucrem.
— CONSELHEIRO ISRAELENSE NA
GUATEMALA NA DÉCADA DE 1980[1]

Daniel Silberman tinha seis anos de idade quando ocorreu o golpe de Estado no Chile. Em 11 de setembro de 1973, ele vivia com sua família na cidade de Chuquicamata, no norte do país. Seu pai, o engenheiro David Silberman, era aliado e amigo do presidente socialista democraticamente eleito Salvador Allende e trabalhava como gerente-geral das minas de cobre de Calama. A família Silberman, judia não praticante, havia se mudado para aquela região desértica em 1971. Daniel me disse que os chilenos de lá estavam "comprometidos com a mudança, quase como [o primeiro-ministro israelense David] Ben-Gurion na década de 1950, que disse que queria fazer o deserto florescer". Apenas um punhado de outras famílias judias vivia em Chuquicamata.

1 Citado em Andrew Cockburn & Leslie Cockburn, *Dangerous Liaison: The Inside Story of the U.S.-Israeli Covert Relationship*. Nova York: Perennial, 1992, p. 221.

"O dia 11 de setembro de 1973 mudou nossa vida para sempre", escreveu Daniel no *Guardian* em 1998.

> O exército assumiu o controle, bombardeando o La Moneda [palácio presidencial] em Santiago, capital chilena, o que causou a morte de muitos, inclusive do presidente [Allende], além de terem prendido centenas e atirado nas pessoas nas ruas. Muitos foram levados para o Estádio Nacional — o único lugar grande o suficiente para conter a multidão de presos. As humilhações e torturas pelas quais o regime se tornaria famoso começaram ali.[2]

A vida da família Silberman virou um tumulto. Retornando a Santiago logo após o golpe, o pai de Daniel se entregou ao regime liderado pelo general Augusto Pinochet depois de muitos trabalhadores serem mortos pelo exército na mina que ele administrava. Ele esperava ser salvo porque não havia feito nada de errado. Em vez disso, foi levado a uma corte marcial, sem direito a defesa, e falsamente acusado de roubar treze milhões de dólares.

Ele foi condenado a treze anos de prisão. Apesar de assegurado o direito de receber a visita da esposa e dos filhos, a condição de David piorou com os frequentes espancamentos e torturas, incluindo choques elétricos nos órgãos genitais. Fora da prisão, os familiares de Daniel eram ininterruptamente vigiados pela polícia secreta, e sua mãe não conseguia emprego porque nenhuma empresa a contratava. Eles sobreviveram com o dinheiro que ganhavam em uma oficina de costura administrada pela família.

A mãe de Daniel ficou indignada com o tratamento dado ao marido e começou a escrever cartas para pessoas influentes no mundo todo, com o objetivo de libertá-lo. No final de 1974, ela acreditou ter conseguido, pois uma investigação do

2 Daniel Silberman, "One Chilean's story", *The Guardian*, 28 out. 1998.

governo chileno descobriu que o julgamento havia sido ilegal e ele foi anistiado. A única condição imposta pelo regime de Pinochet foi que toda a família deixasse o país depois da libertação de David. A mãe de Daniel disse imediatamente a seus parentes em Israel que, em breve, todos se reuniriam por lá.

Mas, em 4 de outubro de 1974, David foi sequestrado de uma prisão em Santiago e desapareceu para sempre. Daniel disse que sua família agora acredita que seu pai provavelmente foi assassinado em 1974, embora nenhum corpo ou sepultura tenham sido identificados. "As lembranças que tenho de meu pai são tênues", disse Daniel. "Não há um túmulo para ele nem sabemos o paradeiro de seus restos mortais." Entre 1974 e 1977, as autoridades chilenas contaram mentiras à família sobre o paradeiro de David. Daniel disse achar que o pai havia sido assassinado porque Pinochet tinha uma vingança pessoal contra ele (já que o conhecia antes do golpe de 1973).

Foi somente em 1977 que a família Silberman acabou deixando o Chile definitivamente para se estabelecer em Israel. Muitos anos depois, em 1991, após a restauração da democracia chilena, um comitê liderado pelo governo admitiu a verdade: David havia sido sequestrado na prisão em uma operação conduzida pela Dirección de Inteligencia Nacional — o serviço secreto chileno. A família recebeu uma pequena indenização financeira, mas nunca obteve pormenores conclusivos a respeito de sua morte.

Demorou muito tempo para que Daniel se tornasse totalmente consciente da cumplicidade dos Estados Unidos e de Israel com o governo de Pinochet e com a morte de seu pai. Documentos divulgados pelo presidente Bill Clinton em 1999 provaram que a CIA não apenas conhecia intimamente os articuladores do golpe como sancionou e ajudou na operação. O presidente Richard Nixon tentou sem sucesso minar Allende antes de sua eleição em 1970. Quando ele assumiu o poder, a estratégia de Washington foi anular a governabilidade. Foram autorizadas operações secretas para desestabilizar o governo de Allende, e os militares chilenos trocaram correspondências com autoridades dos Estados Unidos antes do golpe, deliberadamente pedindo assistência para garantir o sucesso da empreitada. Um telegrama da CIA de 21 de setembro de 1973 diz:

> A disposição predominante entre os militares chilenos é usar a oportunidade atual para eliminar definitivamente todos os vestígios do comunismo no Chile. Está planejada uma repressão severa. Os militares estão reunindo um grande número de pessoas, incluindo estudantes e esquerdistas de todos os tipos e internando-os.[3]

A CIA foi rápida em minimizar as consequências. Um telegrama confidencial de 21 de março de 1974 afirmou dissimuladamente que "a junta [militar] não tem sido sanguinária. O governo tem sido alvo de inúmeras acusações relacionadas a supostas violações dos direitos humanos. Muitas das acusações são apenas mentiras com objetivo político ou exageros grosseiros". Na verdade, pelo menos cinco mil pessoas foram mortas e mais de trinta mil foram torturadas durante o reinado de terror de Pinochet entre 1973 e 1990. Além disso, as autoridades dos Estados Unidos apoiaram e incentivaram a Operação Condor nas décadas de 1970 e 1980. Nessa ação coletiva, oito ditaduras apoiadas pelos Estados Unidos no Chile, Argentina, Uruguai, Bolívia, Paraguai, Brasil, Peru e Equador sequestraram, torturaram, estupraram e mataram oponentes políticos dentro de suas próprias fronteiras e nos arredores.[4]

Depois que a Grã-Bretanha prendeu Pinochet em Londres, em outubro de 1998, por violações de direitos humanos, sob

3 Philip Shenon, "U.S. releases files on abuse in Pinochet era", *The New York Times*, 1º jul. 1999.

4 Giles Tremlett, "Operation Condor: The Cold War conspiracy that terrorised South America", *The Guardian*, 3 set. 2020.

um mandado de prisão internacional emitido pelo juiz espanhol Baltasar Garzón, veio à tona uma enxurrada de provas documentais mantidas pelos Estados Unidos detalhando o envolvimento ocidental com a junta chilena. Pinochet foi colocado em prisão domiciliar em Londres por um ano e meio antes de ser libertado e enviado ao Chile em março de 2000, sem nenhuma pendência legal. Nunca houve justiça para suas vítimas.[5]

Daniel me disse que a reação no Chile à prisão domiciliar de Pinochet o surpreendeu e entristeceu:

> Não tínhamos nenhuma esperança de que ele fosse julgado. Estávamos felizes por ele ter sido preso e por haver interesse mundial sobre o que havia acontecido no Chile [após o golpe de 1973]. As reações no país foram surpreendentes, tanto do centro quanto da esquerda. Brotou um nacionalismo repentino, que argumentava: "como um juiz espanhol ousa querer julgar Pinochet? Se alguém deve julgá-lo, esse alguém somos nós".

O papel de Israel na brutalidade pinochetista ainda é parcialmente obscuro, pois o Estado israelense se recusa a prestar contas, mas foram divulgados documentos suficientes para revelar uma relação sórdida entre Tel Aviv e a junta chilena. Israel não se limitou a treinar chilenos para reprimir seu próprio povo: depois que o Congresso dos Estados Unidos aprovou um embargo de armas contra o Chile em 1976, um telegrama da Embaixada estadunidense no Chile reconheceu, em 24 de abril de 1980, que Israel era um importante fornecedor de armas para Pinochet. Outro telegrama dos Estados Unidos, datado de 10 de abril de 1984, citou o subsecretário de Estado estadunidense dizendo

5 Houve muitas tentativas de responsabilizar os cúmplices de Pinochet. Em 2021, um tribunal australiano ordenou que uma chilena residente na Austrália, Adriana Rivas, fosse extraditada para o Chile para ser julgada pelo sequestro de sete pessoas no país, em 1976 e 1977.

que Israel ainda era um dos principais fornecedores de armas para o regime.[6] Esse fluxo constante de equipamentos de defesa efetivamente neutralizou o embargo estadunidense, já que Israel não era signatário do acordo.[7] Segundo Daniel,

> Foi pessoalmente chocante e doloroso quando descobri que Israel estava ajudando o regime de Pinochet. Esse foi o país que deu uma segunda chance a minha família. O povo israelense é muito indiferente [sobre essa colaboração], porque muitos acreditam que os judeus sofreram demais e que é preciso fazer amigos internacionalmente para sobreviver em um mundo difícil.

Um relatório de inteligência da CIA, datado de 5 de fevereiro de 1988, e que foi editado, dava pormenores das armas sofisticadas, como mísseis, tanques e aeronaves, que Israel estava enviando para a junta: "Acreditamos ser improvável que Israel, mesmo sob um governo trabalhista, coloque em risco seu relacionamento militar com Santiago em nome da restauração da democracia no Chile".[8]

Embora Israel tenha oferecido imenso apoio ao regime de Pinochet, um pequeno número de diplomatas teria resistido. De acordo com uma matéria publicada no jornal israelense *Haaretz* em 2022, após o golpe de 1973, o embaixador israelense no Chile, Moshe Tov, trabalhou para salvar da prisão e da morte cerca de trezentas pessoas, a maioria judeus. O dita-

6 O secretário de Estado dos Estados Unidos, George Shultz, disse em um documento de 1984 que Grã-Bretanha, França, Israel e Alemanha eram os fornecedores de armas para o Chile.
7 John Brown, "Investigate Israel's cumplicity with Pinochet's crimes", *+972 Magazine*, 2 mar. 2017; Grace Livingstone, "Torture 'for your amusement': how Thatcher's government misled MPs and public about its dealings with the Pinochet regime", *Declassified U.K.*, 21 abr. 2020.
8 Colin Shindler, "When Jews made friends with Pinochet the tyrant", *Jewish Chronicle*, 1º mar. 2018.

dor tentou impedir a missão, apareceu na embaixada israelense em Santiago e exigiu entrar para encontrar os cerca de trinta dissidentes que estavam provisoriamente hospedados no local. Mas Tov havia ele mesmo escoltado todos até o aeroporto para garantir sua saída segura do país.[9]

No entanto, há sérias dúvidas sobre a veracidade dessa história e nenhuma evidência documental oficial a comprova. Pelo contrário, de acordo com um telegrama não confidencial da época, Tov acreditava que as críticas ao regime eram injustas e ajudou a limpar a imagem de Pinochet em Washington.[10]

Em 2015, Daniel se juntou a outros sobreviventes do regime de Pinochet e entrou com uma ação judicial em Israel conduzida pelo advogado de direitos humanos Eitay Mack. Eles exigiram que as autoridades do país revelassem seus vínculos com a junta chilena. O cidadão israelense Eitan Kalinsky também apresentou uma declaração juramentada com a petição legal. Ele e sua esposa haviam sido enviados ao Chile em 1989 pela Agência Judaica para Israel, a maior organização judaica sem fins lucrativos do mundo. Ambos participaram de protestos públicos contra a ditadura, e o governo de Pinochet dava os últimos respiros. Em sua declaração juramentada, Eitan descreveu o que presenciou junto com a esposa:

> Durante um dos protestos em Santiago, havia veículos com canhões de água colorida, e a cor da água mudava a cada poucos minutos, por exemplo um verde muito forte. O enviado do Hashomer Hatzair [movimento sionista global de jovens] me disse: "Veja, está escrito Hakibbutz Haartzi Hashomer Hatzair". Todos nós sabíamos que

9 Judy Maltz & Jonathan Gorodischer, "Under Pinochet's nose: the Israeli diplomats who rescued hundreds of dissidents from Chile", *Haaretz*, 13 jun. 2022.
10 Eitay Mack, "He is not a follower of the nations of the world: Pinochet knew why he loved the Israeli ambassador", *Haaretz*, 30 jun. 2022.

> a água era feita no Kibutz Beit Alfa [no norte de Israel]. O líquido colorido empurrou as pessoas para trás com uma força imensa, e a vitrine de uma loja desabou. Eu era um enviado do Estado de Israel e não podia criticá-lo, então guardei minha dor para mim. Pais [de vítimas] com tendência política de esquerda nos abordaram e perguntaram como Israel podia apoiar Pinochet. Eu não disse uma palavra ruim sobre Israel, mas em casa eu gritava com as paredes. A manifestação com os canhões d'água foi difícil. Os manifestantes não desistiram facilmente. Eles recuaram apenas por causa da força dos jatos. Outras pessoas me disseram que, nos protestos perto das universidades na cidade velha, os canhões foram usados com intensidade ainda maior. Eu os vi apenas uma vez, no protesto em memória do golpe [de 1973], em setembro de 1989.[11]

No curso do processo, Daniel e seus copeticionários enfrentaram anos de disputas legais kafkianas em Israel e uma relutância do establishment israelense em divulgar qualquer informação relevante. No início, o governo israelense alegou que não houve correspondência entre Israel e Chile durante o regime de Pinochet. Em seguida, que não tinha mão de obra suficiente para redigir os documentos que aparentemente não existiam. Depois, reconheceu que havia, de fato, dezenove mil documentos relevantes nos arquivos, mas eles deveriam permanecer sob sigilo por mais setenta anos.

Inicialmente, o tribunal ficou do lado dos peticionários e ordenou que o governo nomeasse uma equipe para analisar a documentação pertinente. O juiz sugeriu que eles se reunissem com funcionários para elaborar um cronograma de quantos documentos seriam liberados em um determinado período de tempo. Depois de um ano, Israel lhes forneceu doze páginas de documentos irrelevantes relacionados ao Chile em 1981. Depois que eles

11 Eitay Mack, "The kibbutz that sells riot control weapons to war criminals", *+972 Magazine*, 8 nov. 2017.

recorreram a uma instância superior do tribunal israelense, o governo alegou que havia verificado cerca de quatrocentos documentos, mas não havia encontrado qualquer menção à família de Daniel Silberman.

Daniel Silberman e seu grupo recorreram à Suprema Corte israelense em 2019, depois de ouvir rumores de que o governo havia transferido documentos do Estado para o exército, cujos arquivos não estão submetidos às leis de liberdade de informação. Ou seja, são o lugar ideal para o desaparecimento permanente. "A Suprema Corte sempre nos deu a chance de falar", disse Daniel, "mas foi como um teatro para dar a impressão de que somos um país democrático".

Em 2019, a Suprema Corte se recusou a ouvir o caso. Ao mesmo tempo que demonstrou compaixão pelas famílias em busca de respostas, sempre acabou indeferindo os pedidos de compartilhamento de informações, alegando razões de segurança. Um dos juízes sugeriu que os peticionários entrassem em contato com o Mossad (a agência nacional de inteligência de Israel), porque este poderia ter as informações necessárias. Daniel entendeu que isso significava que o Mossad provavelmente tinha alguns documentos relevantes, mas seu advogado não conseguiu chegar a lugar nenhum.

A copeticionária Lily Traubman, que fugiu para Israel depois que o pai foi assassinado pela junta chilena em 1974, vive hoje no kibutz de Megiddo, no norte do país. Ela ainda é assombrada pelo que viu no Chile após o golpe de 1973. "Ouvi falar de pessoas que desapareceram, que foram torturadas e assassinadas", disse ao *Haaretz* em 2015. "Houve um momento em que eu não podia mais sair do meu esconderijo e, portanto, eu realmente não sabia o que estava acontecendo."[12]

12 Ayelett Shani, "I won't stop until Israel admits its ties with the Pinochet regime", *Haaretz*, 5 nov. 2015.

Assim como Daniel Silberman, Traubman se sentiu no dever de continuar pressionando pela transparência sobre o papel de Israel durante aquele período sombrio da história chilena:

> Conhecer e entender o que aconteceu lá envolve um valor universal de liberdade. Os laços de Israel com o Sudão do Sul hoje [onde o Estado judeu armou um governo repressivo] provam que essas relações continuam a existir. Para garantir que isso não aconteça novamente, e por uma questão de justiça histórica, a verdade precisa vir à tona. É importante não apenas por causa do passado, mas também para o futuro.

Hoje em dia, Daniel passa a maior parte do tempo conversando com alunos de escolas judaicas e árabes sobre o verdadeiro papel de Israel no mundo e sua conexão com a ocupação do território palestino:

> Eu digo que os cidadãos israelenses não estão recebendo os lucros desses negócios [de armas]. [...] Eles estão indo para os traficantes de armas. Vocês estão fazendo acordos com os agressores do mundo. A vantagem de marketing das empresas israelenses é que estamos vendendo equipamentos testados em batalha nos territórios ocidentais [palestinos]. A força motriz desse setor [de defesa] é que eles querem que o conflito com os palestinos dure para sempre. Questões morais nunca são levadas em conta quando Israel ajuda ditaduras. O que importa é o dinheiro e o poder da nação.

Desde que se tornou mais consciente da cumplicidade de Israel com os assassinos de seu pai, Daniel deu uma guinada à esquerda em seu ativismo político. No entanto, ele faz parte de uma minoria que encolhe a cada dia em Israel. Quando discursou em uma escola de um pequeno vilarejo árabe para um grupo de adolescentes, eles se mostraram felizes com o fato de o Chile ter a maior comunidade palestina fora do mundo árabe e de judeus e palestinos manterem boas relações no país.[13] "Os estudantes judeus [com quem falo] acham que vivem em um país totalmente democrático", disse. "Os estudantes árabes sabem que são discriminados e que são cidadãos de segunda classe."

"Sempre ouvimos aqui que somos a única democracia no Oriente Médio", disse Daniel. "Mas se você pegar a estrada por alguns quilômetros, verá que os palestinos não têm os mesmos direitos. Nós vendemos uma imagem do que queremos ver. Ainda hoje, muitos israelenses dizem que temos o exército mais moral do mundo, o que é risível."

A história do militarismo sionista e a construção de um setor de defesa local viável começaram antes mesmo da fundação de Israel. O Estado judeu e seus apoiadores logo viram o potencial de desenvolver armas para benefício próprio e depois vendê-las e promovê-las em um mercado global. Nascia o Laboratório Palestina.

O NASCIMENTO DE ISRAEL EM 1948 foi um milagre para muitos judeus no mundo todo, mas uma catástrofe para a população palestina. Em 14 de maio de 1948, o presidente da Agência Judaica para Israel, David Ben-Gurion, proclamou o estabelecimento do Estado judeu de Israel, o primeiro em dois mil anos. O governo dos Estados Unidos reconheceu sua legitimidade no mesmo dia, mas o apoio de Washington a Israel não foi benevolente. Para entender o pensamento da época, o ensaio de George Biddle, amigo do presidente Franklin D. Roosevelt, publicado na *Atlantic* em 1949, após

13 Depois que o popular político chileno Daniel Jadue chegou perto de ser um dos principais candidatos à presidência nas eleições gerais de 2021, muitos grupos judeus proeminentes do Chile o condenaram por suposto antissemitismo. A origem palestina e a postura antissionista de Jadue enfureceram o establishment judaico.

sua visita à nova nação, é instrutivo. Biddle foi inequívoco em seu apoio a Israel, argumentando que os interesses ocidentais no Oriente Médio seriam assegurados se o Estado judeu estivesse em sua órbita. Ele não parecia gostar muito dos judeus, escrevendo que eles costumavam ser "manchados de graxa" e "comidos por traças". Mas, depois de chegar a Israel, eles subitamente adquiriram "beleza física, vitalidade saudável, polidez, boa natureza" e eram semelhantes a Thomas Jefferson, ex-presidente dos Estados Unidos, pai fundador e proprietário de escravos.[14] Biddle desprezou os árabes que viu, e os achou "tão perigosos quanto os índios norte-americanos". Por não serem brancos, eles eram "sujos, doentes, fedidos, apodrecidos e cheios de vermes".[15]

A extensão da carnificina infligida à população palestina foi incalculável. Entre 1947 e 1949, pelo menos 750 mil civis — de uma população de 1,9 milhão — foram expulsos à força e tornaram-se refugiados além das fronteiras do novo Estado. Os palestinos chamam esse evento de Nakba, a catástrofe. Durante sete meses, 531 vilarejos foram destruídos e quinze mil pessoas foram mortas. Os palestinos remanescentes sofreram espancamentos, estupros e prisões.

O mito de um povo oprimido que sobrevive em um mundo difícil explica em grande parte a política de defesa de Israel. A falta de responsabilização pelas ações israelenses em 1948 fortalece a crença, endossada por sucessivas elites políticas e militares israelenses, de que as ferramentas de colonização e ocupação são atraentes para um público global, já que poucas nações ou organismos internacionais tentaram escrutinar seriamente as injustiças causadas naquela época ou após a Guerra dos Seis Dias, em 1967.

14 George Biddle, "Israel: Young Blood and Old", *The Atlantic*, out. 1949.

15 Jon Schwartz, "New documentary, *Exterminate All the Brutes*, was 500 years of genocide in the making", *The Intercept*, 2 maio 2021.

Os fantasmas de 1948 assombram o século XXI. Ao assumir o cargo em 2022, o primeiro-ministro israelense Yair Lapid se mudou temporariamente para uma casa em Jerusalém que havia sido propriedade de palestinos até 1948, quando foram forçados a fugir.

Em meados da década de 1930, os recém-chegados da Alemanha e da Áustria ajudaram a industrializar as cidades da Palestina. Já naquela época, as armas fabricadas em linhas de produção locais compuseram parte fundamental do arsenal que os sionistas construíram ou roubaram para o conflito vindouro com o Mandato Britânico da Palestina.[16] Dezenas de milhares de judeus receberam treinamento militar dos britânicos depois de 1939, e isso se mostrou inestimável quando eles quiseram estabelecer sua própria nação, após a Segunda Guerra Mundial.[17] O grande número de judeus que chegaram à Palestina depois da guerra, inclusive homens que haviam passado anos lutando contra os nazistas, permitiu que os sionistas combatessem com eficácia tanto os britânicos quanto os árabes.

A partir de meados da década de 1950, Israel, tendo viabilizado seu setor de defesa, começou a exportar seus produtos mortíferos. Anos mais tarde, o primeiro-ministro Ben-Gurion enfatizou que Israel "venderia armas a países estrangeiros sempre que não houvesse objeções do Ministério das Relações Exteriores". Na década de 1950, houve o desenvolvimento de empresas estatais de defesa; nos anos 1960, diversas entidades privadas prosperaram, incluindo a Elbit, a maior empresa privada israelense de defesa hoje em dia. Fundada em 1966, tornou-se rapidamente uma fornecedora essencial de equipamentos para tanques e aero-

16 Shira Pinhas, "The imperial roots of 'shrinking the conflict'", *+972 Magazine*, 17 maio 2022. [Durante 1920 e 1948, as regiões hoje conhecidas como Israel e Palestina foram ocupadas e administradas pelo Império Britânico. — N.E.]

17 Haim Bresheeth-Žabner, *An Army Like No Other: How the Israel Defense Forces Made a Nation*. Londres: Verso, 2020, p. 290.

naves israelenses. Anos mais tarde, estabeleceu-se como importante exportadora de armas, fosse para democracias ou ditaduras, trabalhando sempre em estreita colaboração com os militares dos Estados Unidos e de outros países no desenvolvimento de toda uma gama de equipamentos, desde drones a óculos de visão noturna; de sistemas de vigilância terrestre a munições mortais de alta tecnologia. Atualmente, a Elbit segue umbilicalmente conectada ao establishment de segurança israelense e tem se ramificado até mesmo para o setor de publicação de livros.[18]

Em 1967, a rápida subjugação da Cisjordânia, de Gaza, de Jerusalém Oriental e das Colinas de Golã por Israel colocou o país em um caminho sem volta de escalada militar. Essa vitória permitiu a construção de equipamentos de controle da população palestina e levou, por consequência, à busca de mercados internacionais para exportá-los. Nações interessadas não faltavam — a maioria, ditaduras, como o Irã, sob o regime repressivo do xá, e a África do Sul do apartheid.

Em meados da década de 1980, Israel já ocupava Jerusalém Oriental, a Cisjordânia, Gaza e as Colinas de Golã há quase vinte anos. Thomas Friedman, chefe do escritório do *New York Times* em Jerusalém entre 1984 e 1988, publicou uma matéria importante em 1986 com a manchete "How Israel's Economy Got Hooked on Selling Arms Abroad" [Como a economia israelense tornou-se dependente da exportação de armas]. O artigo tinha suas limitações — por exemplo, não mencionava uma única vez a ocupação israelense da Palestina ou mesmo a palavra "palestino" —, mas

18 Em 2021, foi publicado um livro que recebeu apoio financeiro da Elbit. *The Bulgarian Army and the Rescue of Bulgaria's Jews: 1941-1944* [O exército búlgaro e o resgate dos judeus da Bulgária: 1941-1944] é uma história revisionista que afirma, falsamente, que o Estado búlgaro salvou judeus durante a Segunda Guerra Mundial. A Elbit queria entrar no mercado de armas da Bulgária. Ver Raz Segal & Amos Goldberg, "Distorting the Holocaust to Boost the International Arms Trade", *The Nation*, 26 jul. 2022.

sua tese central era precisa: "Israel, com apenas quatro milhões de habitantes, tornou-se um dos dez maiores exportadores de armas do mundo, e os empresários israelenses estão entre os principais comerciantes de armas do mundo".[19] Não me lembro de muitos outros artigos anteriores ou posteriores no *New York Times* que tenham chegado perto de explicar o comércio de armas israelense e seu apoio a autocracias de forma tão objetiva.

Friedman articulou os sentimentos aparentemente contraditórios dentro de Israel entre os que se opunham ao comércio de armas e os defensores de sua suposta necessidade vital:

> A ideia de que o Estado judeu seja tão dependente da venda de armas para sua sobrevivência econômica ou diplomática é profundamente inquietante para algumas pessoas aqui, pois se choca tanto com sua autoimagem quanto com sua visão utópica do sionismo. Mas muitos outros, os ditos "realistas", argumentam que a venda de armas é um fato da vida de todos os Estados-nação, sobretudo para uma sociedade israelense que sempre viveu perto do limite. Se Israel não vendesse armas, outros venderiam, e Jerusalém seria privada dos benefícios econômicos e estratégicos trazidas por essas vendas, sem ter mudado o mundo nem um pouco. De qualquer forma, argumentam os realistas, a sobrevivência é um imperativo moral tanto quanto a não violência: é preferível uma utopia maculada a um sonho morto.

Não está totalmente claro que um número suficiente de israelenses tenha de fato manifestado oposição ao setor de defesa. Talvez Friedman tenha exagerado a proporção dos chamados "idealistas" para indicar que alguns cidadãos no Estado judeu estavam horrorizados com a ideia de judeus outrora perseguidos agora trabalhando lado a lado com perseguidores mundo afora. Friedman

19 Thomas L. Friedman, "How Israel's economy got hooked on selling arms abroad", *The New York Times*, 7 dez. 1986.

citou números que sugerem que cerca de 140 mil pessoas — 10% da força de trabalho israelense — estavam envolvidas no comércio de armas.[20]

Três anos antes desse artigo, já havia sido publicada uma reportagem no próprio *New York Times* que desmentia a visão otimista de Friedman sobre o público israelense. O professor Benjamin Beit-Hallahmi lecionava psicologia na Universidade de Haifa quando explicou que

> o que os outros consideram "trabalho sujo" [conluio com ditaduras], os israelenses enxergam como um dever defensável e até mesmo, em alguns casos, uma louvável vocação. Não há praticamente nenhuma oposição israelense a esse aventureirismo global. [...] O papel de polícia regional e global é algo que agrada a muitos israelenses, prontos para continuar com esse trabalho, pelo qual esperam ser recompensados de algum modo.[21]

O artigo de Friedman incluía uma frase-chave de David Ivry, diretor-geral do Ministério da Defesa de Israel, para quem a indústria israelense de armas e segurança poderia competir em um mercado global contra nações maiores porque a "tecnologia de ponta" foi "testada em batalha pelo exército israelense". A utilização da Palestina como laboratório tem sido uma política de Estado há quase tanto tempo quanto a ocupação israelense do território palestino.

O texto de Friedman termina com o que parece ser uma propaganda de empresas israelenses lideradas por ex-comandantes da unidade antiterrorismo das IDF, vendendo cursos para

20 Outro número, divulgado em 1981 pelo *Financial Times*, afirmava que o setor empregava mais de trezentos mil trabalhadores, um quarto da força de trabalho do país (embora esse número incluísse o exército).
21 Benjamin Beit-Hallahmi, "Israel's global ambitions", *The New York Times*, 6 jan. 1983.

empresas e indivíduos que queriam conhecer "a experiência de Israel em todos os aspectos de autodefesa, segurança industrial e contraterrorismo — uma experiência que eles mesmos ajudaram a desenvolver". Não há menção ao fato de que o conhecimento desses homens foi adquirido em décadas de subjugação da população palestina. Pelo contrário, Friedman cita uma das empresas, a Tour and Secure, e seu panfleto comemorando mais de quarenta anos de "combate ao terror".

Israel sempre vendeu equipamentos de defesa para governos duvidosos. Esses Estados incluem a Birmânia, na década de 1950, em sua guerra contra uma insurgência comunista. Sua arma inicial de maior sucesso foi a pistola Uzi, projetada pela primeira vez no final da década de 1940, logo após a fundação do Estado. Israel vendeu pistolas Uzi em mais de noventa países, e elas estão presentes nas forças armadas do Sri Lanka, da Rodésia (atual Zimbábue), da Bélgica e da Alemanha.

Tudo isso foi possível porque, já nos primeiros anos da nação, Ben-Gurion reconheceu os benefícios de construir uma indústria armamentista pujante. As enormes somas de dinheiro concedidas pela Alemanha Ocidental em 1952 como reparação pelo Holocausto forneceram os recursos de que o setor precisava. Secretamente, Israel investiu grande parte do montante no desenvolvimento de armas, além de financiar a pesquisa para a obtenção de um artefato nuclear operacional. Uma ajuda gigantesca da França e dos Estados Unidos, combinada com as reparações alemãs, fizeram da defesa o principal setor exportador do país.

Como vivia em relativo isolamento no Oriente Médio, cercado pelo que percebia como inimigos, Israel se viu forçado a desenvolver as próprias armas. As principais potências globais — especialmente a França entre 1956 e 1967 e, depois, os Estados Unidos após a Guerra dos Seis Dias de 1967 — foram os maiores apoiadores militares do Estado judeu. O militarismo se tornou, e é até hoje, o princípio orientador do país. Logo, o fim do conflito com os palestinos é péssimo para os negócios e pode minar a ideologia fundadora da nação. A Guerra Fria acarretou uma série de guerras por procuração, em que os Estados Unidos apoiavam Israel, e a União Soviética apoiava a Síria e o Egito. O *Wall Street Journal* escreveu em 1981 que "os israelenses reclamam que, ao criticar as políticas agressivas de Israel, os Estados Unidos ignoram o fato de que Israel serviu como uma espécie de 'laboratório de combate' para o desenvolvimento das armas estadunidenses".[22]

É impossível superestimar a centralidade das armas israelenses para a sobrevivência econômica do país. "A economia trocou laranjas por granadas de mão", escreve o pesquisador Haim Bresheeth-Žabner em *An Army Like No Other: How the Israel Defense Forces Made a Nation* [Um exército inigualável: como as Forças de Defesa de Israel construíram uma nação].[23] É impossível obter números exatos, pois o Estado nunca os divulga, mas hoje existem no país mais de trezentas empresas multinacionais e seis mil start-ups do setor, que empregam centenas de milhares de pessoas. As vendas estão crescendo, com as exportações de defesa atingindo um recorde histórico de 11,3 bilhões de dólares em 2021, um aumento de 55% em dois anos. As empresas de segurança cibernética de Israel também estão em alta: cem contratos assinados em 2021 totalizaram receitas de 8,8 bilhões de dólares. No mesmo ano, as empresas cibernéticas israelenses receberam 40% do financiamento mundial do setor.

Do ponto de vista israelense, fazer da Palestina um laboratório teve poucas desvantagens. Israel tem trabalhado em estreita colaboração com Washington há décadas, muitas vezes operando em locais onde os Estados Unidos preferem a discrição

22 Haim Bresheeth-Žabner, *An Army Like No Other: How the Israel Defense Forces Made a Nation*. Londres: Verso, 2020, p. 294.
23 *Idem*, p. 293.

ao apoio público. Por exemplo, Israel equipou as forças policiais de Guatemala, El Salvador e Costa Rica durante a Guerra Fria, quando o Congresso estadunidense impediu que suas agências o fizessem oficialmente.

Tanto Israel quanto os Estados Unidos treinaram e armaram esquadrões da morte na Colômbia até os anos 2000. O ex-traficante de drogas Carlos Castaño, que dirigia uma força paramilitar de extrema direita, explica em sua autobiografia, escrita por um *ghost writer*: "Aprendi uma quantidade infinita de coisas em Israel [na década de 1980] e devo a esse país parte de minha essência, minhas realizações humanas e militares. O próprio conceito de 'força paramilitar' foi algo que copiei dos israelenses".[24] Ele chegou a Israel em 2004, depois de fugir de seu próprio país.

Há muito tempo, a Colômbia é o principal aliado estratégico dos Estados Unidos na região. Uma comissão da verdade nomeada pelo governo colombiano divulgou em 2022 suas conclusões sobre a sinistra realidade da guerra civil que durou de 1958 a 2016. Descobriu-se, por exemplo, que Washington tinha pleno conhecimento dos esquadrões da morte operados por seus aliados colombianos. E nem por isso deixou de apoiá-los. Pelo contrário.

O Sul global tem sido controlado e pacificado com armas israelenses e estadunidenses, sobretudo. Extremismo e mesmo antissemitismo são detalhes, e não parecem impor qualquer impeditivo para a colaboração de Israel com Estados que saqueiam bens ou pessoas. Décadas depois de estabelecido, esse sistema de conluio segue operando sem contratempos. Nada jamais impediu seriamente seu desenvolvimento, seja durante a Guerra Fria, seja no mundo pós-11 de Setembro.

24 "Israel's Latin American trial of terror", *Al Jazeera*, 5 jun. 2003.

O advogado israelense de direitos humanos Eitay Mack, um dos principais defensores da transparência na política de defesa passada e presente do país, resumiu a situação para mim:

> Ao longo das décadas, pouca coisa mudou no setor de defesa de Israel. Seus interesses, o descaso com os direitos humanos e a falta de responsabilidade são os mesmos. Isso é um problema porque, quando estou apresentando petições e abordando o Ministério da Defesa e seus funcionários, é como se eles ainda estivessem na Guerra Fria. Pode haver um embargo de armas dos Estados Unidos ou da ONU em alguns lugares, mas Israel ainda está envolvido, como no Sudão do Sul, no Azerbaijão, em Mianmar e em outros lugares. Essas questões nunca mudam. Estou tentando expor o passado. Não apenas por causa do clichê de que a história se repete, mas porque Israel está usando leis de mordaça e censura para impedir a divulgação de informações.

É necessário fazer um balanço histórico do envolvimento de Israel com alguns dos regimes mais degenerados dos séculos XX e XXI. Trata-se de uma história raramente discutida na esfera pública, e muitos de seus detalhes permanecem ocultos nos arquivos israelenses. Apesar de Israel afirmar que era uma nação isolada e muitas vezes boicotada, teve relações próximas e secretas com muitos países. No entanto, é possível costurar uma colcha de retalhos da influência militar israelense a partir da década de 1950 — e o que ela revela é uma política externa oportunista e amoral. Dessa forma, o país não é diferente de outras grandes potências e de suas relações globais; por exemplo, os Estados Unidos e a França frequentemente são coniventes com autocratas, mas Israel sempre alegou ser uma entidade nobre e única no mundo.

Embora a ajuda a regimes etnonacionalistas não fosse o único foco da política externa israelense, há inúmeros exemplos de países armados e treinados por Israel nos quais um grupo étnico busca a subjugação de outros. Essa é uma característica constante na lista de Estados ajudados por Israel.

O pai do sionismo, Theodor Herzl, escreveu em seu panfleto seminal de 1896, *O Estado judeu*: "Para a Europa, formaríamos ali [na Palestina] parte integrante do baluarte contra a Ásia: constituiríamos a vanguarda da cultura na sua luta contra a barbárie".[25] O ex-primeiro-ministro Ehud Barak, que liderou o país entre 1999 e 2001, usou uma metáfora com significado semelhante: Israel é uma "vila no meio de uma selva". Ou seja, um oásis civilizado, cercado por selvagens muçulmanos no Oriente Médio.

Essa linguagem é emblemática: demonstra um desprezo pelos não judeus que acaba ditando as relações com qualquer estrangeiro. Era comum que os judeus fossem ensinados, na escola ou na educação religiosa — como me foi dito em casa por meus pais judeus liberais —, que somos o povo escolhido e temos um relacionamento único com Deus e com a sociedade. Poderíamos e deveríamos ajudar os outros (embora houvesse limites estabelecidos para essa compaixão, como a exclusão dos palestinos). É um sistema de crenças que permite a prosperidade da supremacia racial contra os não judeus e justifica o desprezo por suas vidas. O primeiro-ministro Benjamin Netanyahu disse em 2010, fazendo referência à frase dos versículos do Livro de Isaías, que Israel é "um povo orgulhoso com um país magnífico e que sempre aspira a servir como 'luz para as nações'".

Essa expressão é regularmente empregada pelos sionistas que pretendem ver Israel inspirar os povos de todo o mundo. Durante a Pessach[26] de 2022, o editor do *Times of Israel*, David Horovitz, escre-

25 Ofer Aderet, "Zionist Arabs, trains from Berlin: what Herzl got wrong about Israel", *Haaretz*, 26 maio 2022.

26 Pessach é o principal feriado do calendário judaico, quando se celebra a libertação do povo judeu da escrav dão faraônica no Egito. É conhecido popularmente como Páscoa Judaica. [N.T.]

veu que desejava que "nossos líderes tivessem a sabedoria de salvaguardar o milagre moderno de Israel — de usar essa bússola para garantir a sobrevivência e o avanço de Israel como um país judeu próspero e democrático, uma verdadeira luz para as nações".[27]

O que é "bom para os judeus" é uma máxima corriqueira entre a diáspora israelense e judaica — e é usada para justificar todo tipo de conluio nefasto com regimes terríveis. Chaim Herzog, presidente de Israel entre 1983 e 1993, não se envergonhava dessa ideologia. Como ele disse: "Devemos ser guiados em nossas relações [exteriores] pelo único critério que tem guiado os governos de Israel desde o estabelecimento do Estado: 'Isso é bom para os judeus?'". Como Noam Chomsky comentou no livro *The Fateful Triangle: The United States, Israel, and Palestinians* [O triângulo fatal: Estados Unidos, Israel e palestinos], de 1983, focar somente os supostos interesses judaicos é um "argumento [que] só considera as consequências para os judeus, ignorando a população conquistada, cujos direitos e desejos são desprezados — e essa postura não é atípica entre sionistas liberais ou intelectuais ocidentais".[28]

A história israelense pode ser dividida em duas eras: antes e depois de 1967. Antes da Guerra dos Seis Dias, a política israelense não era nobre, mas pelo menos dava a impressão retórica de (às vezes) se opor à repressão. Veja o caso da África do Sul do apartheid. Em 1963, a ministra das Relações Exteriores, Golda Meir, disse à Assembleia Geral das Nações Unidas que Israel "naturalmente se opõe às políticas de apartheid, colonialismo e discriminação racial ou religiosa onde quer que existam" porque os judeus entendiam o que significava ser vítima. Israel se uniu a Estados africanos recém-independentes, que começavam a desfrutar de suas liberdades pós-coloniais; nações africanas apoiaram Israel

27 David Horovitz, "A Passover prayer, to safeguard the modern miracle of Israel", *The Times of Israel*, 15 abr. 2022.

28 Noam Chomsky, *The Fateful Triangle: The United States, Israel, and the Palestinians*. Londres: Pluto, 1999, p. 110.

na ONU. Muitos israelenses, na época e agora, enxergavam a saga de seu país como uma luta pela liberdade, semelhante às guerras anticoloniais. Não havia tempo para buscar as manchas de colonialismo que maculavam a visão sionista.[29]

A Guerra Fria e suas mudanças políticas contribuíram para a consolidação de Israel como potência militar. O Estado judeu se viu em uma posição ímpar após 1967: havia feito seu batismo de sangue em combate e agora mantinha sob ocupação palestinos em Jerusalém Oriental, Cisjordânia, Gaza e nas Colinas de Golã. Esse campo de testes de armas, equipamentos e ideologia de dominação provou ser uma imensa vantagem competitiva contra as armas e os combatentes fornecidos pela União Soviética, o que fez com que os equipamentos israelenses se espalhassem pelo mundo, principalmente por meio de amizades recém-construídas. Contra a União Soviética e seus parceiros, Israel se aliou aos Estados Unidos e a seus vários sócios, de déspotas a democracias. Da década de 1970 até hoje, Israel foi braço direito de Washington na manutenção da Pax Americana.[30] Esse arranjo beneficiou muitos Estados ocidentais, em detrimento dos povos da Ásia, da América do Sul e da África.

O jornalista Sasha Polakow-Suransky relata em *The Unspoken Alliance: Israel's Secret Relationship with Apartheid South Africa* [A aliança não dita: a relação secreta de Israel com a África do Sul do apartheid] que 1967 foi um divisor de águas na postura de defesa de Israel. Com a ajuda da propaganda soviética e árabe, "a imagem de Israel como um Estado de sobreviventes do Holocausto que precisava de proteção gradualmente se deteriorou, dando lugar à pecha de fantoche imperialista do Oci-

29 Sasha Polakow-Suransky, *The Unspoken Alliance: Israel's Secret Relationship with Apartheid South Africa*. Nova York: Pantheon, 2010, p. 5.

30 Para mais detalhes, ver Army University Press, disponível em: http://www.armyupress.army.mil.

dente". A partir daí, muitas nações do Terceiro Mundo se afastaram de Israel e o "governo israelense abandonou os últimos vestígios de uma política externa baseada em princípios morais, para render-se a uma cínica *realpolitik*".[31] O que se seguiu foi uma série de parcerias com os tiranos mais brutais do planeta.

O relacionamento de Israel com o Irã durante o governo do xá foi um dos primeiros exemplos de alinhamento com um regime desagradável. Documentos recém-revelados dos arquivos do Estado de Israel mostram o desespero de Tel Aviv em manter relações com uma nação muçulmana que nunca reconheceu oficialmente o Estado judeu (ainda que Teerã o tenha feito extraoficialmente, por meio de um suborno).[32] O líder fundador de Israel, David Ben-Gurion, visitou Teerã em 1961 e explicou por que a amizade entre os dois países nunca poderia se tornar pública. "Permita-me manter isso em segredo, entre nós", disse. "Nossas relações são como um amor verdadeiro entre duas pessoas que não são casadas. É melhor que seja assim."

Durante as décadas em que o xá esteve no poder, especialmente a partir dos anos 1950, Israel comprou uma enorme quantidade de petróleo iraniano, enquanto Teerã usava Israel como intermediário para vender seu petróleo a outras nações. Israel sabia que o Irã estava esmagando brutalmente qualquer oposição ao xá, incluindo comunistas reais ou imaginários, mas não expressou qualquer preocupação com isso.

Um relatório enviado pelo representante de Israel no Irã, Meir Ezri, em 5 de maio de 1965, discutia um encontro com o ministro iraniano das Relações Exteriores, Abbas Aram. Aram estava preocupado com o fato de que o apoio de alto nível de

31 Sasha Polakow-Suransky, *The Unspoken Alliance: Israel's Secret Relationship with Apartheid South Africa*. Nova York: Pantheon, 2010, p. 6.

32 Ofer Aderet, "Publicly, Israel is a boycotted enemy: but behind the scenes, a great deal happens", *Haaretz*, 31 mar. 2022.

Israel ao xá poderia afetar suas relações com o mundo árabe. Ezri respondeu:

> O interesse geral de Israel no Oriente Médio é a existência de um Irã soberano e próspero, liderado pelo xá, que é considerado amigo de Israel [...]. Não acreditamos que os árabes jamais serão amigos do Irã, apesar de todos os esforços iranianos. Nossa amizade nos obriga a alertar o Irã: sabemos de esforços árabes para atacar os interesses mais vitais do país.[33]

Não se sabe a extensão exata da colaboração entre Israel e a temida polícia secreta do Irã, a Savak. O que os documentos revelam são altos funcionários iranianos solicitando treinamentos das IDF para seus guarda-costas. Quando o xá queria comprar aviões e tanques israelenses, Tel Aviv consentiu. Desde o final da década de 1960, há comunicações entre autoridades iranianas e israelenses detalhando essas negociações. Entre 1968 e 1972, o Irã comprou morteiros, equipamentos de rádio e outros aparatos de defesa. Israel treinou policiais iranianos em seu próprio território. A primeira-ministra israelense, Golda Meir, encontrou-se com o xá em 1972 e disse que a cooperação "entre os países que se opõem ao comunismo deve ser fortalecida: Pérsia, Israel, Turquia e Etiópia".

O crescente ódio do povo iraniano contra o xá foi notado pelas autoridades israelenses. Temendo que a tensão comprometesse sua influência no Irã, Israel recomendou a repressão brutal como solução no final da década de 1970. Em 1977, Israel discutia a possibilidade de ajudar o Irã com uma série de equipamentos de defesa, incluindo um míssil superfície-ar com potencial para transportar uma ogiva nuclear. Washington destruiu esses planos e disse a Israel que só poderia vender armas meno-

33 Eitay Mack, "The unwritten history of Israel's alliance with the Shah's dictatorship", *+972 Magazine*, 24 jun. 2019.

res (embora o comércio total de armas entre o xá e Israel seja estimado em 1,2 bilhão de dólares).[34]

Em 30 de dezembro de 1978, Yael Vered, diretor do Departamento de Oriente Médio do Ministério das Relações Exteriores de Israel, escalonou um telegrama na pasta, dizendo que os interesses israelenses seriam melhor atendidos pela "extrema dureza do exército, pelo estabelecimento de um regime militar e de um verdadeiro governo militar. Quer seja iniciado pelo exército, na forma de um golpe militar, quer por meio de consentimento tácito do próprio xá".

A chegada ao Irã do líder aiatolá exilado Ruhollah Khomeini, em fevereiro de 1979, marcou o início da queda do xá. Em particular, autoridades israelenses nutriam esperança de que o Irã necessitaria de ajuda estrangeira para manusear o armamento que lhes havia sido vendido, caso os estadunidenses fossem expulsos. A derrubada do xá e sua partida para o exílio no Egito, em janeiro de 1979, foram um aviso para outras ditaduras do Oriente Médio, como ponderou o diretor de pesquisa política do Ministério das Relações Exteriores de Israel, Pinchas Eliav. O poder das massas iranianas se levantou contra um autocrata apoiado por Israel, e isso era "um presságio de perigo para todos os regimes da região, inclusive os radicais".[35]

A quantidade de ditaduras com as quais Israel manteve relações é impressionante. Depois de um expurgo maciço de comunistas na Indonésia, de maioria muçulmana, em 1965 e 1966, que levou à morte de pelo menos meio milhão de pessoas, Israel (juntamente com os Estados Unidos, a Austrália e a maioria das potências ocidentais) ansiava por aprofundar os laços com o regime do general Suharto, que assumiu o poder absoluto em

34 Ofer Aderet, "Publicly, Israel is a boycotted enemy: But behind the scenes, a great deal happens", *Haaretz*, 31 mar. 2022.
35 Eitay Mack, "The unwritten history of Israel's alliance with the Shah's dictatorship", *+972 Magazine*, 24 jun. 2019.

1967. Documentos tornados públicos posteriormente mostram que, poucos meses após o massacre, o Mossad sabia do ocorrido. Mesmo assim, a polícia secreta israelense estreitou laços com a ditadura por meio de uma série de projetos comerciais, incluindo a produção de carne bovina, milho, petróleo e algodão. Era um relacionamento totalmente secreto, mas havia claro interesse de Israel em fortalecer os generais indonésios que lideraram o genocídio.[36]

Pense na Romênia sob o tirano Nicolae Ceausescu, que governou de 1965 a 1989. Documentos da época tornados públicos mostram que Israel conhecia as opiniões antissemitas de Ceausescu, mas manteve relações amistosas com ele durante décadas. Um telegrama de 30 de março de 1967, enviado de Bucareste pelo embaixador israelense, afirmava que o líder romeno "via Israel como um centro de judeus ricos, inclusive estadunidenses, cujas habilidades econômicas e conexões internacionais poderiam ser úteis".[37]

A Romênia de Ceausescu foi a única nação do Leste Europeu a manter laços diplomáticos com Israel após a Guerra dos Seis Dias de 1967, e votou a favor de Israel nas Nações Unidas numa época em que um número crescente de nações não o fazia. As autoridades israelenses avaliaram que Ceausescu acreditava que Israel e o dinheiro judeu governavam o mundo. A esperança dele era manter boas relações com Israel para convencer Washington a negociar com seu regime, mesmo que fosse uma ditadura comunista brutal. Essa relação não se concretizou, mas Israel nunca condenou Ceausescu publicamente, mesmo quando durante anos ele impediu que os sobreviventes romenos do Holocausto deixassem o país, porque via como

36 Eitay Mack, "How Israel helped whitewash Indonesia's anti-leftist massacres", *+972 Magazine*, 9 set. 2019.

37 Eitay Mack, "Israel embraced Romanian dictator's support — knowing he was anti-Semitic", *+972 Magazine*, 3 dez. 2019.

fundamental o apoio diplomático romeno às ações israelenses no tabuleiro global.[38]

Outro exemplo: o Haiti de François "Papa Doc" Duvalier e seu filho Jean-Claude "Baby Doc" Duvalier, cuja família governou entre 1957 e 1986, recebeu metralhadoras Uzi de Israel, veículos blindados e dispositivos para colocar sistemas de armas em aeronaves. A dinastia Duvalier matou entre 30 mil e 60 mil pessoas, mas, mesmo assim, para obter favores de Papa Doc, o Ministério das Relações Exteriores de Israel mandou traduzir um livro dele. Em uma das primeiras páginas, sob uma foto de Papa Doc, estava a legenda: "Presidente haitiano para o resto de sua vida". Como recompensa, o Haiti apoiou fortemente Israel após a Guerra dos Seis Dias de 1967.

Amparados pela lei de acesso à informação, Eitay Mack e outros ativistas israelenses de direitos humanos fizeram uma petição em 2019 para obter documentos do Ministério da Defesa sobre seu relacionamento com o Haiti durante o governo Duvalier, mas o pedido foi recusado pelo tribunal. O juiz do Tribunal Distrital de Tel Aviv, Hagai Brenner, ao indeferir o pedido em fevereiro de 2021, alegou que a divulgação dos documentos poderia "causar sérios constrangimentos ao Estado".

Os documentos originais continham linguagem racista e depreciativa dos burocratas israelenses em relação aos haitianos, zombando de sua pobreza e da cor de sua pele. Isso, aos olhos do juiz Brenner, era motivo para que eles não fossem divulgados ao público. Os arquivos, escreveu ele, "incluem o uso de terminologia insultante que era aceita há cerca de cinquenta

38 No século XXI, a Romênia continua próxima a Israel e é uma grande consumidora de drones e outros equipamentos de defesa. Nos últimos 25 anos, a Romênia comprou cerca de um bilhão de dólares em armas israelenses, grande parte da Elbit e da Rafael. A invasão russa da Ucrânia em 2022 levou a Romênia a adquirir ainda mais armas. Ver Yossi Melman, "Romania looks set to be the first European country to buy Israel's Iron Dome", *Haaretz*, 20 set. 2022.

anos e hoje é percebida sob uma luz particularmente negativa, podendo prejudicar a imagem do país e as relações exteriores". Brenner também temia que a divulgação dos documentos fosse benéfica para o movimento BDS contra Israel.

Após a guerra de 1967, Israel fez um acordo com o Paraguai, na época uma ditadura que acolhia criminosos de guerra nazistas, incluindo o doutor Josef Mengele, conhecido como "Anjo da Morte", que fez experimentos e massacrou centenas de judeus em Auschwitz. O acordo proposto envolvia um pagamento para que sessenta mil palestinos em Gaza — cerca de 10% da população — se mudassem para o Paraguai com a cidadania garantida em cinco anos. Em um documento vazado do gabinete israelense, o chefe do Mossad, Zvi Zamir, afirmava que o Paraguai estava disposto a abrigar "sessenta mil árabes muçulmanos não comunistas, de acordo com a definição deles".[39] O plano nunca saiu do papel e apenas trinta palestinos de fato emigraram.

Foi relatada uma conexão entre o fracasso do plano e a decisão de Israel, em 1969, de parar de procurar nazistas na América do Sul, um pacto diabólico que dava a entender que os níveis mais altos do governo israelense preferiam expulsar palestinos a encontrar assassinos de judeus.

NO FINAL DA DÉCADA DE 1960, houve uma revolução na forma como Israel via os amigos, parceiros e inimigos em potencial. Não que fosse uma nação esclarecida antes disso, mas, a partir de 1967, a maior parte das relações de Israel com o mundo foi despojada de qualquer ilusão de princípio e passou a se basear exclusivamente na busca de apoio para sua dominação do povo e do território palestinos.

39 Lahav Harkov, "From Gaza to Paraguay? The Israeli government's transfer plans", *Jerusalem Post*, 12 ago. 2020.

A lógica dos déspotas é simples: perpetuar-se no poder. Desde a década de 1970, Israel tem sido um parceiro confiável das ditaduras por uma série de motivos importantes. Muitos regimes, na época e atualmente, acreditam que uma parceria com Israel estreitará laços com Washington e com a influente comunidade judaica nos Estados Unidos.

A brutal família Somoza governou a Nicarágua de 1936 a 1979, e Israel armou o regime até o fim. Quando os sandinistas assumiram o controle na década de 1980 e o presidente dos Estados Unidos Ronald Reagan desencadeou uma campanha de terror na América Central em sua guerra contra o comunismo, Israel foi convidado a assumir um papel muito maior na região, unindo-se a Washington em sua campanha contra os sandinistas. Grupos judeus estadunidenses, alguns relacionados ao período de Somoza, criaram mentiras a respeito de uma suposta ameaça antissemita na Nicarágua, o que ampliou o apoio dos Estados Unidos e de Israel aos atrozes Contras. Alguns dos fuzis AK-47 que Israel enviou aos Contras na década de 1980 haviam sido confiscados da Organização para a Libertação da Palestina (OLP) no Líbano após a invasão israelense em 1982. Uma reportagem da *NBC* em 1984 apresentou uma entrevista com um líder dos Contras, que declarou: "recebemos algumas armas [...] que o governo israelense tirou da OLP no Líbano". A matéria afirmava que o grupo de extrema direita usava metralhadoras de fabricação soviética, e que Israel, "a pedido de Washington, armou um quarto do exército rebelde". A CIA recebeu assistência de oficiais de inteligência israelenses na preparação dos Contras, e a milícia foi treinada por empresas militares privadas, compostas por oficiais da reserva e comandantes reformados das Forças de Defesa de Israel.[40]

40 Margo Gutierrez & Milton Jamail, "Israel in Central America", *Middle East Report*, n.140, maio-jun. 1986.

Com a guerra de Reagan contra o comunismo e a parceria de Washington com esquadrões da morte de direita, da Nicarágua a Honduras, de El Salvador ao Panamá,[41] o papel de Israel no fornecimento de armas e experiência *in loco* passou a ser visto como indispensável. Outro exercício de cinismo foi a atuação do Estado judeu no caso Irã-Contras, quando os Estados Unidos e Israel facilitaram a venda de armas ao Irã para financiar os Contras na Nicarágua entre 1985 e 1987. Ambos os países mandavam dinheiro para uma nação que sabiam ser repressiva, mas que consideravam desejável apoiar na guerra contra o Iraque de Saddam Hussein. O caso Irã-Contras cortou formalmente qualquer cooperação futura entre Israel e Irã e, atualmente, Teerã é o principal inimigo do Estado judeu no Oriente Médio.

Esse tipo de história se repetia por toda a região desde a década de 1970, com o interesse de Israel em fazer parcerias com países como a Argentina, que, durante o governo de Juan Domingo Perón, recebeu muitos nazistas de alto escalão, incluindo Adolf Eichmann, o arquiteto do Holocausto. A Argentina viveu sob uma ditadura militar de 1976 até o colapso do regime em 1983, período em que cerca de trinta mil argentinos foram assassinados ou desapareceram. A junta militar torturou centenas de judeus em suas prisões, e documentos tornados públicos mostram que Israel não parecia se importar.[42]

Israel sabia da repressão desde o início, mas não expressou nenhuma oposição, porque considerava mais importante obter o apoio argentino para a ocupação da Cisjordânia. O argumento inicial era de que a venda de armas para a junta ajudaria os judeus argentinos, mas era uma desculpa esfarrapada. O antissemitismo era flagrante e onipresente na Argentina: técnicas espe-

41 Eitay Mack, "The Zionist James Bond? How a Mossad agent helped a brutal dictator retain power", *Haaretz*, 25 mar. 2021.

42 John Brown, "Israel cooperated with the Argentine regime that murdered thousands of Jews", *Haaretz*, 13 set. 2017.

ciais de tortura eram reservadas para mulheres judias, e os campos de concentração argentinos eram repletos de fotos de Hitler e emblemas nazistas.[43]

John Brown (nome fictício), um acadêmico e jornalista independente israelense, revelou a verdadeira natureza da relação entre Israel e Argentina durante esses anos. O pseudônimo de Brown foi inspirado pelo abolicionista estadunidense dos anos 1800. Ele nasceu em Buenos Aires em 1978, durante o auge da brutalidade dos militares. Judeu de esquerda, Brown descobriu documentos que mostram como o governo estava "matando muitos judeus, basicamente um regime nazista". Ele me disse que "Israel usou o nome das IDF e seu treinamento para obter benefícios diplomáticos".

Tel Aviv estava ciente dos riscos de isolamento internacional devido às suas políticas de ocupação. Em 1985, uma ex-chefe do Comitê de Relações Exteriores do Knesset, Yohanah Ramati, fez um discurso na Universidade Internacional da Flórida que foi brutalmente honesto quanto aos cálculos de seu país:

> Israel é um Estado pária. Quando as pessoas nos pedem algo, não podemos nos dar ao luxo de fazer perguntas sobre ideologia. O único tipo de regime que Israel não ajudaria seria um que fosse antiestadunidense. Mais do que isso: seria um tiro no pé não auxiliarmos um país que os Estados Unidos, por alguma inconveniência, não possam ajudar.[44]

Era óbvio que Israel aspirava ter papel ativo nas metas estadunidenses de dominação da América Central na década de 1980. Yaakov Meridor, ministro israelense da Economia, disse logo

43 Azriel Bermant, "Israel's long history of cooperation with ruthless, anti-Semitic dictators", *Haaretz*, 4 jul. 2018.

44 Yohanah Ramati, palestra pública na Universidade Internacional da Flórida, 6 mar. 1985.

no começo da década que Israel queria ser um representante dos interesses dos Estados Unidos onde a superpotência global não pudesse ou não estivesse disposta a comercializar armamentos diretamente. "Nós diremos aos Estados Unidos: não concorram conosco em Taiwan; não concorram conosco na África do Sul; não concorram conosco no Caribe ou em outros lugares onde não podem vender armas diretamente. Deixem conosco... Israel será seu intermediário."[45]

Em 1983, o *New York Post* noticiou a assinatura de um acordo entre o Mossad e a CIA para operações conjuntas no Líbano, no Afeganistão, na América Central e na África. O objetivo principal era combater a influência soviética. Como recompensa, Israel obteve muito mais informações do vasto aparato de vigilância dos Estados Unidos sobre os movimentos de tropas no Oriente Médio.[46]

A *realpolitik* israelense foi escancarada na Guatemala nas décadas de 1970 e 1980, quando Israel e os Estados Unidos forneceram cobertura militar, diplomática e ideológica para um regime genocida. A CIA havia apoiado um golpe na Guatemala em 1954, após o qual o país passou por décadas de violência sob regimes reacionários. A "pacificação" do campo foi um dos principais objetivos nesses anos, juntamente com a construção de "aldeias modelo" onde os povos indígenas foram forçados a viver. Cerca de duzentas mil pessoas foram mortas durante a guerra civil que devastou o país entre 1960 e 1996.

Uma das formas mais eficazes de assistência israelense ao regime guatemalteco foi a instalação de um centro computadorizado de escuta fornecido pela empresa israelense privada Tadiran Israel Electronics Industries. Esse centro entrou em operação no final de 1979 ou início de 1980 e continha os nomes

45 Victor Perera, "Uzi Diplomacy", *Mother Jones*, jul. 1985.
46 Jan Nederveen Pieterse, *Israel's Role in the Third World: Exporting West Bank Expertise*. Amsterdã: Emancipation Research, 1984.

de pelo menos 80% da população. A mídia israelense informou que o objetivo era "acompanhar a movimentação da guerrilha na capital"; havia suspeitas de que a instalação fosse conectada ao Comando Sul dos Estados Unidos no Fort Gulick, na região do Canal do Panamá. Era uma máquina altamente sofisticada para a época, capaz de detectar mudanças no uso de energia elétrica ou água em residências particulares e, portanto, observar atividades antigovernamentais se uma impressora estivesse sendo usada.[47] Em 2008, a Tadiran foi incorporada à maior empresa de defesa de Israel, a Elbit Systems.

O casamento de Israel com a tirania guatemalteca foi consolidado com a ascensão do presidente Efrain Ríos Montt, que governou entre 1982 e 1983 e cometeu violência em massa contra a população indígena maia, possivelmente matando até 75 mil pessoas. O envolvimento de Israel não foi ocultado. A mídia israelense informou que Ríos Montt foi auxiliado por conselheiros militares israelenses quando deu um golpe em 23 de março de 1982. Ríos Montt disse a um repórter da *ABC* que o golpe foi um sucesso estrondoso "porque muitos de nossos soldados foram treinados por Israel".[48] Documentos tornados públicos mostram que Israel esperava que seu inequívoco suporte resultasse no apoio de Montt à ocupação da Cisjordânia e o levasse a transferir a embaixada da Guatemala para Jerusalém.[49] Montt foi considerado culpado de genocídio em um tribunal guatemalteco em 2013 — a primeira vez que um ex-chefe de Estado foi julgado por esse crime em seu próprio país — e condenado a oitenta anos de prisão. Após anos de disputas legais, um novo

47 Cheryl Rubenberg, "Israel and Guatemala: Arms, Advice and Counterinsurgency", *Middle East Report*, n. 140, maio-jun. 1986.
48 *Idem.*
49 John Brown, "The relocation of the Guatemala embassy is steeped in many weapons from the past", *Haaretz*, 25 set. 2018.

julgamento estava em andamento em 2018, quando Montt morreu aos 91 anos de idade.

Israel e Guatemala se uniram em um amor compartilhado pela contrainsurgência. O Estado judeu encarava anos de luta contra a resistência palestina, enquanto Ríos Montt desencadeava uma guerra contra os maias. Israel estava ansioso para oferecer conselhos, equipamentos militares e treinamento. O *CBS Evening News*, apresentado por Dan Rather, explicou em 1983 que a capacidade de Israel na Guatemala havia sido "experimentada e testada na Cisjordânia e em Gaza, projetada simplesmente para derrotar a guerrilha". Um conselheiro israelense na Guatemala, o tenente-coronel Amatzia Shuali, tinha claramente levado a sério a mensagem do governo israelense: "Não estou nem aí para o que os gentios fazem das armas. O importante é que os judeus lucrem".[50]

O cerne da estratégia de Ríos Montt para destruir os indígenas era colocá-los na mesma categoria dos palestinos e tratá-los como tais. Alguns apoiadores locais da junta guatemalteca alegaram que havia uma "palestinização" da população indígena e que era preciso colocar os camponeses uns contra os outros, formando milícias para detectar supostas atividades revolucionárias. Foi uma receita para a tensão e a violência entre comunidades; indígenas desapareceram, foram deslocados à força, torturados e mortos.

O massacre mais notório ocorreu na pequena aldeia de Dos Erres, em 6 de dezembro de 1982, onde cerca de trezentas pessoas foram mortas. A brutalidade foi chocante: crânios foram esmagados com marretas e os corpos, atirados em um poço. Israel desempenhou seu papel no massacre de Dos Erres. Em 1999, depois de uma visita à área para exumar os restos mortais das vítimas, a Comissão da Verdade da ONU detalhou em seu relatório forense que "todas as evidências balísticas recuperadas

50 Gabriel Schivone, "Israel's shadowy role in Guatemala's dirty war", *The Electronic Intifada*, 20 jan. 2017.

correspondiam a fragmentos de balas de armas de fogo e cápsulas de rifles Galil, fabricados em Israel".[51]

Obter justiça para os mortos e desaparecidos é uma batalha ainda em curso. Em Israel, em 2019, Eitay Mack iniciou uma campanha legal para forçar o Ministério da Defesa a confessar seu envolvimento no genocídio guatemalteco. Até redação deste livro, nenhum documento viu a luz do dia.

EM 1982, ISRAEL SE ENVOLVEU em suas próprias desventuras militares e massacres no vizinho Líbano, o que emitiu um alerta sobre os limites do poder israelense. No entanto, essas campanhas serviram como uma eficaz ferramenta de marketing para seu setor armamentista. Embora pareça contraditório, trata-se de um padrão entre nações com grandes indústrias bélicas. Washington não vence um conflito importante desde a Segunda Guerra Mundial e, ainda assim, seu setor de defesa é o maior e mais lucrativo do mundo. Os fracassos e derrotas no Vietnã, no Iraque e no Afeganistão não afetaram a fatia de mercado dos Estados Unidos no comércio global de armas, que chegou a 37% entre 2015 e 2020, de acordo com o Stockholm International Peace Research Institute.

Israel alegou ter invadido o Líbano para erradicar a OLP, manteve sua presença militar até 2000 e foi um ator central na morte de dezenas de milhares de civis. Entre 1975 e 1990, cerca de duzentas mil pessoas morreram e dezessete mil desapareceram na guerra civil libanesa. "Prendemos inúmeras pessoas [palestinas] sem motivo algum", disse o israelense Haim Rubovitch, que na época era um oficial júnior e acabou se tornando o número três do serviço de segurança interna Shin Bet.[52]

51 Gabriel Schivone, *op. cit.*
52 Amos Harel, "'We arrested countless Palestinians for no reason', says ex-top Shin Bet officer", *Haaretz*, 17 fev. 2022.

Os crimes de guerra nessa época eram comuns. Mordechai Gur, ex-chefe de gabinete das IDF, declarou com orgulho em uma entrevista à mídia em 1978 que atingir civis era aceitável. O entrevistador perguntou a Gur se as IDF bombardeavam pessoas "indiscriminadamente". Ele respondeu: "Depois do massacre em Avivim [um bombardeio a um ônibus israelense em 1970 perto da fronteira libanesa que matou doze civis, incluindo nove crianças], mandei bombardear quatro vilarejos no sul do Líbano sem autorização". O entrevistador perguntou: "Sem fazer distinção entre civis e não civis?". "Que distinção?", respondeu Gur.[53]

As inovações de defesa de Israel no Líbano foram registradas pela CIA em um documento de 1986, publicado parcialmente. Os Estados Unidos observaram o uso israelense avançado de drones, ou "veículos pilotados remotamente", e também de aeronaves tripuladas, além da destruição de recursos sírios no Vale de Bekaa (ali, Israel destruiu o sistema de mísseis superfície-ar sírio em 1982). Embora os Estados Unidos tenham implantado uma versão inicial de drones de reconhecimento na Guerra do Vietnã, a CIA ficou impressionada com o conhecimento e o desenvolvimento da tecnologia israelense. O relatório afirmava ainda que países como Paquistão, Índia, Síria e Coreia do Sul estavam interessados em comprá-los.

No entanto, Washington temia que seus "interesses de segurança" no Terceiro Mundo fossem ameaçados, em meados da década de 1990, pela "capacidade aprimorada de vigilância" dos então novos drones, caso eles proliferassem. Embora a CIA acreditasse que os drones pudessem "ajudar a evitar conflitos e manter a estabilidade em áreas tensas do Oriente Médio e da Ásia", havia preocupação com a possibilidade de "terroristas" utili-

53 Noam Chomsky, *The Fateful Triangle: The United States, Israel, and the Palestinians*. Londres: Pluto, 1999, p. 181. A citação completa está disponível em: X: @edokonrad, 20 abr. 2020.

zarem esse tipo de equipamento em missões suicidas contra os interesses dos Estados Unidos.[54]

Há horrores conhecidos e desconhecidos causados por Israel no Líbano durante esses anos. O mais notório é o massacre nos campos de refugiados palestinos de Sabra e Chatila, em Beirute, em setembro de 1982, realizado pelas milícias da Falange Libanesa ou Kataeb, um partido político cristão maronita de extrema direita apoiado por Israel.[55] Até 3,5 mil civis foram assassinados no episódio. Mais tarde, o então ministro da defesa de Israel, Ariel Sharon, seria considerado indiretamente responsável pelo derramamento de sangue pela Comissão Kahan de Israel. Mas ele nunca pagou um preço substancial por suas ações.

Há também os horrores menos divulgados, incluindo as torturas na prisão de Khiam, administrada pelo representante de Israel, o Exército do Sul do Líbano, as IDF e o Shin Bet entre 1985 e 2000. Cerca de cinco mil prisioneiros passaram pela instalação que um dia abrigou um quartel do exército francês. Um dos sobreviventes, Amine, disse à *Al Jazeera* em 2017 que "os prisioneiros eram mantidos nus, borrifados com água quente e fria e submetidos a choques elétricos. Em seguida, colocava-se sal sobre as feridas".[56]

As IDF pagaram os interrogadores e guardas do complexo, forneceram armas ao Exército do Sul do Líbano e deram treinamento de técnicas de tortura. Israel bombardeou o centro durante a guerra de 2006 contra o Hezbollah, destruindo grande

54 CIA, "Remotely Piloted Vehicles in the Third World: A New Military Capability", 1986.

55 Documentos revelados por Eitay Mack em 2022 mostraram que o Mossad havia conspirado com forças violentas no Líbano, desde os anos 1950, e que seus agentes eram colegas próximos dos falangistas e das milícias cristãs. Ver Ofer Aderet, "What historical Mossad files reveal about Israel's 'most planned war'", *Haaretz*, 8 set. 2022.

56 Lizzie Porter, "A legacy of torture: inside Lebanon's Khiam jail" [Um legado de tortura: por dentro do presídio Khiam, no Líbano], *Al Jazeera*, 14 ago. de 2017.

parte das evidências restantes. Eitay Mack enviou uma solicitação às IDF sob a lei de acesso à informação em abril de 2020, em busca de detalhes sobre o papel de seu país naquele presídio. Documentos tornados públicos em 2022 confirmaram detenção por tempo indeterminado, falta de comida suficiente e maus-tratos. Um documento estipulava que o Shin Bet "deve tomar decisões que reduzam responsabilidades, tanto a nossa [Israel] quanto a de [rasurado], em relação à permanência dos detentos na prisão".[57]

Mack também estava por trás de uma petição apresentada à Suprema Corte de Israel em outubro de 2020 para obter mais provas do apoio do Mossad às brutais milícias cristãs no Líbano, que mataram milhares de palestinos entre 1975 e 1982, incluindo em Tal Al-Zaatar, em agosto de 1976, onde até três mil palestinos, a maioria civis, foram massacrados durante um cerco que durou várias semanas.

O envolvimento de Israel no Líbano foi justificado à época com base em questões de segurança nacional, o que rendeu admiração de outras nações, que inclusive expressaram vontade de aprender com Israel. Mas havia algo mais existencial por trás disso. Em seu livro de 1998 sobre o Oriente Médio, *De Beirute a Jerusalém*, o jornalista do *New York Times* Thomas Friedman contou uma anedota de 1982 que lança luz sobre a missão real, mas menos reconhecida, das Forças Armadas israelenses:

> Dois alvos em particular pareciam interessar ao exército de [Ariel] Sharon. Um deles era o Centro de Pesquisas da OLP. Ali não havia armas, munição nem combatentes. Mas havia algo mais perigoso: livros sobre a Palestina, registros antigos e escrituras de terras pertencentes a famílias palestinas, fotografias sobre a vida árabe na Palestina, arquivos históricos sobre a vida árabe na Palestina e,

57 Ofer Aderet, "Documents expose torture, hunger in Israeli-run prison in south Lebanon", *Haaretz*, 23 mar. 2022.

> o mais importante, mapas — mapas da Palestina pré-1948, descrevendo todos os vilarejos árabes antes que o Estado de Israel surgisse e eliminasse muitos deles. O Centro de Pesquisa era como uma arca que continha o patrimônio dos palestinos — algumas de suas credenciais como nação. De certa forma, era isso que Sharon mais queria levar de Beirute para casa. Isso era evidente nos grafites que os rapazes israelenses deixaram nas paredes do Centro de Pesquisas: "Palestinos? O que é isso?; Fodam-se os palestinos; e Arafat, vou comer sua mãe". (Mais tarde, a OLP forçou Israel a devolver todo o arquivo como parte de uma troca de prisioneiros em novembro de 1983.)[58]

Não é difícil entender por que essa atitude foi e continua sendo tão atraente para alguns governos. Há um desejo não só de destruir militarmente um oponente, mas de apagar sua história e sua capacidade de lembrar o que foi perdido. Quando se adiciona a esse caldo uma tecnologia de vigilância testada à revelia das vítimas, a resistência se torna ainda mais difícil.

58 Thomas Friedman, *From Beirut to Jerusalem: One Man's Middle East Odyssey*. Nova York: HarperCollins, 1998, p. 159. [Ed. bras.: *De Beirute a Jerusalém*. Trad. Elena Gaidano. Rio de Janeiro: Bertrand Brasil, 1991.]

O 11 de Setembro foi bom para os negócios

2

Os israelenses não acordam de manhã pensando no conflito.

— PRIMEIRO-MINISTRO ISRAELENSE NAFTALI BENNETT, SETEMBRO DE 2021

Na década de 1990, o fim da Guerra Fria não trouxe nenhuma mudança substancial à diplomacia israelense. Seu apoio ao despotismo, que complementava e, em certos casos, substituía a cobertura global dos Estados Unidos, permaneceu inalterado. Claro que o colapso da União Soviética alterou os cálculos estratégicos das elites políticas e da mídia de Israel: agora, havia apenas uma superpotência global incontestável, os Estados Unidos. Mas a indústria bélica israelense já estava viciada na inesgotável fonte de renda das autocracias, sempre sedentas por armamentos. "Toda a cultura de segurança transformou o establishment israelense em um Estado dentro do Estado", disse-me um dos principais jornalistas que cobrem o setor de defesa de Israel, Yossi Melman. O que ele quer dizer é que os principais tomadores de decisão são os negociantes de armas.

No entanto, a partir da década de 1990 Israel desenvolveu maior autonomia militar em relação a Washington, depois que se viu à mercê de cerca de 42 mísseis Scud iraquianos durante a Guerra do Golfo de 1991. Os Estados Unidos não ofereceram qualquer assistência a Israel durante esses ataques, o que aborreceu os israelenses. Muitos sentiram que a administração George H. W. Bush havia abandonado seu aliado mais próximo no Oriente Médio.

Isso levou o governo israelense a uma sanha privatista, arrancando muitas das raízes socialistas da nação. Até os anos 2000, a maioria das empresas de defesa israelenses envolvidas em exportações era estatal. O setor de alta tecnologia recebia generosos incentivos governamentais, o que lhe permitiu estabelecer laços estreitos com os *players* estadunidenses dos setores emergentes de defesa e segurança cibernéticas.[1] Israel converteu cidades-dormitório como Kiryat Gat em centros de produção de alta tecnologia.

Israel não deixou de ser o maior beneficiário da ajuda dos Estados Unidos, mas hoje depende menos dessa ajuda do que antes. E, se isso é um fato do ponto de vista financeiro, diplomaticamente Israel tem nos Estados Unidos um firme anteparo contra o tsunami de condenação global ocasionado por décadas de ocupação e guerras frequentes em Gaza. O apoio estadunidense continua sendo vital para a força relativa de Israel. Por outro lado, se em 1981 a ajuda dos Estados Unidos representava aproximadamente 10% da economia de Israel, em 2020, com cerca de quatro bilhões de dólares por ano, seu peso relativo caiu para cerca de 1%.[2] Por esse motivo, Israel hoje se preocupa muito menos com a levíssima pressão dos Estados Unidos para reduzir os assentamentos ilegais na Cisjordânia, os ataques a Gaza ou as demolições de casas em Jerusalém Oriental.[3]

1 Greg Myre, "High-tech industry in Israel goes from boom to bust", *The New York Times*, 26 dez. 2005.

2 Max Fisher, "As Israel's dependence on U.S. shrinks, so does U.S. leverage", *The New York Times*, 24 maio 2021.

3 Os documentos do Departamento de Estado dos Estados Unidos divulgados pelo WikiLeaks em 2010 revelaram, de acordo com o major-general Amos Gilad, chefe do Departamento Político-Militar

Se nos anos seguintes à Guerra dos Seis Dias Israel enfrentou uma enxurrada de críticas internacionais por suas políticas de colonização, o século XXI viu uma aliança crescente entre Israel e muitos Estados árabes, bem como com nações da África e da América Latina. Atualmente, Israel produz a maior parte de sua própria tecnologia de defesa antimísseis. O isolamento global nunca ocorreu, apesar dos temores (e desejos) de alguns. De acordo com pesquisas israelenses, a maioria dos cidadãos judeus não se preocupa muito com a solução do conflito com os palestinos, nem teme o isolamento. O status quo lhes convém.[4]

O fim da Guerra Fria não reduziu o conluio israelense com autocracias violentas. Eitay Mack está tentando descobrir qual foi o papel do Estado judeu no genocídio de Ruanda em 1994. As evidências indicam que Israel continuou enviando armas como granadas, pistolas e munição mesmo depois de iniciado o genocídio, em 6 de abril de 1994. Entre oitocentos mil e um milhão de ruandeses foram massacrados nos cem dias seguintes.

Mack acionou a Suprema Corte de Israel em maio de 2020, exigindo que o governo abrisse uma investigação criminal sobre os traficantes de armas e os funcionários do Estado que ajudaram e foram cúmplices dos crimes contra a humanidade em Ruanda. Ele até fez uma entrevista em vídeo com o piloto que levou as armas para Ruanda, mas essa prova foi descartada pelo tribunal por motivos de segurança nacional. Israel não foi o único a ser cúmplice do genocídio: o exército ruandês estava equipado com armamento francês, e Paris era um aliado próximo dos autores das atrocidades.

...

do Ministério da Defesa de Israel, que o relacionamento estreito entre esses dois países estava contribuindo para a desconfiança global em relação às intenções de Washington e à incapacidade de promover os interesses estadunidenses.

4 Max Fisher, *op. cit.*

Durante toda a década de 1990, Israel nunca deixou de exportar expertise, e o status de pária diante de algumas nações, consequência das décadas de ocupação, começou a diminuir durante os dias de glória do processo de paz de Oslo, quando se presumiu (erroneamente) que o conflito estava chegando ao fim.

Os infames fuzis Galil de fabricação israelense, que já haviam sido usados no genocídio da Guatemala, acabaram nas mãos de megatraficantes colombianos no final da década de 1980. Fabricadas pela Israel Military Industries, adquirida pela Elbit Systems em 2018, as armas são uma pequena parte de uma presença israelense muito maior na Colômbia. Um investigador estadunidense, Ernest Lawrence Barcella Jr., disse ao *Washington Post* em 1990 que o governo israelense deveria ter noção mais precisa de como tantas de suas armas foram parar na Colômbia. "Seria de esperar que isso tivesse levado [o governo de Israel] a fazer perguntas, a não ser que seja essa sua maneira habitual de conduzir os negócios", declarou.[5]

Investigadores estadunidenses e colombianos descobriram que as armas faziam parte de um acordo obscuro entre mercenários israelenses e o chefe do cartel de cocaína de Medellín, José Gonzalo Rodríguez Gacha, que queria assumir o controle do país e construir um Estado neofascista.[6] Esperar ajuda de Israel nesse projeto fazia sentido, considerando o tipo de trabalho que elementos das Forças de Defesa de Israel haviam feito na América Latina nas décadas de 1970 e 1980.

Décadas mais tarde, as elites colombianas continuavam atadas a Israel. Um telegrama do Departamento de Estado da Embaixada dos Estados Unidos em Bogotá, divulgado pelo WikiLeaks em 2009, revelou a presença no país da empresa israelense Global Comprehensive Security Transformation

5 Douglas Farah, "Israeli rifles have tortuous trail, turn up with Colombian trafficker", *The Washington Post*, 18 jul. 1990.
6 *Idem*.

(Global CST), fundada pelo major-general da reserva Israel Ziv, ex-chefe da Diretoria de Operações das IDF. A corporação foi contratada para auxiliar os militares colombianos em sua guerra contra as Forças Armadas Revolucionárias da Colômbia (Farc). O telegrama foi contundente:

> Em um período de três anos, Ziv conseguiu conquistar a confiança do ex-ministro da Defesa [colombiano] [Juan Manuel] Santos, prometendo uma versão mais barata da assistência do governo dos Estados Unidos, sem as nossas restrições. Nós e o governo da Colômbia descobrimos que a Global CST não tinha experiência na América Latina e que suas propostas pareciam ter sido criadas mais para apoiar as vendas de equipamentos e serviços israelenses do que para atender às necessidades do país.

Em um vídeo promocional da Global CST feito em 2011, quando Santos era presidente da Colômbia, o mandatário elogiou a companhia, cujos membros chamou de "pessoas com muita experiência". Santos disse a um programa de TV israelense que estava entusiasmado com os consultores israelenses empregados pela empresa: "Nós [colombianos] fomos até acusados de sermos os israelenses da América Latina, o que pessoalmente me deixa muito orgulhoso". O programa mencionou a incursão da Colômbia no Equador em 2008 e a morte do segundo-comandante das Farc, Raúl Reyes. O narrador elogiou a missão: "De repente, os métodos que se mostraram eficientes em Nablus e Hebron começaram a falar espanhol".[7]

O Departamento do Tesouro dos Estados Unidos, sob a administração Trump, impôs sanções a Ziv em 2018 por fornecer armas e munições tanto para o governo quanto para a oposição do Sudão do Sul, uma nação em guerra desde 2013. Ziv

7 Belen Fernandez, "Private security and the 'Israelites of Latin America'", *Al Jazeera*, 8 jan. 2012.

negou que fosse traficante de armas, alegando que havia ajudado a nação pobre em suas necessidades agrícolas. Os Estados Unidos suspenderam suas sanções em fevereiro de 2020 sem explicitar um motivo. E um relatório das Nações Unidas em 2015 confirmou que as armas israelenses estavam alimentando a guerra civil do Sudão do Sul.

OS ATAQUES TERRORISTAS DE 11 de setembro de 2001 em Nova York e Washington turbinaram o setor de defesa de Israel e internacionalizaram a guerra contra o terror que o Estado judeu vinha travando há décadas. Na noite do ataque, o primeiro-ministro Benjamin Netanyahu foi questionado na TV estadunidense sobre o significado do episódio para as relações entre as duas nações. "É muito bom", disse, imediatamente. E se corrigiu no mesmo instante: "Bem, não é muito bom, mas vai gerar empatia imediata". Ele achava que o ataque poderia "fortalecer o vínculo entre nossos povos, já que vivenciamos o terror ao longo de muitas décadas. O que os Estados Unidos agora vivenciam é uma enorme hemorragia de terror".[8] Sete anos depois, em abril de 2008, Netanyahu fez um discurso na Universidade Bar-Ilan em Israel e reiterou a mesma mensagem: "Estamos nos beneficiando de duas coisas: o ataque às Torres Gêmeas e ao Pentágono e a luta dos Estados Unidos no Iraque", admitiu. Esses eventos "fizeram com que a opinião pública estadunidense se voltasse a nosso favor".[9]

Netanyahu estava certo apenas em parte, pois provavelmente não considerou — ou não achou importante — o fato de que

8 James Bennett, "A day of terror: the Israelis; spilled blood is seen as bond that draws two nations together", *The New York Times*, 11 set. 2001.

9 "Report: Netanyahu says 9/11 terror attacks good for Israel", *Haaretz*, 16 abr. 2008.

o público ocidental poderia rechaçar a ideia da ocupação permanente. Ainda assim, em 2004, a economia de Israel havia se recuperado da quebra das empresas pontocom em 2000[10] e da Intifada palestina, que afugentou os investidores internacionais. Durante anos, as empresas israelenses não se preocuparam em realizar suas reuniões anuais em Israel porque poucos estrangeiros compareciam.

Mas Israel tinha produtos que o mundo queria. Sua indústria armamentista abraçou totalmente o setor de segurança interna, gerando bilhões de dólares de receita em mísseis, drones e equipamentos de vigilância. A mensagem era inequívoca: "A guerra ao terror na qual vocês acabaram de embarcar tem sido a nossa luta desde o nosso nascimento. Deixem nossas firmas de alta tecnologia e companhias privadas de espionagem mostrarem a vocês como se faz".[11]

Após a crise financeira global de 2008, a resiliência de Israel diante do colapso econômico foi transformada em um conto de inigualável autodeterminação. Essa narrativa foi melhor resumida em um livro de 2009, lançado pelo Council on Foreign Relations com o título *Nação empreendedora: o milagre econômico de Israel e o que ele nos ensina*, escrito por Dan Senor, ex-conselheiro da ocupação estadunidense no Iraque, e seu cunhado Saul Singer, ex-editor da página editorial do *Jerusalem Post*. A tese era de que Israel prosperou devido a uma série de fatores, principalmente o recrutamento forçado. As IDF eram um modelo para o

10 Também conhecido como estouro da bolha pontocom ou da internet, trata-se da queda brusca do valor das ações de empresas de tecnologia da informação e comunicação, que levou ao fechamento de mais de quinhentas corporações do ramo. A bolha especulativa em torno desses novos negócios digitais estourou em 10 de março de 2000. [N.E.]

11 Naomi Klein, *The Shock Doctrine: The Rise of Disaster Capitalism*. Nova York: Penguin, 2007, p. 435. [Ed. bras.: *A doutrina do choque: a ascensão do capitalismo de desastre*. Trad. Vania Cury. Rio de Janeiro: Nova Fronteira, 2008, p. 516.]

mundo, afirmavam os autores, devido à estreita relação entre o governo israelense e as start-ups de tecnologia — o governo financiava e apoiava as empresas.[12]

Em uma entrevista em 2014, Singer expandiu a tese do livro, explicando que Israel é, em si, uma startup: "Essa é uma ideia que exigiu muito esforço e riscos para se tornar realidade". Além disso, Israel é um "país de imigrantes [em sua maioria judeus], e os imigrantes tendem a ser mais motivados e dispostos a assumir riscos".[13] Em inúmeras entrevistas ao longo de muitos anos, Singer e Senor falaram muito de "inovação", mas pouco sobre a verdadeira galinha dos ovos de ouro: empresas de defesa cujo objetivo principal era monetizar a ocupação e vender a experiência de controle de outro povo para um mercado global.

Em uma seção de *Nação empreendedora*, os autores exaltam as IDF e as Forças Armadas estadunidenses, defendendo que ambas, de diferentes maneiras, fornecem um modelo de liderança e sucesso, ignorando completamente o que essas organizações fizeram nas últimas décadas, principalmente na ocupação de terras muçulmanas. "Embora a maioria dos empreendedores israelenses seja profundamente influenciada pelo seu tempo de serviço nas IDF", escrevem eles, "a experiência militar é algo pouco comum no Vale do Silício ou raramente disseminado nos escalões superiores das corporações norte-americanas".[14]

A crença coletiva entre os judeus israelenses no apoio a um Estado de maioria judaica era supostamente um elemento essencial para o desenvolvimento de armas e tecnologia de primeira

12 Sam Adler-Bell, "The capitalist's kibbutz", *Jewish Currents*, 11 maio 2020.

13 *Tech N' Marketing*, 25 dez. 2014.

14 Dan Senor & Saul Singer, *Start-up Nation: The Story of Israel's Economic Miracle*. Nova York: Twelve, 2009. [Ed. bras.: *Nação empreendedora: o milagre econômico de Israel e o que ele nos ensina*. Trad. Henrique Amat. São Paulo: Évora, 2011.]

linha. Um empresário israelense, Jon Medved, fez uma comparação desfavorável com os Estados Unidos: "Quando se trata de currículos militares norte-americanos, o Vale do Silício é um deserto. É uma vergonha. Que desperdício dos talentos formados para a liderança entre os que saem do Iraque e do Afeganistão".[15]

Esse tipo de pensamento levou Netanyahu a pressionar por mais de uma década para que Israel se tornasse um dos principais desenvolvedores de tecnologia do mundo, com especialização em armas, vigilância e ferramentas cibernéticas. Tanto o governo israelense quanto as empresas privadas promoveram seus produtos como efetivamente testados em combate contra os palestinos. Por exemplo, a tecnologia israelense foi vendida como a solução para conter as populações indesejadas na fronteira entre os Estados Unidos e o México, onde a empresa israelense Elbit foi uma das principais responsáveis por repelir os migrantes. Os governos europeus também queriam monitorar os refugiados, tarefa na qual os já testados drones das Israel Aerospace Industries (IAI) foram empregados.

No entanto, a ideologia de "nação startup" exige marketing constante, pois a concorrência é acirrada. Em 2022, as IAI lançaram uma campanha publicitária para atrair novos recrutas para o setor de tecnologia, que geralmente paga melhor. Os anúncios tinham como objetivo convencer jovens israelenses de que trabalhar no setor de defesa era a decisão mais ética que poderiam tomar. Nem todos embarcaram. Uma pessoa tuitou em resposta: "Eles [IAI] deveriam ter escrito: 'Em vez de escrever códigos que deixarão milhares de pessoas viciadas em pôquer [ao trabalhar em tecnologia], venha trabalhar com a IAI e escreva

15 Dan Senor & Saul Singer, *op. cit.*

códigos que matarão essas mesmas pessoas com mísseis teleguiados, drones e munições inteligentes'".[16]

"A cibernética é um grande negócio", disse Netanyahu na sétima conferência anual de segurança cibernética da Universidade de Tel Aviv em 2017. "E está crescendo em progressão geométrica porque nunca há uma solução permanente; é um negócio sem fim." Depois de ser "brifado" pelo Ministério das Relações Exteriores de Israel, Gil Press, um colaborador da *Forbes* presente no evento, escreveu que o setor cibernético de Israel deve seu sucesso crescente ao incentivo maciço do governo, que fez das Forças Armadas uma "incubadora e aceleradora de start-ups". Essas companhias galgavam fatias cada vez mais largas do mercado global de segurança cibernética (avaliado à época em 82 bilhões de dólares), frequentemente testando novos aparatos em solo doméstico antes de internacionalizá-los. Na prática, isso significava que muitos dos "problemas" apresentados pelas empresas israelenses seriam "resolvidos" por veteranos das IDF.[17]

Mais de duas décadas após o 11 de setembro de 2001, a aposta israelense se pagou, conforme crescia o interesse global em seus setores de defesa e vigilância. Em 2020, Israel investiu 22 bilhões de dólares no setor de defesa, tornando-se o décimo segundo maior fornecedor de armamentos do mundo, com mais de 345 milhões de dólares em vendas.

16 Omer Benjakob, "'Make drones, not porn': top Israeli defense firm seeks moral high ground over tech industry", *Haaretz*, 24 maio 2022.
17 Gil Press, "6 reasons Israel became a cybersecurity power-house leading the $82 billion industry", *Forbes*, 18 jul. 2017. Durante a conferência anual Cyber Week em Tel Aviv, em junho de 2022, uma reunião entre governo, empresas privadas e fundos de capital de risco, falou-se sobre a crescente terceirização da guerra de alta tecnologia dos governos para o setor privado. Ver Sophia Goodfriend, "At Israel's Cyber Week, generals and CEOs sell warfare as techno-utopia", *+972 Magazine*, 15 ago. 2022.

E o mundo percebeu. A opinião pública global nos Estados Unidos em relação a Israel despencou desde 2001. Eleitores liberais e democratas estão cada vez mais céticos com relação às ações israelenses. O consenso desapareceu da comunidade judaica. Uma pesquisa realizada em 2021 pelo Jewish Electorate Institute, um grupo liderado por influentes judeus democratas, constatou que 34% da comunidade concordavam que "o tratamento dado por Israel aos palestinos é semelhante ao racismo nos Estados Unidos"; 25%, que "Israel é um Estado de apartheid"; e 22%, que "Israel está cometendo genocídio contra os palestinos".

Uma pesquisa realizada em 2022 pelo principal grupo de lobby pró-Israel, o American Jewish Committee, confirmou essa tendência. Cerca de 44% dos jovens judeus estadunidenses não se sentiam muito conectados a Israel, e mais de um quinto dos judeus *millennials* [nascidos entre 1980 e 1995] estadunidenses apoiava um único Estado democrático em Israel e na Palestina. Outro estudo do mesmo ano, realizado pelo Pew Research Center, constatou que os jovens estadunidenses com menos de trinta anos de idade tinham uma visão igualmente favorável tanto dos israelenses quanto dos palestinos.

A deterioração da imagem de Israel em muitas nações ocidentais teve pouco impacto sobre o desejo da maioria dos israelenses de continuar a ocupação — que, de Londres a Nova York, é a principal fonte de preocupação. Na verdade, isso tornou os judeus israelenses mais beligerantes e determinados a manter o status quo, que não acarretou praticamente nenhum preço político, militar ou diplomático. A guerra contra o terrorismo pós-11 de Setembro reforçou a prática de décadas de Israel de ajudar outros países a travar as próprias batalhas contra populações indesejadas. Isso foi feito com muito menos constrangimento porque a única superpotência do mundo passou a fazer exatamente a mesma coisa, independentemente de ser liderada por um presidente democrata ou republicano.

ASSIM, ISRAEL ABRAÇOU TOTALMENTE a guerra ao terror e lucrou muito com ela. Uma das batalhas de contrainsurgência mais bem-sucedidas — e sangrentas — do início do século XXI foi a destruição do grupo militante Tigres Tâmeis pelo governo do Sri Lanka. Israel desempenhou um papel fundamental, ainda que pouco conhecido, na exitosa campanha de Colombo na guerra civil que matou e fez desaparecer mais de duzentas mil pessoas, em sua maioria tâmeis, entre 1983 e 2009. Israel vendeu jatos de combate Kfir e treinou a Força-Tarefa Especial, uma unidade brutal da polícia cingalesa. O Sri Lanka adotou a cartilha israelense durante os últimos estágios da guerra civil e ignorou os apelos das organizações de direitos humanos e de governos estrangeiros para cessar a violência. Os militares só pararam quando os Tigres Tâmeis foram completamente dizimados e Velupillai Prabhakaran, seu líder, morto.

Israel também ajudou gerações de políticos cingaleses a construir e manter seus enclaves nas regiões norte e leste do país, onde vive a maioria dos tâmeis. O objetivo era criar zonas-tampão ao redor das populações tâmeis, estabelecendo uma ocupação não oficial do território. Cessadas as hostilidades em 2009, a colonização cingalesa seguiu a todo vapor. O conceito foi diretamente importado da ocupação israelense na Cisjordânia, onde inúmeras colônias judaicas fortificadas impedem a soberania palestina.[18] Em 2021, Israel assinou um acordo de cinquenta milhões de dólares com o Sri Lanka para atualizar sua frota de jatos Kfir.

EMBORA A EXATA EXTENSÃO da atuação israelense no genocídio de Ruanda siga desconhecida da opinião pública, sabe-se que o Estado judeu colaborou de bom grado com outra limpeza

18 Krisna Saravanamuttu, "Israel advises Sri Lanka on slow-moving genocide", *The Electronic Intifada*, 30 jul. 2013.

étnica. Em 2018, Mianmar foi alvo, por parte das Nações Unidas, de acusações verossímeis de cometer genocídio contra a minoria muçulmana rohingya: o exército do país usou incêndios criminosos, estupros e assassinatos como armas de guerra em sua campanha brutal. Nada disso incomodou Israel e, em 2015, uma comitiva secreta de Mianmar visitou as companhias armamentistas e as bases navais e aéreas israelenses para negociar compras de drones, rifles, treinamento militar, navios de guerra e até um sistema de hackeamento de celulares.[19]

Um dos visitantes que postaram no Facebook registros de uma visita ao Yad Vashem, o memorial do Holocausto em Jerusalém, foi o chefe das Forças Armadas de Mianmar, Min Aung Hlaing. Durante a visita, ele se reuniu com o então presidente Reuven Rivlin e com o chefe de gabinete das IDF. Hlaing foi um dos seis indivíduos apontados nominalmente como responsável por violações de direitos humanos, segundo a investigação feita pela ONU em Mianmar. Em 2018, Israel assinou um acordo com o país na área de educação, cujo objetivo era a cooperação entre ambas as nações "para desenvolver programas de ensino do Holocausto e de suas lições sobre as consequências negativas da intolerância, do racismo, do antissemitismo e da xenofobia". A pressão pública finalmente forçou o Ministério das Relações Exteriores de Israel a abandonar o pacto em 2019.

Apesar de estarem sob embargo internacional de compra e venda de armas, representantes do alto escalão das forças armadas de Mianmar participaram fardados, sem constrangimento, do maior evento de armas e segurança de Israel em Tel Aviv, em 2019. Depois que jornalistas noticiaram a visita, revelando também a presença de autoridades do Sudão do Sul, Israel aceitou relutantemente barrar a participação de repre-

19 Eitay Mack, "Myanmar's genocidal military is still a friend to Israel", *+972 Magazine*, 23 abr. 2021.

sentantes de Mianmar em suas feiras de armas enquanto perdurasse o embargo.[20]

O recado parece não ter chegado ao embaixador israelense em Mianmar, que publicou um tuíte, rapidamente excluído após ser relatado pelo *Haaretz*, em apoio a líderes de Mianmar, incluindo Aung San Suu Kyi, que estavam prestes a representar o país em um caso de genocídio no Tribunal Penal Internacional em Haia. "Incentivo para um bom veredicto e boa sorte!", tuitou Ronen Gilor, junto com o link para uma matéria.[21] Dias depois que uma junta militar tomou o poder por meio de um golpe de Estado, em fevereiro de 2021, Gilor tuitou uma foto de duas irmãs birmanesas, vencedoras de um concurso de fabricação de mel. Pouco depois, a foto foi excluída, mas seu ufanismo voltou à baila no Twitter: "Nesta época difícil, o homem é o mundo e o homem é complexo; e, no entanto, o povo de Mianmar é lindo e incrível".[22]

Embora Israel afirme ter suspendido toda venda de equipamento para Mianmar em 2018, essa alegação nunca pôde ser verificada de fato, já que Tel Aviv mantém seu comércio de armas sob extremo sigilo.[23] O que se sabe é que os laços entre as duas nações sempre foram fortes: o embaixador de Mianmar foi um dos poucos dignitários estrangeiros a participar de uma cerimônia em 2017 no bloco de assentamentos de Gush Etzion, na Cisjordânia, para comemorar os cinquenta anos da ocupação israelense. O mesmo diplomata disse à mídia israelense,

20 Não é apenas Israel que vende equipamentos de defesa para Mianmar. Pequim vendeu tecnologia de reconhecimento facial para a junta, e ela foi instalada em todo o país para monitorar a população.
21 Noa Landau, "Israeli envoy wishes Myanmar leaders 'good luck' on Rohingya genocide trial", *Haaretz*, 27 nov. 2019.
22 Eitay Mack, "Israel saw brutal Myanmar regimes as a business opportunity, documents reveal", *Haaretz*, 6 out. 2022.
23 Oren Ziv, "Despite international sanctions, Myanmar officials attend Tel Aviv weapons expo", *+972 Magazine*, 4 jun. 2019.

também em 2017, que Israel nunca havia imposto restrições ao comércio armamentista.[24] Documentos israelenses tornados públicos recentemente mostram que, desde seu surgimento, em 1948, Israel sempre enxergou como um grande negócio o fornecimento de armas em troca de apoio em fóruns internacionais. Mesmo durante o auge das atrocidades contra minorias birmanesas, Israel nunca deixou de intensificar suas vendas de armas e treinamento.[25]

Foi somente em 2019 que Israel finalmente condenou "as atrocidades que ocorreram na região de Rakhine contra os rohingyas". Mas, de acordo com Eitay Mack, a condenação não teve a mais nobre das motivações: "provavelmente veio do entendimento de que o tuíte do embaixador Gilor poderia servir como prova da intenção criminosa (*mens rea*) de altos funcionários dos ministérios das Relações Exteriores e da Defesa de Israel que aprovaram exportações de armas, apoiaram e incentivaram os crimes das Forças Armadas de Mianmar".[26] Enquanto muitos países exigiram que Mianmar permitisse o retorno dos rohingyas exilados em campos de refugiados de Bangladesh, Israel se recusou, provavelmente porque não tinha a menor intenção de fazer valer o direito de retorno dos milhões de palestinos que o próprio Estado judeu desterrou à força em 1948.[27]

24 Trabalhar com regimes genocidas atuais não incomoda Israel, mas o país também se recusa a reconhecer publicamente genocídios passados. O genocídio armênio, reconhecido formalmente pelo presidente dos Estados Unidos Joe Biden em 2021, ocorreu em 1915 e 1916. Devido às relações com a Turquia, Israel se recusou a reconhecer o genocídio armênio, e documentos tornados públicos provam que as autoridades israelenses trabalharam durante décadas para pressionar países e indivíduos em todo o mundo a fazer o mesmo.

25 Eitay Mack, "Israel saw brutal Myanmar regimes as a business opportunity, documents reveal", *Haaretz*, 6 out. 2022.

26 Eitay Mack, "Myanmar's genocidal military is still a friend to Israel", *+972 Magazine*, 23 abr. 2021.

27 Gidi Weitz & Hilo Glazer, "How Israel tried to dump African refugees in blood-drenched dictatorships", *Haaretz*, 25 dez. 2020.

NADA MUDOU DEPOIS QUE NETANYAHU foi derrotado nas eleições de 2021 — e seu retorno, já em novembro de 2022, só aprofundaria as tendências que ele desencadeou. Durante sua gestão, o apoio aberto de Israel a ditaduras aumentou inegavelmente, talvez porque ele se sentisse menos constrangido que seus antecessores com a adoção da autocracia. Mas seu efêmero sucessor Naftali Bennett também não teve grandes restrições morais: em sua administração, o ministro da Defesa Benny Gantz visitou Singapura em outubro de 2021 para negociar vendas de armas. Preocupado com as aparências, o governo tentou forçar a imprensa israelense a não noticiar a viagem. Singapura é um Estado de partido único que não permite a liberdade de expressão. Em 2019, Gantz havia dito que Israel não deveria vender armas para "regimes que cometem genocídio". Afinal, Israel "é uma nação moral e um país moral, que deve se comportar em conformidade com isso nas relações internacionais". Singapura não matou milhões de pessoas, mas dificilmente é um modelo de democracia.

O apoio a déspotas é uma posição bipartidária em Tel Aviv. O vice-presidente da Guiné Equatorial, Teodoro Nguema Obiang Mangue, visitou Israel em julho de 2021 e se reuniu com o governo Bennett. Seu pai, Teodoro Obiang Nguema Mbasogo, é um dos ditadores há mais tempo em atividade no mundo: governa a nação com mão de ferro desde 1979. Seu filho é seu sucessor designado. Durante sua estadia em Israel, ele comprou drones suicidas de empresas de defesa israelenses e também teve a honra de visitar o memorial do Holocausto Yad Vashem.[28]

28 Eitay Mack, "A classy government: wrapping the zionist left ministers in sushi rolls", *Haaretz*, 27 nov. 2021.

A CAPACIDADE ISRAELENSE DE MONETIZAR a ocupação foi turbinada pelos ataques terroristas de 11 de setembro de 2001 — porque a mensagem que emergiu dos escombros das Torres Gêmeas ia muito além do enfrentamento ao terrorismo e da erradicação de suas bases. De acordo com o sociólogo escocês e especialista em estudos de vigilância David Lyon, tratava-se de uma reinvenção total de como seriam as sociedades no século XXI. O crescimento maciço do setor de segurança interna provou que a vigilância havia

> extrapolado seus antigos contêineres de Estado-nação para se tornar uma característica da vida cotidiana: no trabalho, em casa, no lazer, em movimento. Longe do único olho que tudo vê do Grande Irmão, uma miríade de agências agora rastreia e acompanha atividades mundanas para uma infinidade de propósitos. Dados abstratos, que agora incluem vídeo, biometria e genética, bem como arquivos administrativos computadorizados, são manipulados para produzir perfis e categorias de risco em um sistema líquido e em rede. O objetivo é planejar, prever e prevenir, classificando e avaliando esses perfis e riscos.[29]

Israel era sabidamente especialista no assunto desde muito antes do 11 de Setembro, mas esse evento ajudou a vender sua "competência" mundo afora. Posicionou-se como fornecedor tão eficaz e confiável de técnicas de contenção de multidões, tecnologia de monitoramento e segurança urbana que a segurança dos Jogos Olímpicos das edições de Atenas, em 2004, e de Pequim, em 2008, ficou a cargo de empresas israelenses. Juntamente com a proteção de usinas nucleares, a segurança de aeroportos e o aparelhamento de forças de repressão, entre muitas outras áreas em que a vigilância e a segurança rígidas

29 David Lyon (org.), *Surveillance as social sorting: privacy, risk and digital discrimination*. Londres: Routledge, 2003, p. 11.

são vistas como essenciais, a experiência ou os equipamentos israelenses se tornaram a resposta recorrente para qualquer questão relacionada à segurança.

Quem definiu o que é terrorismo? Como foi feita essa definição? Foram perguntas que a grande mídia pouco se fez nas décadas seguintes ao 11 de Setembro. A "expertise" israelense no combate ao terrorismo é valorizada por diversos Estados e por seus patrióticos apóstolos midiáticos, porque o debate público sobre o assunto é, na maioria das vezes, superficial e associa a causa palestina ao extremismo, principalmente depois do 11 de Setembro. Há um rodízio de especialistas em terrorismo que aparecem na mídia para falar sobre o risco interminável de pequenos e grandes insurgentes, sempre criando deliberada confusão entre o Hamas e o Hezbollah, a Al-Qaeda e o autoproclamado Estado Islâmico, o Talibã e a República Islâmica do Irã. É como se fossem todos a mesma força irracional que odeia os judeus e deve ser derrotada na base da força.

Para a mídia, é fácil e cômodo entrevistar especialistas pró-Israel que defendam métodos severos de combate ao terrorismo. Mais arriscado é apresentar um crítico dessas políticas ou um muçulmano ou árabe que as tenha vivenciado em primeira mão. O poderoso lobby de Israel ficará feliz com o primeiro cenário. Já no caso do segundo, ele se revoltará, pressionando editores e jornalistas a pensar duas vezes antes de ouvi-los novamente. Ocorre, então, a autocensura, que testemunhei inúmeras vezes em meus vinte anos cobrindo Israel/Palestina — e, assim, as mesmas perspectivas estreitas seguem uníssonas no espaço público.

Mas o lobby pró-sionista não joga sozinho, ainda que muitos editores e repórteres façam viagens gratuitas a Israel, patrocinadas por essas organizações, e engulam uma versão Disney do conflito, segundo a qual palestinos e iranianos são o bicho-papão. Ainda há muita condescendência com os porta-vozes israelenses (geralmente) mais articulados e com sua capacidade de apresentar as guerras em Gaza e a ocupação interminável como necessárias para a sobrevivência de um Estado majoritariamente judeu. Quase ninguém quer correr o risco de questionar Israel e ser acusado (falsamente, é claro) de antissemitismo, uma difamação-padrão, usada o tempo todo para silenciar os críticos — e que, via de regra, funciona.

O acadêmico israelense Neve Gordon, que leciona direito internacional e direitos humanos na Queen Mary University, em Londres, detalha essa característica de Israel. Ele saiu de seu país natal com seu companheiro alguns anos depois de publicar um artigo no *Los Angeles Times* em 2009, no qual acusava Israel de ser um Estado de apartheid que merecia ser boicotado. Em um estudo sobre o boom da segurança interna de Israel, publicado no mesmo ano, Gordon posicionou o país no contexto de uma autodenominada democracia que se vendeu como um bastião da liberdade (para os judeus). Gordon argumentou que a "experiência israelense no combate ao terror é atraente não apenas porque os israelenses conseguem matar 'terroristas' (a visão de mundo militarista), mas também porque matar terroristas não é necessariamente adverso aos objetivos econômicos neoliberais e, na verdade, os promove".

A suposta crença de Israel na democracia, continua Gordon, era diferente dos Estados vizinhos que nunca afirmaram ser democráticos.

> Essa atração decorre da sensação (real ou percebida) de que combater o terrorismo suspendendo o devido processo legal em muitas áreas do sistema de justiça criminal — incluindo os direitos de não ser submetido à tortura, de ter celeridade no processo, de não sofrer batidas policiais arbitrárias, de não ser encarcerado por tempo indefinido ou de forma anônima (para mencionar somente alguns dos métodos) — não entra em conflito com os valores democráticos. Portanto, a maior atração exercida pela experiência israelense no combate ao terrorismo é sua capacidade de com-

binar uma visão de mundo militarista com uma agenda econômica neoliberal e um regime político democrático.[30]

E se o medo do terrorismo não vender o militarismo israelense, que o apelo sexual o faça. As Alpha Gun Angels (AGA) foram fundadas em 2018 por Orin Julie, ex-veterana das IDF. Era um grupo de mulheres em trajes sumários que usavam camuflagem e acariciavam equipamentos militares israelenses, numa imitação da cultura armamentista estadunidense, só que injetada de uma sólida agenda sionista. As publicações de Julie nas mídias sociais estavam repletas de retórica pró-armas e frases como esta: "Não importa o quão difícil seja, NÓS DEFENDEREMOS NOSSA TERRA!". Na Exposição de Defesa, Segurança Interna e Cibernética de 2019 em Tel Aviv, as AGA apalparam rifles, posaram para fotos com a multidão que as adorava e distribuíram folhetos com seus perfis no Instagram, listando medidas do busto, tamanho do sapato e das roupas e número de seguidores. Uma longa fila de pessoas esperava para conseguir autógrafos. Pululam em suas redes fotos delas posando no deserto, com vestes cobertas de sangue cenográfico.[31]

Modelos promovendo armas nas mídias sociais eram um fenômeno novo em Israel, e Orin Julie acredita ter sido a pioneira. Em 2018, ela declarou ao *Times of Israel* que "realmente amava Israel" e por isso havia formado as AGA: para promover empresas como a Elbit e a Israel Weapon Industries, como parte integrante de seu ativismo sionista. "As redes sociais e uma indústria de defesa privada transnacional democratizaram a estética erotizada da guerra", escreveu Sophia Good-

30 Neve Gordon, "Working paper III: the political economy of Israel's homeland security/surveillance industry", The New Transparency Project, 28 abr. 2009.
31 Sophia Goodfriend, "The start-up spy state", *+972 Magazine*, 6 abr. 2022.

friend, doutoranda em antropologia cultural na Universidade Duke. Ela pesquisou o marketing e a produção de ferramentas de vigilância israelenses para a revista *Jewish Currents*.[32] "As AGA exportam a capacidade de Israel de negar a violência e normalizar a ocupação por meio da estetização da guerra", continuou ela. "Usando saltos-agulha e asas de anjo postiças, o erotismo da ofuscação israelense é agora uma mercadoria transnacional."

Julie recebeu uma enorme resposta na internet: alguns elogiam sua aparência e sua habilidade com armas, outros a acusam de ser uma "assassina de bebês". Mas não há dúvida de que a sexualização do armamento israelense foi uma tática descarada para combater as crescentes críticas on-line contra a ocupação, além de conectar o Estado judeu a um imenso contingente de apoiadores estadunidenses, em sua maioria de direita e pró-Israel, membros da Associação Nacional do Rifle nos Estados Unidos.

Trata-se de sionismo como objeto sexual, algo não muito diferente do uso propagandístico que Tel Aviv fazia de mulheres-soldado nos anos seguintes à fundação do Estado, como forma de promover a imagem da cidadã israelense forte e determinada. A agenda política não estava oculta nem totalmente explícita, mas induzia o espectador a crer que o nacionalismo e as grandes armas eram essenciais para a sobrevivência do Estado judeu. E isso é obviamente verdadeiro: sem uma sociedade altamente militarizada, seria impossível sustentar mais de cinquenta anos de ocupação. As AGA buscavam despolitizar a ocupação, ignorando completamente aqueles que sofriam por causa dela.

ERA INEVITÁVEL QUE A OCUPAÇÃO israelense se tornasse cada vez mais privatizada. Com tantas empresas israelenses envol-

32 Sophia Goodfriend, *op. cit.*

vidas na manutenção da infraestrutura da ocupação, essas firmas encontraram maneiras inovadoras de vender seus serviços ao Estado, testar a tecnologia mais recente nos palestinos e depois promovê-la ao redor do mundo. Israel adotou o neoliberalismo a partir de meados da década de 1980, e a privatização das principais empresas estatais se acelerou na década de 1990. No entanto, embora as indústrias de defesa estejam cada vez mais em mãos privadas, elas continuam a agir como uma extensão da política externa de Israel, apoiando seus objetivos e a ideologia pró-ocupação.

O custo humano da mudança neoliberal foi devastador: Israel tem a maior desigualdade de renda entre os países membros da Organização para Cooperação e Desenvolvimento Econômico (OCDE). A taxa de pobreza em 2020 foi de 23% da população judaica israelense e 36% da população árabe.

A terceirização da ocupação assume diferentes formas e inclui a Autoridade Palestina, apoiada pelo Ocidente, como um mantenedor confiável do status quo na Cisjordânia. Durante a guerra de Gaza no final de 2008 e início de 2009, a Autoridade Palestina reprimiu brutalmente os protestos palestinos contra o conflito, enquanto Israel enviava tropas terrestres para Gaza.[33] A repressão da Autoridade Palestina contra seu próprio povo só aumentou nos anos seguintes. Atualmente, ela administra um estado policial na Cisjordânia, enquanto o Hamas governa com mão de ferro em Gaza. Os palestinos têm poucas alternativas políticas viáveis.

Muitos palestinos ignoram a privatização da ocupação porque tanto faz se é um oficial do Estado ou indivíduo qualquer quem os assedia e humilha. Nenhuma dessas entidades deve qualquer satisfação a quem elas subjugam. Testemunhei essa situação repetidas vezes quando trabalhava e viajava pela Cis-

33 Shir Hever, *The Privatisation of Israeli Security*. Londres: Pluto, 2018, p. 1.

jordânia no início de 2005. Muitos postos de controle pelos quais os palestinos são obrigados a passar para acessar escolas, locais de trabalho ou o território israelense — caso estejam entre os sortudos que obtiveram uma das escassas permissões de trabalho concedidas pelo Estado judeu — usam tecnologia de reconhecimento facial e detalhes biométricos para registrar todos os seus movimentos.

Apesar do objetivo declarado de agilizar o processo, o ponto central da nova tecnologia é, na verdade, desumanizá-lo por completo. O resultado é que as interações reais são reduzidas a zero, à exceção da voz estrondosa do agente de segurança que grita em um alto-falante as direções que um palestino deve seguir quando passa por um posto de controle. Quando, em 2016, guardas terceirizados mataram Maram Salih Abu Ismail, de 24 anos, no posto de controle de Qalandia, juntamente com seu irmão Ibrahim Taha, de 16 anos, ninguém foi responsabilizado. A política israelense de atirar para matar se banaliza ainda mais quando os ditos "serviços de segurança" são terceirizados. E é exatamente a isso que serve a terceirização: quando ocorre um abuso, o Estado culpa a empresa privada pelo crime.

Um palestino me disse, no posto de controle de Qalandia, que "não faria diferença" se ele fosse parado para ser interrogado por um oficial israelense ou por um segurança privado. O resultado final seria o mesmo. Reham, uma estudante de medicina e psicologia de 22 anos da Universidade An-Najah, em Nablus, disse que era "horrível" esperar para passar pelo posto de controle e que ela não sabia que eles estavam sendo cada vez mais privatizados. "Depende de cada soldado ou policial", disse. "Às vezes, eles deixam você passar, mas não falam com você. Em geral, as meninas são mais cruéis do que os meninos — não sei por que isso acontece."[34]

34 Antony Loewenstein & Matt Kennard, "How Israel privatized its occupation of Palestine", *The Nation*, 27 out. 2016.

De acordo com a ONU, há 593 postos de controle e bloqueios de estradas na Cisjordânia que restringem o deslocamento dos palestinos.[35] Dos mais de trinta postos que conectam Israel à Cisjordânia e a Gaza, mais da metade foi total ou parcialmente privatizada desde o fim da Segunda Intifada, em 2005. Algumas das empresas israelenses envolvidas no trabalho de segurança privatizada geralmente contam com veteranos das IDF. Elas também operam nos assentamentos da Cisjordânia. Entre essas companhias estão G1 Secure Solutions, Malam Team, Modi'in Ezrachi e T&M Israel, que são contratadas por organizações de colonos.[36] É um modelo eficaz que beneficia uma série de *players* israelenses e apaga qualquer distinção entre Israel propriamente dito e os territórios ocupados.

Como as autoridades israelenses ainda afirmam que a ocupação é temporária, nunca houve uma discussão consistente dentro do Estado judeu sobre a privatização progressiva da ocupação. A colonização da Cisjordânia e de Gaza raramente é abordada na mídia israelense, exceto como uma questão de segurança. A terceirização tem sido descrita pelos formuladores de políticas públicas como "desmilitarização dos postos de controle" ou "autonomia" para os palestinos.[37]

O economista Shir Hever escreve em seu livro *The Privatisation of Israeli Security* [A privatização da segurança israelense], de 2018,

35 Entre postos de controle, bloqueios de estradas, barreiras de terra, muros e portões, no início de 2023 somavam-se 645 obstáculos físicos na Cisjordânia; ver "Fact Sheet: Movement and Access in the West Bank, August 2023", United Nations Office for the Coordination of Humanitarian Affairs, 25 ago. 2023. [N.E.]

36 Jessica Buxbaum, "Privatizing the occupation: how Israeli corporations came to police the Palestinians", *MintPress News*, 7 set. 2021. A ONG israelense Who Profits tem uma lista de empresas que são cúmplices na manutenção, crescimento e sustentação da ocupação; ver Who Profits Research Center, disponível em: http://whoprofits.org.

37 Shir Hever, *The Privatisation of Israeli Security*. Londres: Pluto, 2018, p. 97-8.

que esse processo só se tornará um problema político para as elites israelenses quando (ou se) as autoridades "não quiserem ou não puderem investir os recursos necessários para manter os contratos com inúmeras empresas militares e de segurança privadas e empresas de armas [...]. Quando esse momento chegar, a função principal das elites de segurança israelenses será revelada: a ocupação e a repressão dos palestinos".[38]

Embora seu livro dê pormenores da experiência de Israel em privatizar e manter a ocupação da Cisjordânia e de Gaza, Hever me disse que o modelo israelense de controle na Palestina estava se tornando menos inspirador para líderes de mentalidade semelhante em todo o mundo. "Definitivamente, os regimes autoritários ainda querem aprender como Israel administra e controla os palestinos, mas, quanto mais aprendem, mais percebem que Israel não controla os palestinos de forma muito eficaz", explica. "O apoio a Israel por parte de grupos e políticos de direita em todo o mundo ainda é forte [vide o ex-presidente Jair Bolsonaro no Brasil, um exemplo particularmente deprimente], mas acho que há mais foco no racismo, no perfilamento racial, no nacionalismo, e cada vez menos admiração pelo 'exército mais forte do mundo'."

Mesmo assim, tudo indica que o complexo militar-industrial privatizado só crescerá nas próximas décadas. A empresa de consultoria KPMG divulgou um relatório em julho de 2021 que incentivava o investimento no setor de defesa. A covid-19 havia piorado a instabilidade global, de acordo com a análise da KPMG, mas a instabilidade era boa para o setor de defesa: "O cenário mundial está atualmente em seu ponto mais frágil desde a Guerra Fria, com os três principais atores — Estados Unidos, China e Rússia — continuando a gastar mais em

38 Shir Hever, *op. cit.*, p. 176-7.

suas capacidades de defesa, induzindo, assim, um efeito cascata nos gastos de defesa de outras nações".[39]

Hever pode estar certo quando se trata de equipamento militar mais tradicional, mas a venda de drones israelenses e tecnologia cibernética está crescendo vertiginosamente. Poucos dias após a invasão russa da Ucrânia no início de 2022, a imprensa de Israel estava repleta de matérias sobre a possibilidade de grandes encomendas de equipamentos de defesa israelenses feitas pela Europa. Embora não seja a única nação que fornece essa tecnologia, uma nova Guerra Fria entre o Ocidente, a China e a Rússia fortaleceria Israel. Pouco importa quais aspectos da ocupação israelense são atraentes — se é o controle dos palestinos, o perfilamento racial ou o nacionalismo desenfreado. No final, os etnonacionalistas escolherão as matérias de seu interesse na escola da experiência israelense.

O amplamente desregulado setor de vigilância de Israel está liderando o mundo. A Exposição de Defesa Israelense de 2022 em Tel Aviv, maior feira de comércio de armas do país, reuniu doze mil pessoas ligadas a forças policiais e militares de noventa nações, incluindo países que violam direitos humanos, como Barein, Belarus, Filipinas, Uganda, Marrocos e Nigéria. O principal destaque da feira foram as ferramentas de vigilância baseadas em inteligência artificial.[40] Membros sêniores do establishment de defesa de Israel compareceram. Muitos dos produtos foram anunciados como mera conveniência, como, por exemplo, a possibilidade de acelerar a passagem de um indivíduo por um posto de controle. Mas seu verdadeiro objetivo era aprofundar a capacidade de monitorar e atingir populações indesejadas.[41]

39 "The private equity opportunity in aerospace and defense", KPMG International, jul. 2021.

40 Keren Assaf & Jonathan Hempel, "Israel's annual weaponry festival is inseparable from occupation in Palestine", *Mondoweiss*, 29 abr. 2022.

41 Sophia Goodfriend, "The start-up spy state", *+972 Magazine*, 6 abr. 2022.

Israel foi um óbvio beneficiário em razão de seu forte exército e dos laços estreitos com as elites de Washington. O dinheiro continuará fluindo. O mundo gastou quase dois trilhões de dólares em despesas militares em 2020.[42] A Lei de Autorização de Defesa Nacional de 2022 liberou 768 bilhões de dólares, o maior orçamento de defesa dos Estados Unidos da história, formulado durante o governo Biden, em setembro de 2021. De acordo com o que um funcionário governamental dos Estados Unidos disse a Joe Roeber, da Transparência Internacional, em 1997, a CIA concluiu, em um relatório secreto de meados da década de 1990, que a indústria de armas respondia por 40 a 45% da corrupção no comércio mundial.[43]

A ilusão vendida pelo relatório da KPMG foi de que as execuções remotas e o crescente investimento em drones significavam que "as Forças Armadas do futuro próximo serão conduzidas de modo cada vez mais remoto". Não foi uma declaração explícita, mas a implicação clara era de que os fabricantes estavam se afastando das armas sujas e feias do passado em direção a uma forma de guerra remota mais limpa e menos sangrenta.[44]

Enquanto isso, a privatização da ocupação se acelera. A AnyVision é uma startup israelense que monitora secretamente os palestinos em toda a Cisjordânia com uma série de câmeras, cujos locais não são revelados pela empresa ou por Israel. Assim, a inteligência artificial se funde com a biometria e o reconhecimento facial em dezenas de postos de controle israelenses espalhados pelo território. A AnyVision afirma criar apenas produtos "éticos": sua tecnologia não discriminaria com base em raça ou gênero. Mas, quando perguntado pela *NBC News* em 2019

42 "World military spending rises to almost $2 trillion in 2020", Stockholm International Peace Research Institute, 26 abr. 2021.
43 Joe Roeber, "Hard-wired for corruption", *Prospect*, 28 ago. 2005.
44 Amitai Ziv, "How Israeli firearms fall into the hands of Mexican drug cartels", *Haaretz*, 9 dez. 2020.

sobre seu trabalho na Cisjordânia, o CEO Eylon Etshtein ameaçou processar o veículo, negou que houvesse uma ocupação e acusou o repórter da *NBC* de ser pago por ativistas palestinos.[45] Mais tarde, se desculpou pelo descontrole.

A AnyVision é discreta com relação a seu verdadeiro papel na Cisjordânia, mas as investigações da *NBC News* revelaram um projeto chamado Google Ayosh, que usa megadados (Big Data) para transformar todos os palestinos em alvo. A AnyVision continua a usar a ocupação como um meio fundamental de testar seus sistemas na vigilância em massa de palestinos, concentrando-se, segundo ela, em impedir qualquer agressão palestina.[46]

Hoje, a empresa é uma multinacional com operações em mais de quarenta países, incluindo Rússia, China (Hong Kong) e Estados Unidos. As aplicações de sua tecnologia são inúmeras, em locais como cassinos, fábricas e até mesmo academias de ginástica. A AnyVision mudou seu nome para Oosto no final de 2021, ano em que arrecadou 235 milhões de dólares para ampliar o desenvolvimento de suas ferramentas de vigilância baseadas em inteligência artificial. A empresa tem sua equipe formada por veteranos da Unidade 8200 da inteligência[47] e um ex-chefe do Mossad, Tamir Pardo, como consultor. Ela se vende como uma companhia empenhada na construção de um mundo "mais seguro por meio da inteligência visual".

A AnyVision impressionou tanto a Microsoft que essa gigante do software de Seattle chegou a investir brevemente 74 milhões de dólares na empresa em 2019, antes de enfrentar uma enorme reação negativa. A Microsoft cortou seus laços com a AnyVision em 2020. De acordo com o ex-chefe da Agência de

45 Olivia Solon, "Why does Microsoft fund an Israeli firm that surveils West Bank Palestinians?", *NBC News*, 28 out. 2019.

46 Melissa Hellmann, "A tale of two AI cities", *Seattle Times*, 18 abr. 2020.

47 A maior das unidades das IDF, é uma central de coleta de dados, responsável por interceptação de conversas, e-mails, comunicações sigilosas da inteligência de outros países, ataques cibernéticos etc. [N.E.]

Controle de Exportação de Defesa de Israel, o rompimento se deveu à pressão do "lobby palestino sobre o Partido Democrata". Ainda hoje, no entanto, ela segue desenvolvendo sua própria tecnologia de reconhecimento facial.[48] A ex-secretária de imprensa do governo Biden, Jen Psaki, ganhava cerca de cinco mil dólares para exercer o cargo de "consultora de gerenciamento de crise" na AnyVision em algum momento entre sua saída do governo Obama em 2017 e seu retorno à Casa Branca com Biden.[49]

A AnyVision não foi a única empresa a implementar essas tecnologias de inteligência artificial. O reconhecimento facial biométrico é um setor em crescimento, que deve valer 11,6 bilhões de dólares globalmente até 2026. A Corsight AI é uma empresa de reconhecimento facial de propriedade israelense que, além do governo de Tel Aviv, tem em suas carteiras de clientes as notoriamente brutais polícias do México e do Brasil.[50] Um ex-coronel do exército israelense, Dany Tirza, fez uma parceria com a Corsight AI a fim de desenvolver, para uso policial, uma câmera corporal capaz de localizar um indivíduo específico em meio a multidões, mesmo com o rosto coberto, e identificá-lo imediatamente a partir de comparações com fotografias de anos anteriores. Tirza vive no assentamento ilegal de Kfar Adumim, na Cisjordânia, e é um dos principais arquitetos do muro de separação israelense que atravessa a Cisjordânia. Ele apoia a tecnologia de reconhecimento facial nos postos de controle israelenses porque ela reduz o "atrito" entre as IDF e os palestinos.[51]

48 Avi Bar-Eli, "Israeli exports arms endangering human rights because it serves our interests, top defense official admits", *Haaretz*, 7 dez. 2021.
49 Ali Abunimah, "Biden spokesperson Jen Psaki worked for Israeli spy firm", *The Electronic Intifada*, 25 mar. 2021.
50 Jonathan Hempel, "The watchful eye of Israel's surveillance empire", *+972 Magazine*, 3 maio 2022.
51 "Israeli firm develops bodycams with facial recognition", *AFP*, 23 jan. 2022.

As IDF usam reconhecimento facial maciço com uma crescente rede de câmeras e telefones celulares que documentam cada palestino na Cisjordânia. A partir de 2019, os soldados israelenses passaram a usar o aplicativo Blue Wolf para capturar rostos palestinos, que são então comparados a um enorme banco de dados de imagens apelidado de "Facebook para palestinos". Estimulou-se uma competição entre os soldados: os que trouxessem mais fotos de palestinos ganhariam prêmios.[52]

A vigilância mais extrema ocorre na cidade de Hebron, onde o reconhecimento facial e várias câmeras são usados para monitorar os palestinos, inclusive em suas casas. Claro que o sistema não se estende aos colonos judeus radicais da região, que cotidianamente lançam ameaças genocidas contra os palestinos. As IDF alegam que o programa foi criado para "melhorar a qualidade de vida da população palestina".

Em 2022, Israel instalou um sistema remoto de controle de multidões em Hebron, com capacidade para disparar gás lacrimogêneo, balas de borracha e bombas de efeito moral. Ele foi criado pela empresa israelense Smart Shooter, que atesta a eficácia da inteligência artificial na localização dos alvos. A Smart Shooter é presença constante no circuito internacional de feiras de defesa e já vendeu seus equipamentos para mais de uma dúzia de países.

A Blue Wolf era uma versão menor do banco de dados Wolf Pack, que continha os dados pessoais de praticamente todos os palestinos na Cisjordânia, incluindo grau de instrução, fotos, nível de segurança e histórico familiar. Em 2022, os soldados da Cisjordânia foram instruídos a inserir os dados e as fotos de pelo menos cinquenta palestinos no sistema Blue Wolf a cada

52 Elizabeth Dwoskin, "Israel escalates surveillance of Palestinians with facial recognition program in the West Bank", *The Washington Post*, 8 nov. 2021.

turno e não podiam encerrá-lo até que completassem a tarefa.[53] Não havia nenhuma justificativa de segurança para essas ações. É uma configuração semelhante à que a China faz contra os uigures em sua província de Xinjiang,[54] usando vigilância e tecnologia para rastrear e intimidar os residentes, embora Pequim receba muito mais condenação internacional do que o Estado judeu.

Apesar das alegações hiperbólicas das empresas, a eficácia desse tipo de tecnologia é questionável. Eitay Mack me disse que as corporações exageram a influência de seus produtos na manutenção da ocupação para garantir as taxas de lucro. "Grande parte do trabalho do Shin Bet [o órgão de segurança interna de Israel, ator fundamental na imposição da ocupação] baseia-se na vigilância por seres humanos (amigos, familiares e membros da comunidade) e não em alta tecnologia. Não há como obter informações sobre a tecnologia específica que o Shin Bet está usando, mas ela não pertence a empresas privadas." Em outras palavras, tanto a inteligência humana quanto a inteligência de sinais (Sigint)[55] ainda são fundamentais para controlar os movimentos de uma população indesejada. Falta muito para a obsolescência humana — se é que algum dia isso acontecerá.

O Shin Bet, de acordo com o jornalista do *Haaretz* Gideon Levy, deleitava-se em "torturar" palestinos. "A maior parte da atividade do Shin Bet envolve a manutenção da ocupação por meio

53 Yaniv Kubovich, "Israelis troops' new quota: add 50 Palestinians to tracking database every shift", *Haaretz*, 24 mar. 2022.
54 Etnia de origem turcomena e maioria muçulmana, os uigures vivem principalmente na região autônoma de Xinjiang, extremo oeste da China, e têm sofrido diversas perseguições do governo chinês ao menos desde a década de 1950. As violências vão desde a proibição do ensino do idioma uigur nas escolas públicas até o encarceramento em massa em "centros de reeducação" para supostamente combater o "extremismo religioso" entre os uigures. [N.E.]
55 Sistema de interceptação de comunicações, tanto entre pessoas quanto eletrônica, criado no início do século XX. [N.T.]

do controle tirânico da população subjugada", escreveu ele. Lembrando as ações da Unidade 8200, Levy concluiu que o Shin Bet

> não descarta nenhum meio. Tortura as pessoas e brinca com suas vidas, explora as fraquezas humanas para seus próprios fins, viola todos os direitos individuais, trata os palestinos como sub-humanos, os persegue dia e noite, invade suas residências, seus quartos, inclusive das crianças, conhece a cor de suas roupas íntimas; o Shin Bet é o cano de esgoto por onde sai o cheiro podre da ocupação.[56]

Eitay Mack é o mais célebre advogado israelense a enfrentar o setor de defesa. Figurinha carimbada de Jerusalém, crítico ácido, mas de fala mansa, ele viveu por anos na cidade antes de se mudar para a Noruega em 2021. Continua sendo uma voz rara em um país que ignora amplamente as relações de Israel com déspotas. Seu trabalho também envolve a representação de palestinos na Cisjordânia e em Jerusalém Oriental e o ajuizamento de ações civis em nome deles contra os serviços de segurança de Israel.

Em 2020, Mack lutou, sem sucesso, para forçar o Yad Vashem, o memorial do Holocausto em Jerusalém, a parar de convidar criminosos de guerra e violadores de direitos humanos para cruzar suas portas. A Suprema Corte de Israel negou sua petição — apresentada em nome da professora Veronica Cohen, uma sobrevivente húngara do Holocausto, e de 65 outras pessoas — sob os argumentos de que as visitas de líderes controversos poderiam ter "valor educacional" e de que a Corte não poderia intervir na diplomacia do governo israelense. Mack escreveu não ser por acaso que, no evento organizado pelo memorial em 2020 para marcar o 75º aniversário da libertação de Auschwitz, não have-

56 Gideon Levy, "Another star is born but the Shin Bet remains a cruel organization", *Haaretz*, 13 out. 2021.

ria participantes da África, Ásia Oriental ou América Latina, e apenas brancos de identidade judaico-cristã.[57]

O Yad Vashem mandou uma resposta extraordinária a Mack: "Os relatos e rumores apresentados na petição sobre o envolvimento e/ou participação de dignatários estrangeiros em sérios crimes previstos na lei internacional não são de conhecimento do Yad Vashem, e este não pode corroborá-los ou refutá-los". Um órgão supostamente dedicado ao estudo do genocídio e da violência em massa foi incapaz de pesquisar no Google os crimes cometidos por inúmeros antigos convidados, incluindo os do presidente do Sri Lanka Mahinda Rajapaksa contra os tâmeis, e de Rodrigo Duterte, das Filipinas, contra os pobres.[58]

Mack me disse que seu objetivo não é "consertar Israel ou sua imagem", mas "evitar genocídio, crimes contra a humanidade e violações grosseiras dos direitos humanos, já que Israel é cúmplice desses crimes no mundo todo". Ao se concentrar na esfera internacional, ele queria expor a hipocrisia de Israel ao tentar silenciar seus críticos apelando para a "carta do antissemitismo, ao mesmo tempo que, há décadas, dispõe-se a encobrir regimes fascistas e antissemitas, desde que aceitem o tratamento dado por Israel aos palestinos". Depois de ler mais de cem mil páginas nos arquivos do Estado de Israel, Mack viu que havia um padrão, desde os primeiros dias do país: "No passado, Israel ajudava a grampear telefones; agora Israel hackeia telefones celulares".

Como judeu branco, Mack reconhece o privilégio de nunca ter sido ameaçado por fazer seu trabalho, a não ser por uma mulher israelense em Beit Alfa, que implicou com o fato de ele estar chamando atenção para o envolvimento do kibutz na produção de equipamento antimotim. Segundo ele,

57 Eitay Mack, "As descendent of Auschwitz victims, I've no interest in the Yad Vashem laundromat", *Haaretz*, 22 jan. 2020.
58 Orly Noy, "Foreign Ministry to High Court: war criminals welcome at Yad Vashem", *+972 Magazine*, 24 abr. 2020.

> Trata-se de um assédio privilegiado. Para muitos israelenses, é um problema dizer que estamos apoiando o genocídio. Eles se dizem exportadores de equipamento de defesa, quando são de fato traficantes de armas. Estou recebendo muito apoio de todo o espectro político israelense, da extrema direita à extrema esquerda. Alguns dizem que estou agindo de acordo com a moralidade judaica (embora a direita não considere a ocupação da Palestina um problema).

Mack se refere em parte ao colono Eli Yosef, que vive no assentamento Ma'ale Adumim, perto de Jerusalém. Ele é um direitista que se opõe fundamentalmente à venda de armas israelenses para ditaduras. Como judeu religioso, Yosef disse ao *Haaretz* em 2018 que

> fomos odiados por dois mil anos e agora armamos malfeitores? Isso é algo fundamental: se não consigo amar, se tudo que me interessa é o dinheiro e estou pronto para vender minha alma por dinheiro, então está tudo acabado. É um suicídio espiritual. E esse é o prelúdio do verdadeiro suicídio. Se você acha que pode semear o mal e não colher o mal, você deve estar cego.[59]

Outro opositor da venda de armas israelenses a ditadores também vive em um assentamento ilegal. O rabino Avidan Freedman mora em Efrat, perto de Belém, e teve contato com Mack. Ele é diretor-executivo da Yanshoof, que significa "coruja" em hebraico e é um acrônimo para "exportações de armas, transparência e supervisão". Freedman declarou ao *Haaretz* que

> o Estado diz que não vende armas para ditaduras. Pequenas vendas para ditaduras africanas são ocasionalmente barradas. Mas não estou disposto a aceitar a situação atual. Quer dizer, compar-

59 Nir Hasson, "A settler's quixotic battle against Israeli arms exports to murderous regimes", *Haaretz*, 10 maio 2018.

tilho da responsabilidade por essas ações como cidadão israelense. Compartilhamos a culpa e a responsabilidade pelas ações — e, além disso, jovens que serviram em unidades de elite treinam forças em países problemáticos. Isso é corrupção moral que se reflete sobre nós de todas as formas.[60]

Mack é um defensor incansável das vítimas das políticas de defesa de Israel. Ele liderou uma campanha em 2022 para pressionar o governo israelense a prender o general sudanês Mohamed Hamdan "Hemeti" Dagolo por seu envolvimento no genocídio em Darfur. Israel havia convidado Dagolo para uma visita secreta em 2021, enquanto tentava estabelecer relações com a ditadura sudanesa.

A estratégia jurídica de Mack evoluiu depois que a Suprema Corte de Israel decidiu, em junho de 2021, que não acataria mais petições que contestassem as exportações de armas do país, exceto em circunstâncias muito extremas. Os juízes deram autonomia para que o governo escolhesse seus clientes.[61] Mack e seus colegas estavam tentando impedir a empresa israelense Cellebrite de vender equipamentos de vigilância para países com administrações autoritárias como a Rússia e a China.

Com a decisão, os tribunais israelenses deixaram de ser uma opção viável, obrigando Mack a reagir. "Quero continuar trabalhando como advogado sem ir aos tribunais israelenses, mas promovendo campanhas jurídicas e públicas", disse. "Não posso afirmar que Israel é um Estado de apartheid e mesmo assim continuar recorrendo a seus tribunais."

60 Amos Harel, "Ukraine war: while some countries take a moral stance, Israel expects an arms bonanza", *Haaretz*, 1º jul. 2022.
61 Chen Maanit, "Israel's Supreme Court calls for harsher punishments for arms dealing", *Haaretz*, 26 out. 2021.

Prevenindo um surto de paz

3

Atualmente, Israel oferece um modelo político completo para a guerra assimétrica, um conflito entre um Estado e combatentes irregulares.

— YOTAM FELDMAN, DIRETOR ISRAELENSE DO DOCUMENTÁRIO *THE LAB* (2013)[1]

Matar ou ferir palestinos deveria ser tão fácil quanto pedir uma pizza. Essa foi a lógica por trás de um aplicativo projetado pelo exército israelense em 2020 que permitia a um comandante em campo enviar, por um dispositivo eletrônico, detalhes sobre um alvo para as tropas que, então, neutralizariam rapidamente esse palestino. O coronel que trabalhou no projeto, Oren Matzliach, disse ao site da Defesa de Israel que o ataque seria "como pedir um livro na Amazon ou uma pizza em uma pizzaria usando seu smartphone".[2]

Esse tipo de desumanização é o resultado inevitável da ocupação permanente. É também um produto de exportação. O que atrai um número crescente de regimes em todo o mundo é saber

1 "'Wars on Gaza have become part of Israel's system of governance': An interview with filmmaker Yotam Feldman", *+972 Magazine*, 22 maio 2013.

2 David Cronin, "App makes killing Palestinians as easy as ordering pizza", *The Electronic Intifada*, 2 dez. 2020.

como Israel se safa do politicídio. Esse termo foi adaptado para Israel/Palestina pelo falecido acadêmico israelense e professor de sociologia Baruch Kimmerling, que argumentou em 2003 que as políticas interna e externa de Israel são

> amplamente orientadas para um objetivo principal: o politicídio do povo palestino. Por politicídio quero dizer um processo que tem como objetivo final a dissolução da existência do povo palestino como uma entidade social, política e econômica legítima. Esse processo também pode, mas não necessariamente, incluir sua limpeza étnica parcial ou completa do território conhecido como Terra de Israel.[3]

Um raro momento de honestidade política israelense ocorreu em outubro de 2021, quando o parlamentar israelense de extrema direita Bezalel Smotrich, líder do Partido Sionista Religioso e aliado do primeiro-ministro Benjamin Netanyahu, disse aos membros árabes do Knesset, o parlamento israelense: "Vocês só estão aqui por engano, porque [o primeiro-ministro fundador David] Ben-Gurion não terminou o trabalho, não os expulsou em 1948". Foi um reconhecimento de que a limpeza étnica ocorreu em 1948, embora proferida por um dos políticos mais racistas e homofóbicos de Israel.

Esse não é um ponto de vista novo; na verdade, tem sido a ideologia do Estado desde 1948. Documentos dos Arquivos do Estado de Israel trazidos a público em 2021 revelaram que as atitudes em relação aos palestinos não mudaram muito desde a década de 1940. Desde a fundação do Estado, tem sido política oficial, pelo menos entre parte das elites militares e políticas do país, expulsar os árabes para países vizinhos. Reuven Aloni, vice-diretor-geral da Administração de Terras de Israel, disse em uma reunião em 1965 que o ideal era "substituir a popula-

3 Baruch Kimmerling, *Politicide: The Real Legacy of Ariel Sharon*. Londres: Verso, 2003, p. 3.

ção". Ele estava otimista "de que chegará um dia, daqui a dez, quinze ou vinte anos, em que haverá uma situação — uma guerra ou algo parecido com uma guerra — cuja solução básica será a transferência dos árabes. Acho que devemos pensar nisso como um objetivo final".[4]

Yehoshua Verbin, chefe do governo militar imposto sobre os cidadãos árabes de 1948 a 1966, admitiu a limpeza étnica ocorrida em 1948. "Expulsamos cerca de meio milhão de árabes, queimamos casas, saqueamos suas terras — do ponto de vista deles —, não devolvemos nada, tomamos terras", disse. Tanto naquela época quanto agora, a "solução" que se oferece é assustadoramente semelhante à tese de Kimmerling: fazer com que os árabes desapareçam e, caso isso não seja possível, elevar os níveis de desigualdade até que eles optem por emigrar em busca de uma vida melhor em outro lugar. Kimmerling poderia ter acrescentado que o politicídio se tornou um produto de exportação para nações e autoridades desejosas de imitar o "sucesso" israelense.

Em 2002, o historiador militar israelense Martin van Creveld explicou na televisão australiana o que ele via como o dilema enfrentado pelo Estado judeu:

> Eles [soldados israelenses] são muito corajosos, [...] são idealistas [...], eles querem servir à pátria e provar seu valor. O problema é que você não pode se provar contra alguém que é muito mais fraco do que você. Eles estão em uma situação de perde-perde. Se você for forte, estiver lutando contra os fracos e matar seu oponente, será um canalha [...]; se deixar que ele o mate, será um idiota. Eis um dilema que outros sofreram antes de nós e para o qual, até onde posso ver, simplesmente não há saída. O exército israelense não tem sido, de forma alguma, o pior de todos. Ele não fez o que, por exemplo, os americanos fizeram no Vietnã [...] não usou Napalm,

4 Adam Raz, "When the Shin Bet chief warned that educated Arabs are a 'problem' for Israel", *Haaretz*, 16 set. 2021.

> não matou milhões de pessoas. Portanto, tudo é relativo. Mas, por definição, voltando ao que eu disse anteriormente, se você é forte e está lutando contra os fracos, então tudo o que você faz é criminoso.[5]

Van Creveld não estava de todo errado, mas subestimou quão sedutora viria a se tornar a ideologia da dominação após mais de sete décadas de ocupação. A indústria armamentista de Israel monetizou com eficácia suas ferramentas e estratégias, mostrando com exemplos testados em batalha como a crença separatista — que mantém palestinos e israelenses não apenas apartados, mas numa relação de dominação dos primeiros pelos segundos — era a solução a curto e médio prazos. Os separatistas, argumentou Kimmerling, desejam "o oposto da limpeza étnica, mas atingiram um resultado prático e psicológico semelhante. Sua raiz é uma mistura de emoções entrelaçadas: desconfiança, medo e ódio dos árabes, combinados com o desejo de apagar sua cultura das cercanias de Israel".[6]

O separatismo é a ideologia que mais cresce no mainstream israelense. O proeminente historiador israelense Benny Morris disse à *Reuters* em 2020 que o desaparecimento dos palestinos era a solução ideal para os judeus israelenses: "Os israelenses abandonaram os palestinos. Eles querem se relacionar o mínimo possível com estes e tê-los o mínimo possível por perto, e o muro [de separação] [entre Israel e a Cisjordânia] ajuda a criar essa situação".[7] Morris atribuiu a culpa à campanha palestina de atentados suicidas durante a Segunda Intifada, entre 2000 e 2005, quando

5 Jennifer Byrne, "Interview with Martin van Creveld", *ABC Australia Foreign Correspondent*, 20 mar. 2002.

6 Baruch Kimmerling, *Politicide: The Real Legacy of Ariel Sharon*. Londres: Verso, 2003, p. 169.

7 Stephen Farrell, Dan Williams & Maayan Lubell, "Palestinians out of sight and out of mind for Israelis seared by 2000 uprising", *Reuters*, 29 set. 2020.

mais de 3.100 palestinos e 1.038 israelenses foram mortos; 6 mil palestinos, presos; e 4.100 casas palestinas, destruídas.[8]

Micah Goodman, colono da Cisjordânia, promoveu outra maneira de ver a separação, que supostamente influenciou o primeiro-ministro israelense Naftali Bennett quando ele assumiu o poder em 2021. A ideia de Goodman era "encolher o conflito". Ele explicou à *NPR* que "a maioria dos israelenses acha que, se ficarmos na Cisjordânia, não teremos futuro, e se sairmos da Cisjordânia, não teremos futuro. A maioria dos israelenses está presa nessa armadilha". Para resolver esse enigma, considerando a improbabilidade de que o "conflito" com os palestinos se resolva em breve, Goodman sugeriu que Israel começasse a "desescalá-lo gradualmente, em etapas, reduzindo a ocupação sem diminuir a segurança, o que significa diminuir o controle que Israel exerce sobre os palestinos sem aumentar a capacidade dos palestinos de ameaçar Israel". Na prática, isso significava manter o status quo.[9]

O EXEMPLO DE SEPARATISMO MAIS eficiente é o cerco a Gaza, onde mais de dois milhões de palestinos estão presos atrás de muros imensos, sob constante vigilância de drones, ataques irregulares de mísseis e encurralados por fronteiras praticamente intransponíveis, impostas tanto por Israel quanto pelo Egito. Quando Israel concluiu a barreira de alta tecnologia de 65 quilômetros ao longo de toda a fronteira com Gaza no final de 2021, a um custo de 1,11 bilhão de dólares, foi realizada uma cerimônia no sul do país para marcar a ocasião. O *Haaretz* descreveu o muro como "um sis-

8 Gideon Levy, "The Second Intifada, 20 years on: thousands died in a struggle that failed", *Haaretz*, 26 set. 2020.
9 Ben White, "Israel-Palestine: normalising apartheid under the guise of 'shrinking the conflict'", *Middle East Eye*, 24 set. 2021.

tema complexo de engenharia e tecnologia: o único de seu tipo no mundo", que precisou de assistência europeia para ser erigido.[10]

Em 2002, três anos antes de o primeiro-ministro israelense Ariel Sharon retirar nove mil colonos judeus de Gaza, o historiador israelense Van Creveld previu:

> [A única solução é] construir um muro entre nós e o outro lado, tão alto que nem mesmo os pássaros possam atravessar [...] para evitar qualquer tipo de atrito por muito, muito tempo no futuro. [...] Poderíamos acabar com o problema em 48 horas, pelo menos em Gaza, construindo um muro adequado. E depois, é claro, se alguém tentar pular o muro, nós o matamos.[11]

Gaza tornou-se o laboratório perfeito para Israel alargar os limites criativos da dominação. É o sonho etnonacionalista definitivo, onde os palestinos estão presos indefinidamente. A barreira ao redor do território foi construída pela primeira vez em 1994 e passou por várias atualizações desde então (embora tenha sido destruída pelos palestinos em 2001). Hoje, a população local se vê em uma experiência forçada de controle, onde são testadas as mais recentes tecnologias e técnicas. Mas o que ocorre em Gaza encontra cada vez mais ecos ao redor do globo. De acordo com a arquiteta palestina Yara Sharif, "a palestinização das cidades está acontecendo em todo o mundo, por meio da destruição e do apagamento, mas também devido a mudanças climáticas dramáticas".[12]

O bombardeio israelense de Gaza em novembro de 2012, chamado de Operação Pilar Defensivo, foi uma guerra de sete dias

10 Yaniv Kubovich, "Israel completes vast, billion-dollar Gaza barrier", *Haaretz*, 7 dez. 2021.

11 Jennifer Byrne, "Interview with Martin van Creveld", *ABC Australia Foreign Correspondent*, 20 mar. 2002.

12 Zach Mortice, "Why the Gaza Strip may be the city of the future", *Bloomberg City Labs*, 27 set. 2021.

que matou 174 palestinos, seis israelenses e feriu milhares. Se o número de vítimas dessa ação foi relativamente baixo, a Operação Chumbo Fundido, realizada por Israel entre o final de 2008 e o início de 2009, matou 1.400 habitantes de Gaza. Aquele conflito foi acompanhado de uma revolução midiática na forma como as IDF retrataram a guerra em suas várias redes sociais. Preocupado com uma virada negativa na opinião pública de alguns países ocidentais acerca de suas incursões militares, o Estado de Israel lançou a chamada "Instaguerra" (*Instawar*): um esforço coordenado para transmitir a guerra ao vivo no Twitter, com vídeos de operações militares e infográficos, produzidos para divulgar orgulhosamente a morte de membros do Hamas ou a prisão de "terroristas" palestinos. Por vezes, essas produções pareciam um grande filme de ação hollywoodiano.

A estratégia de redes sociais visava engajar apoiadores locais e internacionais em suas missões militares. Ao fazer isso e pedir aos fãs que publicassem seus próprios tuítes de apoio, postagens no Facebook ou imagens no Instagram, as IDF criaram uma missão coletiva que outras nações poderiam facilmente imitar, estimulando o fervor nacionalista on-line. Durante a Operação Pilar Defensivo, as IDF incentivaram os apoiadores de Israel a fazer postagens comemorativas de mortes de "terroristas", ao mesmo tempo que lembravam ao público global que o Estado judeu era uma vítima. Foi uma forma de recrutamento em massa para a causa, que utilizava as redes sociais como arma.[13]

As IDF investiram pesado na espetacularização da guerra. Graças ao orçamento de mídia das Forças de Defesa de Israel, setenta oficiais e dois mil soldados puderam projetar, organizar e disseminar a propaganda oficial israelense. E quase todas as plataformas on-line foram inundadas com conteúdo das IDF.

13 Kevin Foster, *Anti-Social Media: Conventional Militaries in the Digital Battlespace*. Melbourne: Melbourne University Press, 2021, p. 172-3.

Hoje, a página das Forças de Defesa de Israel no Instagram posta regularmente mensagens pró-LGBTQIA+ e pró-feministas, juntamente com sua iconografia militarista de linha dura.[14] Em 1º de outubro de 2021, as IDF publicaram nas redes uma foto de sua sede envolta em luz rosa, com a mensagem: "Por aquelas que estão lutando, pelas que se foram e pelas sobreviventes, o QG das IDF está iluminado de rosa neste #MêsDeConscientizaçãoSobreOCâncerDeMama". O ativista palestino-estadunidense Yousef Munayyer respondeu no Twitter: "Um número incalculável de mulheres em Gaza sofre de câncer de mama e é rotineiramente privado de tratamento adequado porque esse exército opera um cerco brutal contra mais de dois milhões de almas". No Instagram, no entanto, a maioria dos comentários na postagem elogiou as IDF.

Hoje, a estratégia de guerra comunicacional das IDF é replicada rotineiramente pelas Forças Armadas dos Estados Unidos. Em 2021, a CIA lançou uma campanha em suas redes chamada Humans of CIA [Humanos da CIA], cujo objetivo era ampliar a diversidade em seus postos de trabalho. A inspiração na postura *woke*[15] das IDF era nítida. Uma das campanhas mais discu-

14 Sophia Goodfriend, "Naked gun", *Jewish Currents*, 5 dez. 2019.
15 *Woke* [desperto] é um termo que nasceu no movimento negro estadunidense do final do século XX e acabou entrando no linguajar da esquerda liberal na segunda década do século XXI. Se, a princípio, *woke* designava alguém consciente do racismo e engajado em combatê-lo na sociedade estadunidense, com o tempo, o termo passou a ser aplicado a qualquer pessoa minimamente preocupada com algum problema social. Com a ascensão da extrema direita trumpista, de organizações *white power* como os Proud Boys e de fóruns de nerds misóginos da internet como o 4Chan, a palavra *woke* se tornou, via de regra, uma gíria fascista para ridicularizar o conjunto da esquerda. Apesar dessa apropriação reacionária, parte da esquerda radical, marxista, também usa a palavra de forma pejorativa, criticando o moralismo dos liberais identitários da internet. É nessa última acepção que o autor emprega *woke* neste trecho. [N.T.]

tidas (e ridicularizadas), considerando o papel da CIA na desestabilização e derrubada de governos desde a Segunda Guerra Mundial, foi o vídeo de uma oficial latina declarando:

> Sou uma *millennial* cisgênero, que foi diagnosticada com transtorno de ansiedade generalizada. Sou interseccional, mas minha existência não é um exercício de assinalar itens em uma lista. [...] Eu costumava sofrer com a síndrome do impostor, mas aos 36 anos me recuso a internalizar ideias patriarcais equivocadas sobre o que uma mulher pode ou deve ser.[16]

A estratégia israelense de redes sociais é uma tentativa sofisticada de vincular as operações do Estado judeu aos valores ocidentais ou, pelo menos, às políticas que apoiam uma resposta militarizada ao terrorismo (ou à resistência, dependendo da perspectiva), na esperança de atingir um público global. "As redes sociais são uma zona de guerra para nós aqui em Israel", declarou, em meio à Operação Margem Protetora de 2014, a tenente-coronel (hoje, reformada) Avital Leibovich, criadora da unidade de redes sociais das IDF e diretora do Comitê Judaico Americano em Israel. A Margem Protetora foi uma batalha de sete semanas entre Israel e o Hamas que matou mais de 2.250 palestinos, muitos deles civis, incluindo 500 crianças, e 70 israelenses, a maioria soldados.

O objetivo não declarado da estratégia de informação das IDF é transformar o trauma judaico numa arma a serviço da perpetuação da ocupação. Por meio de incontáveis postagens e memes, as Forças de Defesa de Israel mostram os sacrifícios feitos pelo país em suas intermináveis batalhas contra os palestinos como uma forma de triunfo — uma lógica que retira dos palestinos o direito de se indignar com sua situação e relega seu trauma à inexistência. Resistir à ocupação é, portanto, consi-

16 "Humans of CIA" [vídeo], 25 mar. 2021. Disponível em: https://www.youtube.com/watch?v=X55JPbAMc9g.

derado ilegítimo. Essa ideologia comunicacional inspira outras nações na condução de suas próprias guerras contra insurgentes ou adversários internos, ainda que a maioria delas não consiga se igualar a Israel em velocidade e sofisticação. A tática é sempre a mesma: a resposta a um tuíte ou publicação mal recebidos no Facebook é uma avalanche de mais posts e tuítes, que inunda a internet com ruído suficiente para ofuscar as publicações indesejadas.

Um abrangente estudo de 2021 sobre a campanha de redes sociais da Operação Margem Protetora, realizado por Marisa Tramontano, socióloga da Faculdade de Justiça Criminal John Jay, constatou que as IDF utilizaram uma série de ferramentas visuais e escritas para justificar suas ações em Gaza e na Cisjordânia. "Esse estrondoso discurso nas redes sociais é parcialmente responsável por um posicionamento estratégico de Israel na coalizão islamofóbica hegemônica, como fronte oriental mais avançado da 'guerra global contra o terrorismo' encampada pelos Estados Unidos", escreveu Tramontano.[17]

Nos primórdios da revolução digital, havia a esperança de que a possibilidade de registro e divulgação de fotos e vídeos dos abusos israelenses nos territórios ocupados pudesse ajudar a causa palestina. Não há dúvida de que a conscientização global sobre a ocupação aumentou — e que isso foi parcialmente auxiliado pela visão crua e não editada de palestinos interagindo com colonos ou com o exército israelense. Mas há fortes evidências de que imagens violentas foram cooptadas pelo Estado judeu como forma de negar a realidade que os palestinos dizem viver. Mesmo com as imagens na nossa cara, a população de Israel insiste que os palestinos estão mentindo sobre as circunstâncias. A possibilidade de testemunhar as atrocidades

17 Marisa Tramontano, "State social media and national security strategy: Israel's Operation Protective Edge", *E-International Relations*, 20 abr. 2021.

contra os palestinos não funciona com pessoas que não os enxergam como seres humanos e sim como uma raça digna somente de punição e morte. Com o gradual deslocamento da população israelense para a direita, o desconforto moral esvanece.[18]

Os soldados israelenses das redes sociais sabem que conectar sua missão às guerras de Washington no pós-11 de Setembro é vital para angariar apoio e solidariedade. "A chamada ameaça do terror palestino é um componente fundamental das narrativas de trauma israelenses — uma ameaça cotidiana que se sobrepõe a camadas multigeracionais de trauma do exílio e do genocídio", argumenta Tramontano:

> De forma mais concreta, as ações de Israel são apresentadas como morais e legais, e a situação atual do Estado é explicada à luz do passado trágico de Israel. Imagens da cidade de Nova York em chamas conectam diretamente as operações militares de Israel à resposta militar estadunidense ao "trauma" do 11 de Setembro. Por outro lado, o Hamas é apresentado como um inimigo bárbaro e irracional, sem reivindicações legítimas de trauma — muito parecido com as narrativas sobre a Al-Qaeda, o autodeclarado Estado Islâmico e outros.[19]

As IDF introduziram novas armas e as demonstraram diante de vários meios de comunicação ligados à indústria armamentista durante a guerra de Gaza em 2014. A tecnologia foi exibida numa bancada — talvez "vitrine" seja um termo mais descritivo — para a mídia israelense e internacional. Entre os aparatos, estavam bombas, projéteis de tanques e o drone Hermes, da Elbit.[20] Algumas semanas após o fim da guerra,

18 Neve Gordon, "How Israeli opponents of the Israeli occupation are losing the digital war", *Haaretz*, 6 mar. 2022.
19 Marisa Tramontano, *op. cit.*
20 "A lab and a showroom: Israeli military industries and the oppression of the Great March of Return in Gaza", Coalition of Women for Peace, jun. 2018.

a conferência anual de Sistemas Não Tripulados de Israel, um evento realizado com a Embaixada dos Estados Unidos em Tel Aviv para compradores potenciais da Ásia, da Europa e das Américas, apresentou algumas das armas usadas no conflito de Gaza, incluindo o Hermes.[21]

O experimento seguinte de Israel aconteceu em tempo real durante a Grande Marcha do Retorno, quando os habitantes de Gaza protestaram ao lado da cerca que isola o território ocupado. A partir de março de 2018, a manifestação ganhou enorme atenção global, pois os palestinos exigiram pacificamente o fim do cerco a Gaza e o direito de regressar às terras roubadas por Israel. Entre março de 2018 e dezembro de 2019, 223 palestinos foram mortos, a maioria civis, e oito mil foram alvejados por franco-atiradores — vários deles ficaram incapacitados por conta dos ferimentos. Em 31 de março, as IDF tuitaram (mas apagaram em seguida): "Ontem vimos trinta mil pessoas. Chegamos preparados e com reforços precisos. Nada foi feito sem controle: tudo foi preciso e medido, e sabemos onde cada bala caiu".

Israel estava tão confiante em suas ações, sem medo do Tribunal Penal Internacional ou de qualquer sanção doméstica, que o brigadeiro-general Zvika Fogel (hoje na reserva) deu uma entrevista à rádio israelense em abril de 2018. Fogel era ex-chefe de gabinete do Comando Sul de Israel, que incluía Gaza. Depois que atiradores de elite israelenses causaram a morte e o ferimento de milhares de palestinos, inclusive crianças, o apresentador de rádio Ron Nesiel questionou Fogel e perguntou se as IDF deveriam "repensar o uso de *snipers*". Fogel defendeu o emprego de atiradores da seguinte forma: "E se essa criança ou qualquer outra pessoa se aproximar da cerca para esconder um dispositivo explosivo, verificar se há alguma zona morta

21 Daniel A. Medina, "An Israeli drone conference is featuring a product recently used on Gaza", *Quartz*, 17 set. 2014.

ali ou cortar a cerca para que alguém possa se infiltrar no território do Estado de Israel para nos matar?".

"Então sua punição é a morte?", perguntou Nesiel.

"Sua punição é a morte", argumentou o general. "No que me diz respeito, sim. Se você puder atirar apenas na perna ou no braço da pessoa para detê-la, ótimo. Mas se for mais do que isso, então, sim, você quer testar quem tem mais sangue nos olhos, se somos nós ou eles."[22]

A GRANDE MARCHA DO RETORNO foi um laboratório e um showroom. A nova arma mais sofisticada usada contra os manifestantes palestinos foi o Sea of Tears [Mar de lágrimas], um drone que lançava cilindros de gás lacrimogêneo em uma determinada área. Apesar das alegações israelenses de precisão, uma tenda cheia de mulheres e crianças palestinas foi atingida, assim como grupos de repórteres. A polícia israelense começou a usar drones que lançavam granadas desse gás sobre manifestantes na Cisjordânia em abril de 2021. Um mês depois, Israel anunciou que uma frota de drones seria usada para rastrear tumultos e protestos, bem como áreas danificadas por foguetes disparados de Gaza. Israel anunciou em 2022 que havia aprovado o uso de drones armados para "assassinatos seletivos" na Cisjordânia.

Supostamente testado sobre Gaza antes do início dos grandes protestos de 2018, um drone fabricado na China pela Da Jiang Innovations foi reconfigurado pela guarda de fronteira de Israel, que estava trabalhando com a empresa israelense Aeronautics para

22 Ali Abunimah, "Snipers ordered to shoot children, Israeli general confirms", *The Electronic Intifada*, 22 abr. 2018. Ex-soldados das IDF disseram à publicação israelense *+972 Magazine* que, de acordo com o alto comando do exército israelense, matar civis palestinos em Gaza durante qualquer guerra é aceitável, desde que não ultrapasse um determinado número. Yuval Abraham, "'We killed a little boy, but it was within the rules'", *+972 Magazine*, 11 ago. 2022.

adaptar o drone aos requisitos de operações terrestres. "Além de neutralizar todo o risco às nossas forças, o Sea of Tears nos permite chegar a lugares que até então não havíamos alcançado", disse o comandante da Polícia de Fronteira, Kobi Shabtai, ao noticiário do Canal 2 de Israel. A eficácia imediata do Sea of Tears levou a Maf'at, a Administração Israelense para o Desenvolvimento de Armas e Infraestrutura Tecnológica, a comprar centenas de drones após a primeira noite de manifestações em Gaza.

Outra inovação foi o drone Skunk Water [Água de gambá], equipado com um canhão d'água cujo líquido deixava um cheiro desagradável nas roupas e no corpo por um longo tempo. A Aeronautics também estava por trás dessa inovação, que já havia sido usada contra manifestantes na Cisjordânia e em Jerusalém. No início de 2020, ativistas antiocupação na Cisjordânia relataram que drones falantes controlados por Israel estavam sobrevoando e enviando a mensagem "*Go Home*" [Volte para casa] aos manifestantes palestinos. Os ativistas israelenses foram instruídos em hebraico a não "ficar do lado do inimigo".[23]

Um relatório do grupo israelense Coalizão de Mulheres pela Paz enfatizou que o uso de drones pelo Estado de Israel "se encaixa em um padrão mundial: embora hoje seja direcionado principalmente contra os palestinos, uma tecnologia semelhante provavelmente será comercializada e vendida para oprimir outras pessoas em todo o mundo. As Forças de Defesa de Israel afirmam que essas táticas acabam prejudicando menos pessoas, mas, na verdade, são mais imprevisíveis".[24] Foi somente em 2022 que Israel reconheceu oficialmente que usava drones de ataque (embora os palestinos soubessem disso há anos).

23 Oren Ziv, "The Israeli army is now using a 'talking' drone to disperse West Bank protests", *+972 Magazine*, 3 fev. 2020.
24 "A lab and a showroom: Israeli military industries and the oppression of the Great March of Return in Gaza", Coalition of Women for Peace, jun. 2018.

A resposta israelense aos protestos foi motivo de orgulho para o setor de Defesa do país. Na Fire, Maneuvering, and Intelligence in a Complex Environment [Fogo, manobra e inteligência em um ambiente complexo], conferência anual de armas realizada em Tel Aviv, em 15 de maio de 2018, pela revista *Israel Defense*, mil membros das IDF, da indústria privada israelense e potenciais clientes estrangeiros se misturaram e compartilharam histórias de guerra. Entre os principais palestrantes estavam o ex-ministro da Defesa Moshe Ya'alon e o chefe do Comando Sul, Yoav Gallant,[25] que liderou as operações durante a guerra de Gaza no final de 2008 e início de 2009. O grupo israelense de direitos humanos Yesh Gvul acusou Gallant de cometer crimes de guerra durante essa rodada do conflito, a Operação Chumbo Fundido. O que todo mundo ali queria saber era como seria o conflito armado do futuro. E os patrocinadores do evento, incluindo a Elbit e a Aeronautics, tinham as respostas: armas mais sofisticadas para enfrentar guerras de guerrilha, muito similares à situação em Gaza.[26]

No conflito de maio de 2021 entre o Hamas e Israel, batizado como Operação Guardião das Muralhas, parecia que a história estava se repetindo.[27] Além do terrível número de mortos — 260 palestinos, dos quais pelo menos 129 eram civis, bem como 12

25 Em 2022, Yoav Gallant assumiu o Ministério da Defesa de Israel sob a nova gestão Netanyahu. Logo após os ataques do Hamas contra o território israelense em 8 de outubro de 2023, Gallant deu um pronunciamento que se tornou evidência da intenção genocida de Israel contra o povo palestino no caso apresentado pela África do Sul ao Tribunal Penal Internacional. "Ordenei um cerco completo a Gaza. Não haverá eletricidade, comida nem combustível, fecharemos tudo. Estamos enfrentando animais humanos e temos que agir de acordo", declarou Gallant em 9 de outubro. [N.T.]

26 "A lab and a showroom: Israeli military industries and the oppression of the Great March of Return in Gaza", Coalition of Women for Peace, jun. 2018.

27 Anna Ahronheim, "Israel's operation against Hamas was the world's first AI war", *Jerusalem Post*, 27 maio 2021.

civis israelenses —, a relação simbiótica entre Israel e os setores de defesa dos Estados Unidos foi exposta.[28] Mohammed Abu Mughaisib, doutor do Médicos Sem Fronteiras em Gaza, escreveu que a guerra de 2021 "não foi como suas irmãs [bombardeios israelenses anteriores]. O aterrorizante bombardeio contínuo em escala maciça, a falta de segurança em qualquer lugar e a qualquer momento: ficamos petrificados. [...] Não houve pausas coordenadas no bombardeio para permitir o trabalho humanitário".[29]

A Human Rights Watch acusou Israel e o Hamas de violarem as leis de guerra e exigiu que "as instituições judiciais globais e nacionais se mobilizassem para romper o ciclo vicioso de ataques ilegais e impunidade por crimes de guerra".[30] A ONG criticou Washington por fornecer as armas "usadas em pelo menos dois dos ataques [israelenses]" que investigou. No entanto, sua sugestão era fraca, pedindo que os Estados Unidos "condicionassem a futura assistência de segurança a Israel à adoção de ações concretas e verificáveis para melhorar sua conformidade com as leis da guerra e com a lei internacional de direitos humanos, além de investigar abusos passados".[31]

28 "Why did they bomb us? Urban civilian harm in Gaza, Syria and Israel from explosives weapons use", *Airwars*, 9 dez. 2021.

29 Mohammed Abu Mughaisib & Natalie Thurtle, "Born under attack to be buried under attack, a life without rest in Gaza", Médicos Sem Fronteiras, 10 ago. 2021.

30 "Gaza: apparent war crimes during May fighting", Human Rights Watch, 27 de jul. 2021.

31 Após o conflito Israel/Gaza de 2021, três deputados progressistas no Congresso dos Estados Unidos fizeram pressão para impedir a exportação para Israel de armas fabricadas pela Boeing, usadas durante o ataque israelense contra Gaza. Os deputados Alexandria Ocasio-Cortez, Rashida Tlaib e Mark Pocan fracassaram em suas tentativas. Apesar de sua oposição, o governo Biden aprovou uma venda de bombas para Israel no valor de 735 milhões de dólares, concedendo uma licença de exportação à Boeing. Washington também aprovou mais de cinco milhões de dólares para a reconstrução de Gaza após a guerra de maio de 2021.

Uma apuração feita pela *Al Jazeera* descobriu que a fabricante de armas Boeing produziu as bombas GBU-31 e GBU-39, e a General Dynamics, as bombas MK-84, armas usadas para destruir a infraestrutura civil em Gaza, incluindo, em 15 de maio de 2021, um prédio que abrigava os escritórios da *Associated Press* e da própria *Al Jazeera*. As empresas estadunidenses estavam lucrando diretamente com o ataque de Israel a Gaza e com a morte de civis palestinos. Os contribuintes dos Estados Unidos foram os compradores dessas munições, exportadas posteriormente para o Estado judeu.[32]

Ainda assim, muitos consideraram essa curta guerra como uma vitória do Hamas, já que ele resistiu a um ataque israelense extremamente sofisticado, que incluiu drones, um submarino não tripulado e mísseis de longo alcance com alta precisão. Embora ainda fosse evidente, a disparidade de capacidade militar entre os dois lados vinha diminuindo. Claro que o número de civis mortos ainda era desproporcionalmente maior do lado palestino, mas o armamento de Israel testado em batalha não foi capaz de produzir nada que se assemelhasse a uma vitória.[33]

Era pouco provável que isso afetasse negativamente as vendas de armas israelenses, contudo. "Testado em batalha em Gaza" era um selo de qualidade. O Canadá, sob o comando do primeiro-ministro Justin Trudeau, comprou drones Hermes 900 fabricados pela Elbit no valor de 28 milhões de dólares no final de 2020. Esse drone foi testado pela primeira vez durante a guerra de Gaza em 2014. O Canadá alegou que os drones seriam usados para fins de vigilância no Ártico, "para detectar derramamentos de óleo, pesquisar o gelo e os habitats marinhos". O equipamento ajudaria a "manter nossas águas limpas e seguras". A implan-

32 Seth Frantzman, "Innovations in the U.S.-Israeli security aliance", *Tablet*, 9 de jul. 2019.

33 Shir Hever, "Gaza war: Hamas reveals new capability as it reduces Israel's military edge", *Middle East Eye*, 30 maio 2021.

tação do Hermes pode ter tido fins pacíficos, mas um importante fabricante de armas israelense se beneficiou do acordo.[34]

A normalização do equipamento israelense seguiu a pleno vapor, recebendo mínima atenção da grande mídia, ainda que Thomas Woodley, presidente da organização Canadians for Justice and Peace in the Middle East [Canadenses por justiça e paz no Oriente Médio], tenha explicado o que estava em jogo. A venda de drones Hermes, alertou, "amplia os lucros de uma companhia israelense de armas que constrói drones para monitorar e atingir civis palestinos sob ocupação".[35]

Protestos mais fervorosos ocorreram na Grã-Bretanha, onde o governo conservador assinou um acordo com a Elbit em janeiro de 2021 para investir 134 milhões de dólares em equipamentos para auxiliar soldados na coleta imediata de informações sobre alvos no campo de batalha. Ativistas ocuparam e fecharam uma fábrica da Elbit em Oldham, na Grande Manchester. Os manifestantes constantemente atacaram a fábrica em 2020 e 2021, além de outras instalações da Elbit, incluindo sua sede em Londres, e pintaram o local de vermelho-sangue.

A fábrica da Ferranti Technologies em Oldham, de propriedade da Elbit, produzia peças para drones que eram usados na coleta de informações. Durante uma ação em fevereiro de 2021, um membro da Palestine Action [Ação palestina] escreveu que a Elbit era "culpada de violência extrema ao testar suas armas em crianças palestinas e depois exportá-las para outros regimes opressores em todo o mundo".[36] Três ativistas britânicos

34 Ali Abunimah, "Justin Trudeau buys drones 'tested' on Palestinians", *The Electronic Intifada*, 11 fev. 2021.

35 Umar A Farooq, "Pro-Palestinian groups urge Canada to cancel purchase of Israeli drone", *Middle East Eye*, 17 mar. 2021.

36 Comunicado de imprensa da Palestine Action, de 2 de fevereiro de 2021. A polícia do Reino Unido começou a usar drones Elbit Systems Hermes 900 de fabricação israelense em 2020, para fins de vigilância e rastreamento de manifestantes.

foram absolvidos em dezembro de 2021 depois que um juiz concluiu que suas ações contra a Elbit não constituíam uma ameaça à ordem pública. Após anos de pressão da Palestine Action, a fábrica de Oldham foi vendida pela Elbit em 2022, e a sede da empresa em Londres foi fechada no mesmo ano.

O CONSTANTE MONITORAMENTO POR DRONES israelenses sobre Gaza também impressionou o presidente Vladimir Putin. Moscou precisava de drones de vigilância confiáveis depois de ter perdido muitos aviões durante a guerra de 2008 contra a Geórgia na Ossétia do Sul. Tbilisi havia usado drones israelenses e, anos depois, Moscou decidiu seguir o exemplo. Depois de ver as operações israelenses em Gaza, a Rússia licenciou o Searcher II da Israel Aerospace Industries, rebatizado de Forpost por seus novos proprietários, que se tornou um recurso fundamental no apoio russo ao presidente sírio Bashar Al-Assad.[37] Israel treinou pilotos russos para operar os drones.

Rússia e Israel mantiveram um relacionamento próximo durante a guerra civil síria, apesar de a primeira apoiar Assad e o segundo se preocupar com a crescente presença dos aliados russos Irã e Hezbollah no país. Isso levou o primeiro-ministro Benjamin Netanyahu (e seu sucessor Naftali Bennett) a atacar rotineiramente, na Síria, posições militares iranianas e sírias para impedir o transporte de armas para o Hezbollah. Moscou, que mantinha uma linha direta com Tel Aviv, optou por fazer vista grossa à maioria desses ataques.[38]

37 Patrick Hilsman, "How Putin uses Israeli drones to bomb civilians in Syria", *Haaretz*, 9 maio 2021. Após a invasão da Ucrânia pela Rússia em 2022, Moscou não tinha uma capacidade significativa de drones e supostamente procurou ajuda do Irã.
38 Patrick Hilsman, "How Israeli-designed drones became Russia's eye in the sky for defending Bashar Al-Assad", *The Intercept*, 16 jul. 2019.

Para Israel, Assad era preferível a qualquer alternativa. Embora tenha dado ajuda humanitária aos refugiados internos sírios que escapavam do conflito em 2018, Tel Aviv armou e financiou desde 2013 os chamados grupos rebeldes no sul da Síria, muitos dos quais eram compostos por islamitas linha-dura. A intenção era impedir que grupos apoiados pelo Irã se aproximassem demais de suas fronteiras.

Logo após a intervenção de Putin na guerra civil síria, em 30 de setembro de 2015, o Forpost foi promovido na propaganda da mídia pró-russa como uma ferramenta eficaz nos céus sírios. O apoio de Moscou a Assad foi vital para sua vitória contra uma insurgência que se iniciou em 2011, durou uma década e reduziu praticamente o país inteiro a ruínas. A Rússia realizou mais de 39 mil ataques aéreos nos primeiros três anos de operações na Síria, atingindo tanto o Estado Islâmico quanto os chamados "rebeldes", contrários a Assad. Cerca de 23 mil civis sírios foram mortos pelas ações russas entre 2015 e 2019.[39] Infraestruturas humanitárias, como hospitais e balsas civis, foram atacadas, mas Moscou nunca admitiu ter matado sequer um civil.

Embora os drones licenciados por Israel não estivessem disparando nenhum míssil, foram eles que forneceram as informações de inteligência para os pilotos de caça russos que, de fato, dispararam mísseis. Mas tanto a Rússia quanto Israel escaparam da sanção internacional. Esses drones não mataram ninguém diretamente e, portanto, não foram classificados legalmente como armas. Ficou evidente uma brecha explorada por muitos Estados-nação: a tecnologia de vigilância avançava muito mais rápido do que a formulação e aplicação das leis. Nem a Rússia nem Israel jamais foram responsabilizados por sua estranha coalizão na Síria. Em setembro de 2021, a ONU estimou que mais de 350 mil sírios, entre civis e combatentes, haviam sido

39 "After six years of Russian airstrikes in Syria, still no accountability for civilian deaths", *Airwars*, 30 set. 2021.

mortos desde 2011. Mas ela própria admitiu que esse número era "subestimado".

CLIENTES PARA A EXPERIÊNCIA BÉLICA israelense não faltam. E o cerco a Gaza é um caso. Em parceria com as IDF, a empresa israelense Xtend desenvolveu drones que podiam ser controlados remotamente com tecnologia de realidade aumentada e virtual. Esses equipamentos lançavam redes de curta distância a seu redor, capazes de interceptar drones inimigos. Em 2020, as forças armadas dos Estados Unidos realizaram um programa-piloto para seus próprios fins e viram enorme potencial. "Reduzimos dois anos de treinamento a cinco minutos", disse o cofundador e CEO da Xtend, Aviv Shapira. "Os soldados chegam e, depois de dez minutos de treino, já estão derrubando balões na Faixa de Gaza."[40]

A empresa reconheceu que "as capacidades do sistema foram demonstradas em Israel, com interceptações confirmadas de dispositivos incendiários de organizações terroristas que sobrevoavam a fronteira de Gaza". De acordo com Shapira, o principal alvo foram drones kamikaze "burros", máquinas que não podem ser interceptadas por interferência de sinal, fazendo da captura física a única solução. Shapira comparou a tecnologia com o filme *Homem de Ferro*, já que ela dava aos usuários a sensação de estar dentro do próprio drone, "permitindo ao operador mergulhar ou 'entrar' em uma realidade remota para atacar alvos de forma eficaz e segura".[41]

40 Sagi Cohen, "Israel's army recruited 15 drone operators for a special mission. It turned into a multi-million dollar start-up", *Haaretz*, 19 nov. 2021.

41 Sagi Cohen, "U.S. military tests Israeli VR-controlled drone-intercepting drones", *Haaretz*, 8 set. 2020.

Em 2021, a Xtend estava em alta: assinou um contrato com o Pentágono para a venda de dezenas de drones especializados em áreas internas e urbanas. O Xtender, testado no Yuma Proving Ground no Arizona, uma das maiores instalações militares do mundo, foi projetado para infiltrar edifícios sem colocar em risco a vida de soldados. As forças especiais dos Estados Unidos usaram os drones da empresa na Síria e no Afeganistão. Alguns dos mais agressivos drones assassinos israelenses foram usados em zonas de guerra no exterior. Afeganistão, Alemanha, Canadá, Grã-Bretanha e Austrália recorreram a esses equipamentos para caçar militantes do Talibã e de outras organizações.

O número exato de pessoas mortas por drones estadunidenses (ou israelenses) desde 11 de setembro de 2001 é desconhecido. O primeiro ataque de drones dos Estados Unidos foi uma tentativa fracassada de matar o líder do Talibã, Mullah Omar, no Afeganistão, em 7 de outubro de 2001. Algumas estimativas colocam o número de indivíduos mortos pelo exército estadunidense e pela CIA entre 9 mil e 17 mil, o que inclui pelo menos 2,2 mil crianças. A organização de transparência Airwars, sediada no Reino Unido, divulgou um relatório no vigésimo aniversário do 11 de Setembro em que listou pelo menos 91.340 ataques perpetrados pelos Estados Unidos em sete grandes zonas de guerra. O saldo de civis mortos nesses vinte anos de ataques ficou entre 22.679 e 48.308.[42]

Questiona-se se os ataques de drones, lançados remotamente contra pessoas que não têm a menor ideia do que está por vir, são mesmo atos de guerra ou algo mais grotesco: a desumanização dos alvos, uma vez que não há contato humano real entre o agres-

42 Imogen Piper & Joe Dyke, "Tens of thousands of civilians likely killed by the U.S. in 'Forever Wars'", Airwars, 6 set. 2021; Spencer Ackerman & Laura Poitras, "On U.S. inteligence's Wiki, anxiety about legal challenges to drones", *Forever Wars*, 23 out. 2021.

sor e a vítima.[43] Alheios a isso, Washington e Tel Aviv comemoram essas mortes divulgando imagens de drones para a mídia.

Mas seria impreciso acreditar que os operadores de drones israelenses ignoram por completo o impacto de seu trabalho. Um operador do sexo masculino, que trabalhou durante a guerra de Gaza em 2014, disse ao jornal israelense *Haaretz*: "Seu corpo se sente cansado, a exaustão se acumula. Não há dia nem noite — e é assim que os terroristas trabalham. Em um nível pessoal, o estado de combate tem um impacto. Ele pesa sobre você, todas as mortes de ambos os lados".[44]

A FORÇA MOTRIZ POR TRÁS de vários dos mais famosos produtos de defesa de Israel é a Unidade 8200. Departamento de inteligência das IDF, ela é equivalente à Agência de Segurança Nacional (NSA) dos Estados Unidos e conta com uma equipe de elite de jovens recrutas com gosto por espionagem, invasão de computadores e vigilância. Seu principal objetivo é monitorar em massa os palestinos de Gaza e Cisjordânia, catalogando todas as suas informações pessoais e políticas. Mas eles também se dedicam a ouvir as comunicações de aliados e inimigos em todo o mundo. Isso é feito principalmente por meio de uma base instalada no kibutz de Urim, no deserto de Negev, onde linhas de antenas parabólicas sugam chamadas domésticas e internacionais, além de uma série de outras comunicações. Essa instalação alimenta a Unidade 8200 com informações, que são catalogadas junto com aquelas colhidas por seus postos de escuta secretos, instalados em suas embaixadas ao

43 Murtaza Hussain, "The psychological tolls and moral hazards of drone warfare", *The Intercept*, 25 out. 2021.
44 Sagi Cohen, "Israel's army recruited 15 drone operators for a special mission. It turned into a multi-million dollar start-up", *Haaretz*, 19 nov, 2021.

redor do mundo. Urim é uma das maiores estações de inteligência de sinais do mundo.[45]

Edward Snowden, um ex-analista da NSA que se notabilizou por revelar a espionagem promovida pelos Estados Unidos ao redor do mundo, se disse chocado com a extensão do compartilhamento de informações entre os Estados Unidos e Israel, que incluía tanto o conteúdo quanto os metadados de conversas privadas brutas. Os detalhes normalmente eram "minimizados", o que significa a remoção dos dados de identificação pessoal. Mas a NSA compartilhava imensas quantidades de e-mails e telefonemas de estadunidenses árabes e palestinos, cujos parentes na Palestina poderiam se tornar alvos devido às informações coletadas. "Acho isso inacreditável", disse Snowden. "É um dos maiores abusos que já vimos."[46]

Os documentos revelados por Snowden mostram como os israelenses receberam grandes volumes de inteligência e compartilhamento de dados dos Estados Unidos, do Canadá e do Reino Unido, muitos dos quais são usados para combater o que eles chamam de "terrorismo palestino". Apesar da cooperação, Londres e Washington também veem o Estado judeu como uma ameaça à estabilidade regional devido a sua beligerância frente ao Irã e suas atividades no Oriente Médio. De acordo com o National Intelligence Estimate,[47] Israel é "o terceiro serviço de inteligência mais agressivo contra os Estados Unidos".[48]

45 Nicky Hager, "Israel's omniscient ears", *Le Monde Diplomatique*, set. 2010. Uma base compartilhada da NSA/Unidade 8200 também está localizada em Ora, a sudoeste de Jerusalém; Richard Silverstein, "New IDF Unit 8200 secret spy base identified in Ora", *Tikun Olam*, 13 jun. 2018.
46 James Bamford, "Edward Snowden: the most wanted man in the world", *Wired*, 22 ago. 2014.
47 Estimativa de Inteligência Nacional, uma projeção sobre o cenário global de inteligência emitida pelo Conselho de Inteligência Nacional dos Estados Unidos. [N.T.]
48 Glenn Greenwald, "Cash, weapons and surveillance: the U.S. is a key party to every Israeli attack", *The Intercept*, 4 ago. 2014.

Preocupa os Estados Unidos o fato de nações como Israel — que foi incluída em uma Lista de Missões Estratégicas da NSA de 2007 ao lado de Rússia, China, Venezuela, Irã, Paquistão, França, Coreia do Sul, Cuba e Coreia do Norte — conduzirem operações de espionagem e coleta de informações "contra o governo, as Forças Armadas, a ciência, a tecnologia e a comunidade de inteligência dos Estados Unidos".[49] A mesma estimativa prevê que aumente na década de 2020 não só essa preocupação com armas cibernéticas israelenses (como as desenvolvidas pelo NSO Group com apoio governamental), mas sua utilização contra ativos e aliados dos Estados Unidos ao redor do mundo.

Mas os grandes trunfos da Unidade 8200 para um Estado que se considera sitiado são o tempo e o espaço que ela oferece aos recrutas para desenvolver as armas cibernéticas mais sofisticadas, acompanhados da ausência de moralidade em seu uso. Essas armas são empregadas por Israel mesmo — como no caso do vírus de computador Stuxnet, descoberto em 2010, desenvolvido por Israel e Estados Unidos para danificar o programa nuclear iraniano — ou levadas posteriormente para o setor privado. Esses projetos podem ser lucrativos e possibilitam aos israelenses viver o mito da "nação startup", que desenvolve novas ferramentas de espionagem e as vende como inovação. Muitas cidades ao redor do mundo sofrem o impacto negativo de produtos projetados por veteranos da Unidade 8200, que trabalham em diferentes empresas israelenses proeminentes e herméticas, incluindo o NSO Group, a empresa de vigilância cibernética mais bem-sucedida do planeta. Raríssimos são os cidadãos árabes servindo na unidade, que conta com uma equipe de cerca de dez mil pessoas.[50] A Unidade 8200

49 Glenn Greenwald, *op. cit.*
50 Apenas 1,2% dos funcionários árabes trabalhou em alta tecnologia em 2019, em comparação com 10,7% dos judeus israelenses, de acordo com um estudo do Banco de Israel divulgado em 2021.

está crescendo em tamanho e se envolvendo cada vez mais em ataques cibernéticos ofensivos contra supostos inimigos.

Trabalhar para a Unidade 8200 é quase garantia de um futuro próspero. Os veteranos ganham 20% a mais do que a média do setor, e 80% deles recebem ofertas de emprego três meses ou mais antes de deixarem seus cargos, de acordo com a GotFriends Ltd. O setor cibernético cresceu muito no século XXI e o salário médio de um funcionário de segurança cibernética aumentou 37,5% entre 2009 e 2016, de acordo com a empresa de gestão de recursos humanos Ethosia-Human Resources, sediada em Israel.[51]

Alguns são recrutados por empresas estrangeiras e recebem muito mais do que poderiam imaginar. Em um dos casos mais infames, veteranos foram contratados pela DarkMatter, uma empresa dos Emirados Árabes Unidos especializada em espionagem e hackeamento. O governo dos Emirados Árabes Unidos também usou seus serviços contra inimigos conhecidos, como ativistas de direitos humanos e jornalistas. A DarkMatter pagou um milhão de dólares aos funcionários israelenses, alguns do NSO Group, além de bônus pomposos e casas de alto padrão no Chipre.

O jornal israelense *Haaretz* perguntou, em 2019, se os graduados da Unidade 8200 deveriam usar "o conhecimento e as habilidades adquiridas enquanto estavam na ativa para prestar serviços a uma empresa de cibernética árabe umbilicalmente conectada a um regime ditatorial que não mantém relações diplomáticas com Israel".[52] Mas, em 2020, os Emirados Árabes Unidos estabeleceram relações plenas com Israel sob a batuta do então presidente Donald Trump. Em 2021, Abu Dhabi declarou que esperava desenvolver um comércio bilateral de até um trilhão de dólares com Israel na próxima década.

51 Adi Pink, "Veterans of Unit 8200 are feeling like a million bucks (a year)", *Calcalist*, 2 nov. 2018.

52 Donna Rachel Edmunds, "Ex-IDF intelligence soldiers may be aiding Israel's enemies: journalist", *Jerusalem Post*, 26 dez. 2019.

Ariel Parnes passou mais de vinte anos trabalhando para diversos setores da Unidade 8200, incluindo os departamentos de inteligência e guerra cibernética. Em seguida, ele se tornou cofundador da Mitiga, uma empresa destinada a combater ataques cibernéticos na nuvem, e disse em uma entrevista que a força de seu antigo empregador estatal era o fluxo anual de jovens recrutas, cheios de ideias novas. Não houve menção ao trabalho que a unidade realizava nos territórios palestinos ocupados. Em vez disso, ele se concentrou em sua abordagem "disruptiva" no setor de tecnologia da informação.[53]

Nunca foi tão sedutor para tantos Estados aprender intensamente as melhores técnicas para monitorar populações quanto nessa nossa era de vigilância em massa. Mas, antes de tudo, a prioridade de Tel Aviv é controlar a população sob ocupação na Palestina. A empresa israelense Mer Security, cujo CEO Nir Lempert é um veterano da Unidade 8200, é uma operação global com 1,2 mil funcionários que atuam em mais de quarenta países. Em 1999, ela ganhou um contrato para estabelecer o "Mabat 2000", um sistema de centenas de câmeras na Cidade Velha de Jerusalém que vigia os palestinos sob ocupação. Haim Mer, presidente do conselho da empresa e outro veterano da Unidade 8200, disse que "a polícia precisava de um sistema controlado pelo 'Grande Irmão' e que permitisse uma visão panorâmica dos acontecimentos na área da Cidade Velha".[54] O presidente da empresa, Chaim Mer, admitiu que o sucesso global do sistema se deveu principalmente à polícia israelense, que possibilitou aos potenciais clientes vê-lo em ação.

A experiência na Unidade 8200 contribuiu para que a Mer Security criasse a ferramenta Oscar (Open Source Collection

53 Seth Adler, "Inside the elite Israeli mil tary Unit 8200", *Cyber Security Hub*, 11 jun. 2020.

54 Alex Kane, "How Israel became a hub for surveillance technology", *The Intercept*, 18 out. 2016.

Analysis and Response), que rastreava contas de redes sociais e a internet em geral à procura de conexões de código aberto. Inúmeras outras empresas trabalharam em aplicativos semelhantes, mas as israelenses têm uma vantagem competitiva, já que podem apontar as operações na Palestina como prova de sucesso. A Organização Árabe para os Direitos Humanos, sediada no Reino Unido, divulgou um relatório em 2013 que enfocava a Mer Security e detalhava como o sistema de vigilância da Cidade Velha afetou negativamente a vida dos residentes palestinos em seus locais de moradia, compras e culto.

Isso não foi impeditivo para as Nações Unidas, que, em 2020, licitaram a Mer Security, a Elbit e a Israel Aerospace Industries para fornecer segurança às bases da ONU no Mali. Entre os serviços contratados, estavam a instalação de câmeras de circuito fechado de televisão, drones e sistemas de detecção de ameaças. À época, as Nações Unidas sofriam forte pressão das empresas israelenses pela contratação de serviços semelhantes nas quarenta bases de manutenção da paz ao redor do mundo.[55] Em fevereiro de 2020, o órgão multilateral havia divulgado um relatório sobre as empresas ligadas a assentamentos judaicos ilegais na Cisjordânia: 94 eram sediadas em Israel e 18 em seis outras nações. A ONU até pediu que as empresas parassem de operar em territórios ocupados, mas não teve problemas em fazer parcerias com esses mesmos atores para proteger suas bases na África.

Um comandante ativo da Unidade 8200, o general-brigadeiro Y. S., lançou um livro em inglês na Amazon em 2021, *The Human Machine Team* [A equipe homem-máquina]. A publicação é singular, por ser um dos poucos relatos de oficiais sêniores da ativa dando insights sobre o trabalho em uma unidade que prosperava no sigilo. Ali, ele destrincha sua visão de um futuro no qual seres humanos e máquinas trabalhariam em perfeita

55 "Africa gives Israeli firms IAI, Elbit and Mer a backdoor into the worldwide UN base security market", *Africa Intelligence*, 9 nov. 2020.

harmonia para resolver "ameaças e desafios à segurança nacional, conduzir à vitória na guerra e servir como um motor de crescimento para a humanidade". O general-brigadeiro escreve que Israel aperfeiçoou a arte de detectar rapidamente anomalias em grandes quantidades de dados, como a geolocalização do celular de um "lobo solitário" em um possível local de ataque.[56] Seu texto dá a entender que os métodos israelenses não miravam um número expressivo de palestinos sem qualquer ligação com o terrorismo, mas muitos relatos evidenciam que todos os palestinos são monitorados, independentemente de idade, localização ou intenção.

Durante muito tempo, quase não se ouviu falar em dissidência dentro da Unidade 8200. Em 2014, porém, uma carta aberta escrita por veteranos mudou esse cenário. Endereçada ao primeiro-ministro Benjamin Netanyahu e a seu então chefe de gabinete, Benny Gantz, a carta explicava os motivos dos 43 militares da reserva que firmaram o documento para se recusar a servir nos territórios ocupados. Entre outras coisas, o texto dizia:

> Vivendo sob regime militar, a população palestina está completamente exposta à espionagem e à vigilância da inteligência israelense. Embora haja limitações severas na vigilância dos cidadãos israelenses, os palestinos não têm qualquer proteção. Não há distinção entre palestinos que estejam ou não envolvidos em violência. As informações que são coletadas e armazenadas prejudicam pessoas inocentes. Elas são usadas para a perseguição política e para criar divisões dentro da sociedade palestina, recrutando colaboradores e colocando partes da sociedade palestina contra si mesma.

O sargento Nadav, um dos signatários, disse ao *Guardian* que havia entrado na Unidade 8200 com a crença equivocada de

56 Amos Harel, "Top Israeli intel officer goes where no one's gone before. And you can find it on Amazon", *Haaretz*, 1º out. 2021.

estar protegendo a população judaico-israelense do terrorismo. Na realidade, "a coleta de informações sobre os palestinos não é limpa nesse sentido. Quando você domina uma população [...] ela não tem direitos políticos, leis, como nós temos. A natureza desse regime de governar pessoas, especialmente quando ele perdura por muitos anos, te força a assumir o controle e a se infiltrar em todos os aspectos da vida delas".[57] Nadav diz também:

> Qualquer palestino pode ser alvo de sanções, como a negação de permissões de circulação, assédio, extorsão ou até mesmo agressões físicas diretas. Esses casos podem ocorrer se o indivíduo despertar o interesse do sistema por qualquer motivo, seja por relações indiretas com indivíduos hostis, proximidade física com alvos de inteligência ou conexões com tópicos que interessem ao 8200 enquanto unidade tecnológica. Qualquer informação que possa permitir a extorsão de um indivíduo é considerada informação relevante. Se um indivíduo qualquer tem determinada orientação sexual, está traindo sua esposa ou precisa de tratamento médico em Israel ou na Cisjordânia, ele é um alvo de chantagem.[58]

Um veterano anônimo da Unidade 8200 declarou, em 2021, que o trabalho que ele costumava exercer estava longe da imagem de vanguarda cultivada por Israel. Na prática, lamentou, a missão era chantagear palestinos homossexuais, ameaçar aqueles com problemas de saúde ou cortar atendimento médico essencial de quem não obedecesse.[59] O sistema de controle é total porque qualquer característica de um palestino, mesmo que benigna ou privada, é aproveitada para cobrar um preço do povo sob

57 Peter Beaumont, "Israel's Unit 8200 refuseniks: 'You can't run from responsibility'", *The Guardian*, 12 set. 2014.
58 "Any Palestinian is exposed to monitoring by the Israeli Big Brother", *The Guardian*, 13 set. 2014.
59 Amos Barshad, "Inside Israel's lucrative — and secretive — cyber--surveillance industry", *Rest of World*, 9 mar. 2021.

ocupação. Todo palestino é definido como uma ameaça, e os ativistas da sociedade civil são indiscutivelmente vistos por Israel como os mais ameaçadores, pois são capazes de, potencialmente, mobilizar apoio internacional contra a ocupação.

Outro informante da Unidade 8200 contou que todas as conversas telefônicas na Cisjordânia e em Gaza podiam ser ouvidas pela vigilância israelense. Ele disse ao *Middle East Eye* em 2021 que nada estava fora dos limites: os soldados israelenses invadiam a vida pública e privada dos palestinos e riam quando ouviam pessoas falando sobre sexo. "Conseguimos encontrar gays que possam ser pressionados a denunciar seus parentes ou um homem que esteja traindo sua esposa, por exemplo", disse. "Uma pessoa que deve dinheiro a alguém, por exemplo, pode ser contatada e receber uma oferta financeira para pagar a dívida em troca de colaboração."[60]

No livro *Levante-se e mate primeiro: a história do serviço secreto e dos assassinatos seletivos de Israel*, de 2018, o repórter israelense Ronen Bergman entrevista "Amir", um veterano da Unidade 8200 que, em 2003, recusou-se a cumprir uma ordem flagrantemente ilegal, após um terrível atentado suicida palestino que matou 23 pessoas em Tel Aviv. Amir impediu com sucesso o bombardeio de um prédio de escritórios palestino em Gaza, sem nenhuma ligação com o terrorismo. Um colega não entendia sua hesitação. "Por que parece explicitamente ilegal para você?", perguntou o outro militar. "Eles são todos árabes. São todos terroristas." Bergman é direto sobre o verdadeiro papel da Unidade 8200: "O papel extraoficial deles é decidir quem Israel matará".[61]

60 Lubna Masarwa, "Israel can monitor every phone call in West Bank and Gaza, says intelligence source", *Middle East Eye*, 15 nov. 2021.
61 Ronen Bergman, *Rise and Kill First: The Secret History of Israel's Targeted Assassinations*. Londres: John Murray, 2019, p. 519-37. [Ed. bras.: *Levante-se e mate primeiro: a história do serviço secreto e dos*

Essa perspectiva representava um oceano de distância da forma como a maior parte da grande mídia exaltava a Unidade 8200 e suas façanhas. Em 2016, uma reportagem da *Forbes* mencionou os palestinos apenas *en passant*, já que a pauta mesmo era comemorar o grande número de estudantes recém-formados que fundaram as próprias start-ups (na época, eram mais de mil, segundo a revista). O artigo destacava as empresas inauguradas por veteranos da inteligência e a inovação necessária para desenvolvê-las — mas ignorava por completo as questões morais e éticas em torno de quem estava sendo monitorado pela Unidade 8200 e por quê.[62] Um artigo publicado pelo *Financial Times* em 2015 teve ao menos a dignidade de mencionar os dissidentes da Unidade 8200 e sua carta pública, além de lembrar que as ferramentas cibernéticas produzidas pelos estudantes eram vendidas a Estados repressivos.[63]

DANIEL É UM VETERANO DA Unidade 8200, que esconde o sobrenome devido à sensibilidade de suas ações anteriores. Ele foi um dos 43 soldados que assinaram a carta de 2014 detalhando as ações da unidade secreta de inteligência de Israel. "Não sou um delator", ele me disse, "porque os delatores revelam novas informações. Não foi bem o que fizemos; o que divulgamos foi examinado e aprovado pelo exército."

Daniel nasceu em 1985 e cresceu em Tel Aviv, com pais de origem argentina que se mudaram para Israel. Seus avós maternos eram sobreviventes do Holocausto e seu pai foi forçado a

...

assassinatos seletivos de Israel. Trad. Alessandra Bonrruquer. Rio de Janeiro: Record, 2020.]

62 Richard Behar, "Inside Israel's secret start-up machine", *Forbes*, 30 maio 2016; Asa Winstanley, "U.K. Labour Party hires former Israeli spy", *The Electronic Intifada*, 19 jan. 2021.

63 John Reed, "Unit 8200: Israel's cyber spy agency", *Financial Times*, 10 jul. 2015.

fugir da Argentina em 1977, chegando a Israel como refugiado, durante o regime do ditador Jorge Rafael Videla, que Tel Aviv apoiava. A infância de Daniel foi dominada pela onda de atentados suicidas palestinos que abalou Israel. Ele raramente pegava ônibus e passava pouco tempo fora de casa. "Cresci em um lar sem muitas opiniões", disse. "Meus pais estavam mais ansiosos para se encaixar no novo país e se sentiam pouco qualificados para ter uma opinião."

Quando entrou para as IDF, ele era "muito ignorante" sobre o conflito com os palestinos. "Eu achava que era um conflito de dois lados, como um conflito entre dois países. Eu acreditava que os palestinos nunca perdiam a oportunidade de perder uma oportunidade."[64] Especialista em matemática e ciência da computação, ele foi rapidamente recrutado para a Unidade 8200. Até hoje, ele não pode revelar pormenores do que fazia, mas trabalhava contra "inimigos", como os palestinos, o Irã, o Hamas, o Hezbollah e outros na região. "Eu estava imerso naquela atmosfera e orgulhoso de estar ali", disse. "Sentia que fazíamos coisas importantes para a defesa de Israel."

Foi só depois de deixar a Unidade 8200 que as dúvidas e os questionamentos de Daniel aumentaram. Ele afirma ter sido convencido a tomar posição após os protestos em massa em todo o país em 2011, que pressionaram pela redução dos custos de vida. Embora o foco dos protestos não fosse a ocupação, a mobilização o levou a reconsiderar seu papel militar. Daniel foi tomado de um "ardente senso de responsabilidade. Eu fiz algo mau. Não acho que me redimi por assinar a carta, mas foi uma tentativa". Naquela época, ele sabia que a ocupação não era uma questão de

64 Alusão a um comentário de Abba Eban (1915-2002), que, quando ministro das Relações Exteriores de Israel, após as tentativas de paz entre Palestina e Israel na Conferência de Genebra de 1973, disse: "Os árabes nunca perdem uma oportunidade de perder uma oportunidade". [N.E.]

"autodefesa". "A carta [de 2014] foi uma oposição moral à ocupação. Estamos governando uma população civil que não tem direitos, é uma ditadura militar. Marcamos uma posição contra isso".

Hoje, Daniel trabalha com tecnologia da informação em Londres e ainda critica Israel, mas usa termos comedidos, na esperança de que o Estado judeu melhore. Em 2014, "queríamos falar com os judeus israelenses, mas não fazer nada para prejudicar a defesa e a segurança de Israel. Nós nos considerávamos semelhantes a grupos e indivíduos que declararam publicamente sua recusa a servir nas IDF".

A PANDEMIA DE COVID-19 FOI a oportunidade perfeita para as empresas de vigilância israelenses atraírem novos negócios: impedir a propagação da doença exigia um rastreamento eficaz de contatos, e as empresas israelenses conseguiram se vender como as melhores do mundo no ramo. Em abril de 2020, apenas alguns meses depois que a doença começou a causar estragos em todo o mundo, o gigante israelense de spyware NSO Group estava se promovendo como o salvador para a mídia internacional. Isso foi um mês depois de o ministro da Defesa de Israel, Naftali Bennett, anunciar que o governo estava fazendo uma parceria com o NSO para combater a pandemia. Os membros da Unidade 8200 também ajudaram. Em uma exibição do software Fleming para a *BBC*, o NSO mostrou que o sistema alegava prever onde as próximas infecções poderiam ocorrer, quando ventiladores poderiam ser necessários em determinadas áreas e quando as regiões poderiam sair do confinamento.[65]

O NSO Group alegou que a privacidade dos indivíduos, incluindo os dados usados, estava protegida, mas a organização investigativa Forensic Architecture, com sede em Londres,

65 Rory Cellan-Jones, "Coronavirus: Israeli spyware firm pitches to be Covid-19 saviour", *BBC News*, 2 abr. 2020.

fundada pelo arquiteto israelense Eyal Weizman, relatou no final de 2020 que havia evidências de que os dados pessoais usados nos testes do Barein, dos Emirados Árabes Unidos, da Arábia Saudita, de Israel e de Ruanda eram identificáveis. A maioria desses países havia comprado e usado a ferramenta de spyware do NSO, o Pegasus.[66]

Pelo menos oito empresas de vigilância israelenses de alto nível alegaram que sua tecnologia de espionagem poderia beneficiar os Estados que lutam contra uma pandemia. A Cellebrite, que vende ferramentas de hackeamento de celulares para governos e forças policiais de todo o mundo, ofereceu seus serviços, assim como o Rayzone Group, a Cobwebs Technologies e a Patternz. Nenhum país admitiu ter comprado tecnologia de vigilância israelense, mas há indícios que apontam para vários compradores na Europa, Ásia e América Latina.

O comentário mais honesto sobre o verdadeiro objetivo dessas companhias veio do ex-oficial de inteligência israelense Tal Dilian, residente no Chipre e chefe da Intellexa, uma empresa de vigilância cibernética, cujos clientes são agências de inteligência na Europa e no Sudeste Asiático. Depois de dizer à *Reuters* que seu equipamento para rastrear a covid custou entre 9 milhões e 16 milhões de dólares, ele reconheceu que lidar com a pandemia era apenas o pontapé inicial das utilidades de seus equipamentos, revelando que as ferramentas de vigilância da Intellexa poderiam combater a espionagem e ajudar na segurança. "Queremos capacitá-los a se atualizarem", disse. O spyware da Intellexa foi encontrado nas mãos de uma notória milícia sudanesa e em muitos outros Estados repressivos.[67]

66 "NSO Group's breach of private data with 'Fleming': a Covid-19 contact-tracing software", Forensic Architecture, 30 dez. 2020.
67 Joel Schectman, Christopher Bing & Jack Stubbs, "Special report: cyber-intel firms pitch governments on spy tools to trace coronavírus", *Reuters*, 29 abr. 2020. A ampla exposição pública da empresa israelense de hackeamento cibernético NSO Group fez com que os

A resposta de Israel à covid-19 não teve precedentes no mundo ocidental. O país usou seu serviço de segurança interna, o Shin Bet, para rastrear e monitorar possíveis casos de covid (embora já viesse coletando secretamente todos os metadados de telefones celulares pelo menos desde 2002)[68] e acompanhar as postagens nas mídias sociais em busca de qualquer evidência de aglomerações. Houve um clamor na mídia israelense e em parte da classe política, ambas irritadas com o fato de um sistema criado para oprimir os palestinos na Cisjordânia e em Jerusalém Oriental ser direcionado a judeus israelenses. Não que algum deles tenha dito isso abertamente, mas a implicação era clara: façam o que bem entenderem para monitorar os palestinos com o Shin Bet, infernizem a vida deles, mas não usem isso contra nós.[69] Também houve silêncio sobre a exportação de ferramentas de vigilância de Israel para governos no mundo todo. Muitos críticos israelenses não tiveram capacidade ou disposição de fazer a conexão entre a resposta da nação à covid-19 e o fato de que as empresas que se encarregaram da exportação de tecnologia tinham anos de experiência na venda dessas ferramentas, tanto para ditaduras quanto para democracias.

Quando a Associação pelos Direitos Civis em Israel levou a questão à Suprema Corte, o Ministério da Saúde alegou que o

...

concorrentes vissem uma oportunidade de conquistar mercado. A Intellexa prosperou porque não é regulamentada por nenhum Estado-nação e, portanto, pode vender suas armas cibernéticas para uma série de atores, como Sri Lanka, Arábia Saudita e Omã. Omer Benjakob, "As Israel reins in its cyberarms industry, a former intel officer is building an empire", *Haaretz*, 20 set. 2022; Crofton Black, Tasos Telloglou, Eliza Triantafillou & Omer Benjakob, "Flight of the Predator: Jet Linked to Israeli Spyware Tycoon Brings Surveillance Tech from E.U. to Notorious Sudanese Militia", *Haaretz*, 30 nov. 2022.

68 David Halbfinger, Isabel Kershner & Ronen Bergman, "To track coronavirus, Israel moves to tap secret trove of cellphone data", *The New York Times*, 16 mar. 2020.

69 Eitay Mack & Seventh Eye, "For Israeli press, surveillance is only a problem with targeting Jewish citizens", *+972 Magazine*, 19 jun. 2020.

Shin Bet respeitava mais a privacidade do que qualquer empresa privada, incluindo o NSO Group, que foi contratado para gerenciar os dados. Essa ironia não passou despercebida pelos palestinos, que vivem sob um regime opressivo de monitoramento, tortura, perseguição e prisão todos os dias nos territórios ocupados.[70] Grupos israelenses de direitos humanos desafiaram insistentemente as operações do Shin Bet durante a pandemia, mas os poderes da instituição raras vezes foram reduzidos. Em grande medida, o Shin Bet está acima da lei. "Milhões de israelenses estão agora sujeitos ao mesmo monitoramento no estilo do Shin Bet, antes reservado principalmente para suspeitos de terrorismo", reclamou o *Haaretz* em abril de 2020, ignorando o fato de que incontáveis palestinos sob a vigilância do Shin Bet não tinham qualquer relação com o terrorismo.[71]

Não demorou muito para que o rastreamento por GPS usado pelo Shin Bet para combater a covid se voltasse contra os palestinos. Inúmeros palestinos em Jerusalém Oriental receberam a seguinte mensagem de texto da inteligência israelense em maio de 2021: "Você foi identificado em atos violentos na mesquita de Al-Aqsa. Nós o acusaremos. Vamos acertar as contas".[72] O Shin Bet admitiu em 2022 que vários destinatários da mensagem eram árabes sem nenhuma ligação com a violência.[73]

Talvez o único aspecto positivo da covid em Israel tenha sido o despertar de alguns judeus israelenses para o estado opressivo do monitoramento do Shin Bet, geralmente reservado aos

70 Amira Hass, "Cyberbullying: the Shin Bet's new pastime in Palestine", *Haaretz*, 26 nov. 2021.

71 Refaella Goichman, "Shin Bet tracking, police check-ups: pandemic spurs rise in Israel's big coronavirus brother", *Haaretz*, 9 abr. 2020.

72 "Who Profits", 12 maio 2021. Disponível em: X: @who_profits, 12 maio 2021.

73 Nir Hasson, "'We'll settle the score': Shin Bet admits misusing tracking system to threaten Israeli Arabs, Palestinians", *Haaretz*, 3 fev. 2022.

palestinos. Em 2021, Dan Davies dirigiu um filme em inglês para a *Al Jazeera*, *Under the Cover of Covid* [Sob o disfarce da covid], que versava sobre as ameaças à liberdade de expressão e à liberdade em geral durante a pandemia. Durante a produção, da qual participei, entrevistamos Or Biron, uma judia residente em Tel Aviv que protestava regularmente contra o premiê Benjamin Netanyahu. Durante um dos lockdowns, ela se reuniu com outros ativistas e, alguns dias depois, recebeu uma mensagem de texto do governo informando que ela havia estado perto de alguém com covid e precisava se isolar imediatamente.

"Senti muita raiva", disse Biron. "Tive a sensação de que isso aconteceu [receber ordens para se isolar] por estarmos lá [protestando], por causa desse evento." É impossível afirmar categoricamente que o Shin Bet estava tentando interromper o protesto contra o governo, mas o mesmo aconteceu com vários outros ativistas. Como o Shin Bet trabalhava para impedir qualquer oposição ao governo e também tinha a tarefa de proteger os cidadãos da covid, a organização recebeu poderes sem precedentes para controlar a população e agir na mais completa obscuridade.

Para Or Biron, os cidadãos têm de combater a interferência do Shin Bet em "todas as áreas, não importa se a vítima é cidadã israelense ou vive nos territórios ocupados. É uma ladeira escorregadia que leva à violação dos direitos humanos". Desde o início da pandemia, Israel usou seu arsenal de recursos de vigilância e contratou empresas privadas para fornecer serviços adicionais de controle. Os palestinos da Cisjordânia que residiam em Israel e queriam saber se suas autorizações de trabalho ainda eram válidas foram orientados a baixar um aplicativo que permitia às IDF rastrear sua localização.

Empresas de vigilância de todo o mundo expressaram entusiasmo com a perspectiva de seus serviços serem usados durante a pandemia — e as israelenses eram as primeiras da fila. A Carbyne, fundada por ex-membros do serviço secreto israelense, foi propagandeada como um serviço de chamadas de emergência de última geração que solicitava acesso à câmera e à geolocalização do celular do usuário, como formas de garantir a qualidade do atendimento. As ameaças à privacidade eram óbvias, mas quase não foram mencionadas na maior parte da mídia positiva em torno do produto.[74] A empresa foi apoiada pelo ex-primeiro-ministro israelense Ehud Barak, pelo investidor bilionário Peter Thiel e por um modesto investimento do pedófilo e já falecido Jeffrey Epstein.

A empresa israelense Supercom era especialista em tornozeleiras eletrônicas e vendeu seu produto para acompanhar prisioneiros que saíam da cadeia nos Estados Unidos. Ela viu o interesse no equipamento aumentar durante a covid-19, com sua publicidade mencionando explicitamente que a mesma tecnologia usada em indivíduos presos ou condenados poderia ser empregada para detectar a covid-19 na população em geral.[75] A Finlândia adotou o sistema em 2021 ao comprar "tecnologia de monitoramento biométrico de infratores", uma maneira elegante de dizer rastreamento por GPS. Em 2021, a Supercom vendeu trinta mil pulseiras eletrônicas que ajudaram Israel a impor restrições de quarentena.

Assim, décadas de ocupação prepararam Israel para o desafio da covid-19. As empresas de defesa reaproveitaram seus sistemas para ajudar o Estado judeu a enfrentar a pandemia. O Ministério da Defesa de Israel publicou um documento que listava todas as principais empresas de defesa israelenses, incluindo a Elbit e o NSO Group, e as promovia a outros Estados como fornecedoras das soluções ideais "para atender às diversas necessi-

74 Deniz Cam & Thomas Brewster, "To fight coronavirus, this city is asking 911 callers to agree to self-surveillance", *Forbes*, 17 mar. 2020.
75 Sam Biddle, "Coronavirus monitoring bracelets flood the market, ready to snitch on people who don't distance", *The Intercept*, 25 maio 2020.

dades das autoridades em tempos de emergência". Em maio de 2020, Israel admitiu que pretendia expandir suas exportações de defesa especificamente para rastrear civis. Com exceção do Irã, da Síria e do Líbano, todos os países do planeta foram considerados possíveis compradores.[76]

À pouco inquisitiva mídia israelense, a Elbit e a Rafael Advanced Defense Systems falaram com entusiasmo de seus serviços na luta contra a pandemia de covid, que incluíram a readequação de sistemas de comando e de controle e câmeras térmicas para mísseis. Israel converteu uma linha de produção de mísseis para fazer ventiladores, e o Mossad foi encarregado de captar equipamentos médicos essenciais ao redor do mundo.[77] Uma matéria do *Haaretz* de abril de 2020 citou o doutor Oren Caspi, chefe do programa avançado de insuficiência cardíaca do Centro Médico Rambam em Haifa, que disse: "Somos muito bons em ciências e tecnologia bélicas, e esta é uma guerra. Precisamos pegar as tecnologias usadas em conflitos e implementá-las no campo de batalha da medicina".[78] Em nenhum momento da reportagem, os alvos costumeiros dessas tecnologias — os palestinos — foram lembrados.

O *New York Times* não foi muito melhor, com um artigo de maio de 2020 intitulado "Israeli Army's idea lab aims at a new target: Saving lives" [O laboratório de ideias do exército israelense tem um novo alvo: salvar vidas].[79] O texto era pouco mais do que uma lista de supostos avanços israelenses no com-

76 Yaniv Kubovich, "Israel eyes expanding export of surveillance systems in shadow of coronavírus", *Haaretz*, 13 maio 2020.
77 Ronen Bergman, "Israel's not-so-secret weapon in coronavirus fight: the spies of Mossad", *The New York Times*, 12 abr. 2020; Yossi Melman, "The Mossad is flaunting too much during the coronavirus crisis", *Haaretz*, 19 abr. 2020.
78 Noa Shpigel, "Missiles out, ventilators in: Israeli defence contractors answer the coronavirus call", *Haaretz*, 15 abr. 2020.
79 David Halbfinger, "Israeli Army's idea lab aims at a new target: Saving lives", *The New York Times*, 7 maio 2020.

bate à covid-19. Os palestinos eram invisíveis. O artigo continha as palavras desgastadas de sempre, como "criatividade" e "energia", que se lê em qualquer artigo que tente vender Israel como uma "nação startup". Entretanto, não havia nada sobre para onde grande parte dessa "criatividade" de defesa é normalmente direcionada.

A ocupação da Palestina inevitavelmente se voltou contra seus entusiastas, e suas técnicas foram usadas contra a população judaica, sob o pretexto de controlar a pandemia. A comunidade carente ultraortodoxa de Bnei Brak, a seis quilômetros de Tel Aviv, com uma população de 210 mil pessoas, foi a cobaia de uma operação que normalmente era dirigida apenas contra os palestinos na Cisjordânia. A covid estava saindo do controle e muitos moradores, sem acesso às formas modernas de mídia e amontoados em pequenos apartamentos, não sabiam quais orientações de saúde pública seguir.[80] Inicialmente, alguns líderes mais velhos ignoraram todas as restrições e continuaram se aglomerando para orar e congregar.

Em abril de 2020, Bnei Brak foi isolada e apenas raras permissões de entrada ou saída foram concedidas. A empresa de tecnologia israelense Octopus Services foi contratada para fornecer sistemas de comando e controle, drones, quinhentas câmeras e balões de observação para auxiliar na missão.[81] A Octopus também trabalha com o Ministério da Defesa, com as agências de inteligência e com várias outras empresas de Israel.

Em uma tentativa fracassada de convencer a Suprema Corte a revogar as medidas extremas, quatro residentes da cidade obtiveram dos juízes uma resposta reveladora, que adotava a mesma lógica usada pelo tribunal para justificar e apoiar medidas repres-

80 David Halbfinger, "Ultra-Orthodox enclave in Israel opens to outsiders to fight a vírus", *The New York Times*, 15 abr. 2020.
81 Damien Radcliffe, "Here's how Israeli tech companies are helping tackle Covid-19", *ZDNet*, 22 set. 2020.

sivas contra os palestinos: os juízes disseram que, durante um período de emergência em uma nação democrática, quando o distanciamento social e o monitoramento do Shin Bet se tornaram regra, "tudo isso passa por nós como um sonho distópico em um Estado democrático que tem nas liberdades civis o coração de sua existência".[82] O grau de hipocrisia foi demais, até para um tribunal que já havia concedido justificativa legal para mais de meio século de ocupação.

Os ortodoxos de Bnei Brak e de outros lugares não receberam muita simpatia do público porque muitos judeus israelenses os desprezam por seu isolamento autoimposto em suas próprias comunidades secretas, por se recusarem a servir nas IDF e por serem grandes beneficiários de assistência social. Em alguns setores do público israelense, há mais ódio contra as comunidades ortodoxas do que contra os palestinos.

82 Eitay Mack, "Israeli High Court ready approval of corona 'dystopia' measures in Bnei Brek exposes Palestinian playbook", *Mondoweiss*, 12 abr. 2020.

Vendendo a ocupação israelense para o mundo

4

Somos duas democracias à beira do Mediterrâneo. Foram Atenas e Jerusalém, como não me canso de dizer, que lançaram as bases de nossa civilização ocidental moderna, e compartilhamos aspirações comuns de estabilidade, prosperidade e segurança.
— PRIMEIRO-MINISTRO ISRAELENSE BENJAMIN NETANYAHU, FEVEREIRO DE 2021

As fronteiras israelenses têm se deslocado e expandido constantemente. As realidades geográficas não têm sido impedimento para as políticas draconianas de imigração que recebem amplo apoio israelense e judaico.[1] Dezenas de milhares de refugiados africanos escaparam da perseguição na Eritreia e no Sudão na última década e buscaram abrigo em Israel — e a resposta do regime de Benjamin Netanyahu à crise foi tentar subornar, persuadir e negociar secretamente com os Estados africanos repressivos para enviar essas pessoas de volta. Líderes empresariais e políticos israelenses pressionaram o Sudão do Sul, o Chade e a República Centro-Africana a aceitar refugiados africanos, enquanto Tel Aviv fazia promessas inexequí-

1 Antony Loewenstein, "Australia's brutal refugee policy is inspiring the far-right in the E.U. and beyond", *The Nation*, 29 jun. 2018.

veis de protegê-los nessas nações. O governo israelense chegou a considerar o retorno forçado de migrantes sudaneses, dando-lhes uma pequena quantia em dinheiro e alistando-os numa milícia de Darfur para lutar contra o Sudão — o grupo seria inicialmente treinado em solo ugandense.[2]

A maioria desses planos fracassou, mas muitos africanos foram devolvidos por Israel à África depois de receberem 3.500 dólares em espécie. Eles desembarcaram em países desconhecidos, Uganda e Ruanda, e foram forçados a se virar sozinhos. Israel fez acordos com essas nações, vendendo-lhes armas ou garantindo-lhes apoio diplomático em fóruns internacionais.

Conheci um deles, o migrante eritreu Robel Tesfahannes, que foi parar no Sudão do Sul depois de passar seis anos em Tel Aviv. Em 2015, passamos um tempo juntos em Juba, capital do Sudão do Sul. Ele morava em Shirikat, uma área central, pobre e empoeirada na estrada para Uganda, onde galpões de lata fazem as vezes de moradias e lojas. Era uma existência sombria. Ele achava difícil conseguir trabalho, pois seu corpo era coberto de tatuagens e ele tinha pouco dinheiro. Robel ansiava por segurança na Europa, pois havia fugido do serviço militar obrigatório na Eritreia. "Não tenho medo de me afogar no Mediterrâneo", ele me disse. "Deus decide meu destino."

Robel foi maltratado em Israel, vítima de racismo constante. "O governo israelense dizia coisas ruins sobre nós, africanos", revelou, "e eu sentia que os israelenses nos olhavam com desconfiança." Menos de 1% dos africanos que chegaram a Israel recebeu asilo. Por fim, ele decidiu aceitar o dinheiro oferecido por Israel e desembarcou em Kigali, capital de Ruanda, com a promessa de trabalho e apoio, que nunca se concretizaram. Ele encontrou o caminho para Juba, atraído pela promessa de segurança e possíveis rendimentos de outros eritreus que pararam

2 Gidi Weitz & Hilo Glazer, "How Israel tried to dump African refugees in blood-drenched dictatorships", *Haaretz*, 25 dez. 2020.

provisoriamente no Sudão do Sul enquanto faziam a longa jornada da África para a Europa. Ele acabou cruzando o Mediterrâneo em um barco, depois de atravessar o Saara e a Líbia, e se estabeleceu na Alemanha, onde o vi novamente em 2016 em um centro de detenção em Hamburgo. Ele agora está estabelecido lá, um dos "sortudos" que sobreviveram a anos de incerteza.

A história de Robel é ilustrativa de como Israel recuou suas fronteiras para acomodar sua aversão aos africanos. Subornar os Estados do continente garantiu que seus objetivos políticos fossem alcançados, pelo menos parcialmente. Concluída em 2013, a construção de um muro ao longo da fronteira com o Egito tinha como objetivo principal barrar imigrantes africanos e outros que muitos israelenses chamavam de "infiltrados", diminuindo consideravelmente a sua chegada ao país. A ministra do Interior de Israel, Ayelet Shaked, da extrema direita anti-imigração, disse em junho de 2021 que trabalharia para "devolver os infiltrados a seus países e incentivaria a partida voluntária para países terceiros seguros". Os cerca de 31 mil migrantes africanos que vivem em Israel viram suas vidas no limbo.

O ódio contra africanos é perfeitamente tolerado em Israel. Em março de 2018, um dos dois principais rabinos do país, Yitzhak Yosef, chamou os negros de "macacos" e usou a versão hebraica da palavra inglesa *nigger* durante seu sermão semanal.[3] Jared Kushner e Ivanka Trump, ambos assessores do então presidente dos Estados Unidos Donald Trump, foram abençoados pelo rabino quando visitaram Israel em maio de 2018. Seu racismo não lhe custou nenhuma sanção profissional, justamente por ser um sentimento majoritário.

3 David Sheen, "Black lives do not matter in Israel", *Al Jazeera*, 29 mar. 2018. [O termo *nigger* é extremamente ofensivo quando usado por um branco para se referir aos negros — N.E.]

O DRONE ISRAELENSE PAIRAVA NO alto do Mediterrâneo. Procurava um barco de imigrantes em perigo ou traficantes de drogas? Não dava para saber. O drone tinha o céu quase só para ele. A partir de maio de 2021, após testes em Creta em 2018, o drone Heron, da Israel Aerospace Industries, operado pela Airbus, tornou-se uma ferramenta para a Agência Europeia da Guarda de Fronteiras e Costeira (Frontex) em sua batalha para manter os refugiados longe do continente.

"É quase impossível atravessar o Mediterrâneo [como migrante]", disse Felix Weiss, chefe de operações aéreas da ONG alemã Sea-Watch, um grupo que trabalha para ajudar no resgate de migrantes. "A Frontex se tornou uma organização militarizada, com equipamentos provenientes de zonas de guerra."

O drone Heron, utilizado há anos na Palestina, pode, teoricamente, voar por até quarenta horas. E embora pelo menos quatro deles tenham caído enquanto eram usados pela Alemanha no Afeganistão, durante a fracassada guerra contra o Talibã, eles ainda são vistos de forma positiva por muitas nações, devido à grande quantidade de equipamentos que carregam e à capacidade de permanecer no ar por longos períodos.[4] Seus equipamentos incluem câmeras de imagem térmica, inteligência artificial para detectar alvos em movimento e um dispositivo para localizar telefones celulares.

Se antes os barcos de patrulha marítima resgatavam migrantes em perigo, os drones não tripulados constituem uma forma de vigilância sem contato. O pesquisador econômico Shir Hever investigou a presença israelense na União Europeia e diz que

4 Israel começou a treinar pilotos de drones alemães em uma base da Força Aérea perto de Tel Aviv em 2019. O exercício militar Blue Flag em Israel em 2021 foi o maior exercício aéreo já realizado no país e incluiu Alemanha, Jordânia, Estados Unidos, Itália, Grécia, França, Índia e Reino Unido.

o uso crescente de drones, inclusive de Israel, tem um objetivo político claro:

> Os drones não podem resgatar ninguém; só podem tirar fotos. Se um barco armado ou uma embarcação de aparência suspeita estiver se aproximando, o operador do drone alerta um barco de patrulha, que rapidamente chegará ao local. Mas, se for um barco repleto de refugiados com um vazamento, o operador do drone pode demorar o tempo que bem entender. O barco de patrulha partirá tarde demais e, quando chegar, não haverá ninguém para salvar. Essa é a principal diferença e o verdadeiro motivo pelo qual os drones são uma atualização tecnológica para a guarda costeira — eles dão a opção de deixar os refugiados se afogarem.

A Sea-Watch não pode competir com essa capacidade de vigilância e é lamentavelmente superada pela infraestrutura da Frontex. Weiss me disse que os drones Heron enviavam imagens e informações cristalinas para a sede da Frontex em Varsóvia, enquanto a Sea-Watch só tinha a opção de mandar mensagens de texto simples entre seus aviões e a sede, e também esperava encontrar navios mercantes que pudessem resgatar os refugiados, mas muitos não estavam dispostos. A pequena ONG estava em um confronto direto contra uma entidade muito bem equipada, encarregada de um dos maiores orçamentos da União Europeia.

Israel é peça fundamental no esforço da Europa para militarizar suas fronteiras e impedir a chegada de novos refugiados, uma política que se acelerou enormemente após o influxo maciço de migrantes em 2015, sobretudo com as guerras na Síria, no Iraque e no Afeganistão. A União Europeia fez uma parceria com as principais empresas de defesa israelenses para usar seus drones — e, é claro, os anos de experiência na Palestina são um importante argumento de venda.

Em 2020, a União Europeia anunciou acordos no valor de 91 milhões de dólares com a Airbus, a Israel Aerospace Industries e a Elbit para usar seus serviços e manter uma presença contínua de drones no Mediterrâneo. O drone Hermes, da Elbit, e o drone Heron, da IAI, vêm sendo usados nas guerras de Israel contra Gaza desde 2008.[5] E o mercado está cada vez mais concorrido — o drone TB2 da Turquia pode transportar bombas guiadas a laser, ser colocado em um caminhão de plataforma e custa muito menos do que os israelenses ou estadunidenses. Mesmo assim, os modelos de Israel continuam extremamente populares:[6] em 2017, os fabricantes obtiveram uma fatia de 60% do mercado global de drones, somadas as três décadas anteriores.[7]

Os drones israelenses constituem apenas uma parte da infraestrutura da Frontex. De acordo com Weiss, seu grupo e as poucas outras ONG que tentam monitorar o Mediterrâneo em busca de migrantes têm sua tarefa extremamente dificultada pelo fato de que o objetivo da União Europeia não é ajudar as pessoas com problemas no mar. Muito pelo contrário: ela deixa os refugiados se afogarem ou os coloca nas mãos da Guarda Costeira da Líbia, que os leva de volta a centros de detenção na própria Líbia, onde são encarcerados, em flagrante violação do direito internacional.

A União Europeia começou a trabalhar com a Guarda Costeira da Líbia em 2016. Os guardas dos chamados navios de resgate líbios, que em sua maioria não têm coletes salva-vidas ou lanchas, frequentemente pilotam bêbados ou sob o efeito de anfetaminas. Muitos ganham dinheiro com o contrabando de pessoas. A Frontex envia coordenadas de barcos de migrantes para

5 Jasper Jolly, "Airbus to operate drones searching for migrants crossing the Mediterranean", *The Guardian*, 21 out. 2020.
6 Umar Farooq, "'The drone problem': how the U.S. has struggled to curb Turkey, a key exporter of armed drones", *Pro Publica*, 12 jul. 2022.
7 Keren Assaf, "The Israeli arms companies that will profit from the latest assault on Gaza", *+972 Magazine*, 16 ago. 2022.

oficiais líbios via WhatsApp e alega que isso não representa conteúdo formal, mas comunicação de emergência.[8] A Frontex também envia imagens de vigilância para a Guarda Costeira italiana e para o Centro de Coordenação de Resgate Marítimo da Itália, que, por sua vez, compartilham essas informações com os líbios.[9]

Questionei a Frontex sobre a troca de informações com as autoridades líbias, e ela negou a existência de qualquer relação: "A Frontex nunca se envolveu em nenhuma cooperação direta com as autoridades líbias e não coopera com a Guarda Costeira da Líbia".

A Sea-Watch tem pouca comunicação relevante com o centro de coordenação de resgate líbio, sediado em Trípoli, porque eles raramente respondem ou falam inglês. Essas forças líbias são treinadas e equipadas pela União Europeia. Vi vídeos horríveis captados pela Sea-Watch da Guarda Costeira da Líbia forçando migrantes exaustos a usar uma corda para subir em seu navio, apesar dos perigos de se fazer isso. Os migrantes geralmente se afogam devido a intoxicação por monóxido de carbono ou queimaduras químicas (quando os recipientes de combustível se misturam com água salgada e se tornam perigosos). Os barcos de borracha ou plástico são os mais suscetíveis a virar. Em 30 de junho de 2021, a Guarda Costeira da Líbia atirou contra um barco de borracha próximo, que estava na zona de busca e salvamento de Malta, no Mediterrâneo. Por sorte, o barco acabou chegando em segurança à ilha de Lampedusa, no sul da Itália.

A Frontex nega sistematicamente qualquer atividade ilegal, mas a Sea-Watch testemunha situações como essas todos os dias, usando aeronaves e barcos para documentar a morte de refugiados causada pela cegueira intencional da Frontex e de seus parcei-

8 Sara Creta *et al.*, "How Frontex helps haul migrants back to Libyan torture camps", *Der Spiegel International*, 29 abr. 2021.
9 Ian Urbina, "The secretive prisons that keep migrants out of Europe", *The New Yorker*, 28 nov. 2021.

ros líbios. É bastante comum que a Sea-Watch utilize sua própria aeronave para acompanhar drones e, pouco depois, veja a Guarda Costeira da Líbia levar os migrantes de volta, onde eles enfrentam os riscos de tortura, estupro e até mesmo morte. "Sem a vigilância aérea da União Europeia, a Guarda Costeira da Líbia seria praticamente cega", apontou Weiss. A Frontex depende exclusivamente da vigilância aérea e nunca usa navios, mostrando que os resgates no mar não são sua prioridade. Empresas europeias e britânicas, como a DEA Aviation, são contratadas para fornecer os aviões de vigilância, com acordos de milhões de euros.

Weiss me disse que seria tecnicamente possível usar drones para lançar botes salva-vidas na água. Mas, a menos que fossem empregados muitos drones, o esforço seria inócuo para o resgate de um barco com cem pessoas. A Sea-Watch considerou a possibilidade de lançar botes salva-vidas, mas acreditava que isso poderia causar pânico entre os migrantes na água. Há também o problema do vento, que deixa o método impreciso. Weiss acredita que, no futuro, a Frontex tenderá a depender menos de drones e passará a trabalhar com satélites para maior precisão.[10] Em agosto de 2022, a Human Rights Watch criticou a Frontex por conluio com autoridades líbias e pelo uso de "recursos aéreos", como drones, operados por empresas privadas.[11]

Os drones Hermes, da Elbit, também foram usados pela Agência Europeia de Segurança Marítima, outro órgão encarregado de monitorar mares e litorais. Em 2019, a Islândia se tornou a primeira nação europeia a implantar esse drone para

10 Em 2021, a Agência Europeia de Segurança Marítima começou a usar drones que tinham equipamentos de resgate a bordo para até oito pessoas. A Sea-Watch temia que esse equipamento pudesse aumentar os perigos para os migrantes no mar, pois a Frontex poderia usar o equipamento de resgate como uma ferramenta para rebocá-los até a Líbia e entregá-los à Guarda Costeira líbia.

11 Judith Sunderland & Lorenzo Pezzani, "E.U.'s drone is another threat to migrants and refugees", Human Rights Watch, 1º ago. 2022.

vigilância de seu território. No início de 2020, um Hermes controlado pela Elbit e pela empreiteira portuguesa CEiiA caiu em uma pista em Creta quando estava pronto para realizar a vigilância das fronteiras marítimas da Grécia. O drone é capaz de transportar até quatro botes salva-vidas sob suas asas, mas não foi utilizado no Mediterrâneo com essa finalidade.

Quando questionada sobre o motivo do uso de drones, a Frontex me disse que eles são

> usados para fins de vigilância aérea. Eles não carregam nenhum sistema de armas, mas câmeras, e ajudam a salvar vidas em operações de busca e resgate. Os drones permitem que a Frontex realize a vigilância das fronteiras e apoie as operações de resgate por períodos mais longos. Enquanto os aviões precisam retornar à base devido a limites de combustível ou limitações físicas da tripulação, os drones podem operar por muito mais tempo.

O impacto do uso de drones pela Frontex para localizar refugiados causou a perda de muitas vidas no mar. E é exatamente esse o problema. Em outubro de 2021, a presidenta da Comissão Europeia, Ursula von der Leyen, disse que a União Europeia não financiaria "arame farpado e muros" para impedir a entrada de migrantes, ainda que tenha feito exatamente isso em várias nações, incluindo Grécia e Líbia.[12]

A Frontex contesta essa análise:

> Em qualquer busca e resgate em potencial, a prioridade da Frontex é salvar vidas. Na região do Mediterrâneo Central, isso significa que, sempre que um avião da Frontex avista um barco em perigo, ele alerta imediatamente os Centros de Coordenação de Resgate Marítimo relevantes na região: Itália e Malta, bem como

12 Kaamil Ahmed & Lorenzo Tondo, "Fortress Europe: the milions spent on military-grade tech to deter refugees", *The Guardian*, 6 dez. 2021.

> Líbia e Tunísia, caso o barco em perigo esteja em sua região de busca e salvamento. [...] Desde 2015, a Frontex ajudou a salvar mais de 350 mil vidas no mar, inclusive na região do Mediterrâneo Central. Até agora, neste ano [2021], a Frontex ajudou a resgatar 5.111 pessoas necessitadas nessa área.

Durante uma reportagem para o jornal *The Observer*, do Reino Unido, em 2019, trabalhei com os jornalistas Daniel Howden e Apostolis Fotiadis para investigar a crescente dependência da Frontex em relação a drones e aviões no Mediterrâneo. Descobrimos que a sede da agência em Varsóvia era capaz de acessar a transmissão ao vivo dos vídeos desses aviões ou drones. Eles viam os migrantes balançando, se movendo ou se afogando no mar.[13]

Trata-se de uma escolha deliberada — e não um resultado acidental — de uma política cada vez mais brutal. A política da Frontex teve relevância especial para os acontecimentos nas águas da Líbia, onde, durante um ano inteiro antes da publicação de nossa matéria, nenhuma missão de resgate da União Europeia havia sido realizada em um dos trechos marítimos mais mortais do mundo. Naquela época, os barcos de busca e de resgate de organizações humanitárias haviam sido expulsos do Mediterrâneo pela União Europeia ou por Estados-membros que se opunham aos refugiados. Como escrevemos no *Observer*: "A mudança para os drones faz parte de um esforço evidente de monitorar o Mediterrâneo evitando as missões de resgate, que levam os migrantes às costas europeias".

A região do Mediterrâneo é uma área extremamente letal, onde, de acordo com o projeto Missing Migrants [Migrantes desaparecidos], da Organização Internacional de Migração, pelo menos 22.748 pessoas morreram desde 2014, incluindo pelo menos 848

13 Daniel Howden, Apostolis Fotiadis & Antony Loewenstein, "Once migrants on the Mediterranean were saved by naval patrols. Now they have to watch as drones fly over", *The Observer*, 4 ago. 2019.

crianças. Mas esses números horríveis tornaram a União Europeia ainda mais determinada a mantê-los fora de seu território, e o caminho foi tornar suas viagens ainda mais inseguras. Empresas europeias de armamentos, como Airbus, BAE Systems e Leonardo, contribuíram para a migração em massa quando venderam as armas que agravaram os conflitos na Síria, Líbia, Iêmen e Turquia.[14] É esse o ciclo vicioso: a União Europeia hoje emprega táticas cada vez mais brutais para impedir a chegada dos refugiados, mas essas pessoas só querem entrar porque foram afetadas negativamente pelos equipamentos de defesa europeus.[15]

Apesar do histórico atroz de direitos humanos da Frontex, há alguma dissidência interna. Fabrice Leggeri, então chefe da agência, e dois de seus colegas renunciaram em 2022 após serem investigados pela agência antifraude da União Europeia. Leggeri foi acusado de acobertar violações de direitos humanos, e o que se seguiu foi uma preocupação crescente em alguns cantos da Europa com a obsessão da Frontex em repelir imigrantes de forma ilegal.

Desde 2015, a União Europeia gastou pelo menos 3,7 bilhões de dólares em pesquisas de alta tecnologia, à procura das formas mais eficientes de atingir os migrantes tanto digital quanto fisicamente. Ela forneceu capacitação em técnicas sofisticadas de vigilância na África, no Oriente Médio e nos Bálcãs. As polícias da Argélia e do Marrocos foram treinadas para disseminar desinformação on-line e coletar dados pessoais a partir do Facebook.[16] Além disso, a União Europeia está investindo bilhões de dólares em um programa para desenvolver novas armas e tecnolo-

14 "European arms in the bombing of Yemen", *Forensic Architecture*, 22 jun. 2021.

15 Apostolis Fotiadis & Niahm Ní Bhriain, "Smoking Guns: How European Arms Exports Are Forcing Millions from Their Homes", Transnational Institute, 2021.

16 Bill Goodwin, "E.U. aid funds used to train 'unaccountable intelligence agencies' in high-tech surveillance", *Computer Weekly*, 11 nov. 2020.

gias para que países de dentro e de fora do bloco possam competir com as potências do setor de defesa (Israel, Estados Unidos e China). O objetivo final é acabar com a dependência em relação aos drones israelenses e estadunidenses, por meio do desenvolvimento de uma frota europeia.[17] Aprovado no final de 2020, o Mecanismo Europeu de Apoio à Paz, de nome orwelliano, foi vendido como um fortalecimento da capacidade da Europa de se defender diante do declínio do poderio dos Estados Unidos.[18]

Equipamentos israelenses são peça central — embora estejam longe de ser a única — de como a Europa vê seu futuro nas áreas de defesa e segurança. Em 2021, foi anunciado que o Estado judeu teria permissão para participar, por sete anos, do principal programa da União Europeia de apoio à inovação e à pesquisa, o Horizon Europe, orçado em 95,5 bilhões de euros. O programa já havia beneficiado Israel indiretamente no passado: trabalhos financiados como parte do Horizon 2020, o programa de inovação e pesquisa da União Europeia desenvolvido entre 2014 e 2020, incluíram sistemas israelenses de alta tecnologia para controle e vigilância de fronteiras.[19] Esse apoio foi ardiloso, já que a União Europeia não reconhece oficialmente os assentamentos israelenses ilegais na Cisjordânia e nenhum dinheiro proveniente da Europa poderia ser gasto nos territórios ocupados. O bloco presumiu falsamente que havia uma separação política entre Israel e a Cisjordânia, ao passo que Tel Aviv encarava o território como sua propriedade.

17 O projeto Eurodrone, apoiado pela União Europeia e por empreiteiras de defesa francesas e italianas, tem como objetivo entregar vinte conjuntos de três drones em 2028 para França, Alemanha, Itália e Espanha.
18 Zach Campbell, Caitlin Chandler & Chris Jones, "Hard power: Europe's military drift causes alarm", *The Guardian*, 19 maio 2021.
19 Zach Campbell, Caitlin Chandler & Chris Jones, "Sci-fi surveillance: Europe's secretive push into biometric technology", *The Guardian*, 11 dez. 2020; David Cronin, "E.U. funds Israeli spies", *The Electronic Intifada*, 26 jun. 2020.

Para impor essa restrição, a União Europeia introduziu em 2013 uma cláusula a todos os novos contratos estipulando que os assentamentos fossem excluídos do financiamento. Mas, de acordo com uma pesquisa do *think-tank* do Conselho Europeu de Relações Exteriores (ECFR), a União Europeia e seus Estados-membros não fizeram praticamente nada para assegurar sua aplicação. Pelo contrário:

> A maioria dos acordos bilaterais europeus com Israel beneficia potencialmente seus assentamentos, suas empresas e residentes — inclusive no que diz respeito a seguridade social, tributação e cooperação crescente nas áreas de pesquisa e desenvolvimento. Dos mais de 260 acordos analisados pelo ECFR, poucos contêm uma definição de escopo territorial. Os que contêm, em geral, têm cláusulas ambíguas, incluindo delimitações vagas do território israelense, de acordo com "as leis do Estado de Israel" ou "áreas onde são cobrados impostos" — descrições que poderiam facilmente justificar a inclusão de assentamentos.[20]

Um ex-membro do conselho consultivo da Horizon, o cientista político e filósofo Peter Burgess, explicou em 2015 que o complexo industrial de vigilância de fronteiras teve influência indevida sobre o projeto. "Os refugiados são vistos como alvos e sujeitos a serem registrados", disse.[21] Vários críticos afirmaram que o fato de a Horizon contratar especialistas em ética independentes para avaliar os projetos é simplesmente uma maneira de imprimir um selo de legitimidade a ideias corporativas que sequer deveriam entrar em pauta.

20 Conselho Europeu de Relações Exteriores, "Differentiation tracker", disponível em: http://ecfr.eu/special/differentiation-tracker.
21 Zach Campbell, Caitlin Chandler & Chris Jones, "Sci-fi surveillance: Europe's secretive push into biometric technology", *The Guardian*, 11 dez. 2020.

Independentemente disso, havia muito dinheiro em jogo. A União Europeia é o maior parceiro comercial de Israel, responsável por mais de 29% de sua balança comercial em 2020. E o orçamento da Frontex aumentou de 6 milhões de euros em 2006 para 460 milhões em 2020, subindo novamente para 543 milhões em 2021. O bloco europeu se comprometeu a gastar 34,9 bilhões de euros no gerenciamento de fronteiras e migração entre 2021 e 2027. A população global de migrantes acelerou em mais de 80% entre 2000 e 2020, atingindo estimados 281 milhões de migrantes internacionais, 3,5% da população mundial.

O complexo industrial de vigilância de fronteiras ficou entusiasmado com o aumento do orçamento da Frontex (globalmente, o setor tem um valor estimado em 68 bilhões de dólares até 2025).[22] Com a proposta de uma equipe de dez mil funcionários até 2027 (havia apenas 45 funcionários em 2005), os setores de defesa e vigilância viram um alinhamento não só financeiro como ideológico com as políticas da União Europeia que visavam empurrar os migrantes de volta para seus próprios países ou simplesmente para fora do bloco, independentemente dos riscos que corressem.

Não faltam histórias de migrantes mortos no Mediterrâneo. Uma das mais assustadoras ocorreu em abril de 2021, quando até 130 pessoas foram deixadas para morrer pelas autoridades da União Europeia e da Líbia ao largo da costa do país africano, em meio a uma tempestade. Ambos os órgãos haviam sido avisados seguidas vezes de sua presença no mar. O Alarm Phone, uma linha direta para migrantes em perigo na União Europeia, relatou que, "mais uma vez, esses eventos mostram que a morte no mar não é um acidente, mas o resultado de ações e omissões de atores europeus e líbios".[23]

22 Maeve Higgins, "How the $68 billion border surveillance industrial complex affects us all", *Vice*, 11 jun. 2021.

23 "Coordinating a maritime disaster: up to 130 drown off Libya", Alarm Phone, 22 abril. 2021.

A *Associated Press* resumiu o novo estado de espírito em uma reportagem de junho de 2021: "Na Europa pós-pandêmica, os migrantes enfrentarão uma fortaleza digital". A matéria explica como a União Europeia e seus Estados-membros estavam implementando um conjunto de novas políticas destinadas a deter os refugiados, incluindo barreiras digitais, torres de observação, um muro de aço, "canhões de som" para ensurdecer os recém-chegados, máquinas virtuais de entrevista com guardas de fronteira e detectores de mentiras alimentados por inteligência artificial.[24] A Frontex havia sido "transformada" de um "mecanismo de coordenação em uma força de segurança multinacional completa".[25]

Patrick Breyer, eurodeputado do Partido Pirata Alemão, levou a União Europeia ao tribunal para descobrir os segredos de seus sistemas de detecção de mentiras baseados em inteligência artificial. "O que estamos vendo nas fronteiras, e no tratamento de estrangeiros em geral, é que muitas vezes eles servem como campo de testes para tecnologias que mais tarde serão usadas também em europeus", disse à *Associated Press*. "E é por isso que todos devem se preocupar, por interesse próprio."[26] Esse argumento é quase um déjà-vu: os palestinos servem de cobaias da tecnologia e da vigilância israelenses, e era evidente que a

24 Apostolis Fotiadis *et al.*, "A data 'black hole': Europol ordered to delete vast store of personal data", *The Guardian*, 10 jan. 2022.
25 Derek Gatopoulos & Costas Kantouris, "In post-pandemic Europe, migrants will face digital fortress", *Associated Press*, 1º jun. 2021.
26 Breyer estava preocupado com o número crescente de projetos de pesquisa apoiados pela União Europeia sobre espionagem, incluindo vigilância biométrica em massa. Um deles, chamado iBorder-Ctrl, tinha como objetivo ler "microexpressões" faciais quando alguém estava mentindo. Sua precisão foi questionada, apesar de ter recebido do bloco, por meio da iniciativa Horizon, 4,5 milhões de euros em apoio ao desenvolvimento. Em outubro de 2021, o Parlamento Europeu votou pela proibição da vigilância biométrica em massa, mas queria manter ativos o reconhecimento facial e as tecnologias relacionadas.

União Europeia encarava isso como um trunfo a ser reproduzido em seu próprio território.

A evasiva tecnologia de origem israelense está presente por todo o bloco europeu, mas passa praticamente despercebida, apesar de algumas das empresas envolvidas terem um histórico preocupante. Em 2015, a Hungria e a Bulgária flertaram com a ideia de usar empresas israelenses para construir muros em suas fronteiras, inspiradas pela forma como Israel repeliu os africanos ao longo de seus 394 quilômetros de fronteira com o Egito. Embora, no final, ambas tenham optado por empresas de construção locais, Israel foi citado como modelo a ser imitado.

A corporação israelense de vigilância Cellebrite vendeu seus dispositivos de extração de dados digitais para pelo menos 150 países, incluindo governos autoritários como Rússia, Emirados Árabes Unidos e Barein. A espionagem de solicitantes de asilo na União Europeia é parcialmente fornecida pela Cellebrite, uma vez que um telefone celular é parte fundamental das posses de qualquer migrante. De acordo com um vendedor da Cellebrite, em 2019, 77% dos refugiados chegaram ao bloco europeu sem documentos e 43% tinham um smartphone durante a viagem. A empresa alegou que isso abriu a porta para que sua tecnologia fosse usada a fim de determinar a jornada do migrante e seu histórico geográfico e de comunicação recente.[27] Ocorre que a análise forense de um telefone pode violar o direito internacional se não houver consentimento expresso do migrante — na maioria dos casos, ele nem sabe que isso está acontecendo.

Isso não impediu que a Frontex desenvolvesse um guia detalhando maneiras de quebrar a criptografia de aplicativos de mensagens instantâneas nos telefones celulares dos refugiados para a obtenção de informações e mesmo para a aplicação de "medidas especiais". O documento não deixa claro se isso se refere à

27 "Surveillance company Cellebrite finds a new exploit: spying on asylum seekers", Privacy International, 3 abr. 2019.

aplicação de pressão sobre o migrante ou a algum outro procedimento técnico qualquer. Por outro lado, os guardas de fronteira na Grécia e na Croácia destruíram os celulares de migrantes antes de rejeitar qualquer pedido de asilo e empurrá-los violentamente de volta.[28] Todos esses comportamentos são potencialmente ilegais. O Ministério do Interior da Grã-Bretanha admitiu em 2022 que o confisco de telefones dos refugiados era ilegal, apesar de tê-lo feito diversas vezes.

A Frontex é um órgão obscuro, com pouquíssima imputabilidade. Entre 2017 e 2019, realizou pelo menos dezessete reuniões com lobistas de 108 fabricantes de armamentos, incluindo as israelenses Shilat Optronics (uma empresa que trabalha com segurança de perímetro em parceria com as IDF), Seraphim Optronics (sistemas de vigilância autônoma) e Elbit, com a qual teve pelo menos duas reuniões em 2018. Nesses encontros, foram exibidas apresentações em PowerPoint que promoviam as vantagens dos drones de vigilância.[29]

Os tópicos dessas conversas incluíram munição e armas, vigilância aérea e sistemas de inspeção de documentos. O resultado das reuniões foi evidentemente a celebração de contratos milionários com muitas companhias, incluindo Elbit, Leonardo e Airbus. Como a Frontex contratou seu próprio equipamento, sem exigir contribuição dos Estados-membros, os olhos das companhias armamentistas brilharam. As corporações israelenses estavam longe de ser as únicas entidades interessadas em fazer parceria com a Frontex, mas a influência delas era significativa.

28 Matthias Monroy, "Frontex and Europol: how refugees are tracked digitally", Site36, 25 out. 2021.
29 Todas essas informações foram relatadas em 2021 pelo Frontex Files, um coletivo de jornalistas europeus; ver Frontex Files, disponível em: http://frontexfiles.eu/en.html.

Em 2020, a Frontex renovou um contrato com a companhia israelense Windward, fabricante de uma ferramenta de análise marítima, cuja maior qualidade, de acordo com a própria empresa, é capturar "bandidos" no mar. A Windward teve entre seus investidores o general estadunidense da reserva e ex-comandante da CIA David Petraeus. O ex-chefe de gabinete israelense Gabi Ashkenazi foi um de seus consultores. Fundada por dois ex-oficiais de inteligência da Marinha israelense em 2010, a companhia usa agregação digital, avaliação de rastreamento de embarcações e dados de vigilância marítima para localizar navios no oceano.[30]

O ex-ministro líbio da Justiça Salah Marghani explicou que o objetivo do programa liderado pela União Europeia, do qual os drones israelenses são um elemento fundamental, era manter limpas as mãos europeias. "Que seja a Líbia o vilão", disse. "Faça da Líbia o disfarce para suas políticas [da União Europeia] enquanto os cidadãos de bem da Europa dizem estar oferecendo dinheiro para ajudar a tornar esse sistema infernal mais seguro."[31] Os agentes da Frontex são enviados para Estados fora da União Europeia, à medida que as fronteiras desta se expandem política e geograficamente. A Human Rights Watch criticou a Frontex por seu "padrão de fracassos em conduzir investigações sérias ou tomar medidas para mitigar abusos contra migrantes nas fronteiras externas da União Europeia".[32]

O bloco europeu tem um centro de processamento de refugiados no Níger, um país africano desesperadamente pobre, uma nação instável que sofreu quatro golpes de Estado desde

30 Matthias Monroy, "Border drones (part 1): unmanned surveillance of the E.U.'s external borders by Frontex", 22 jul. 2021.
31 Ian Urbina, "The secretive prisons that keep migrants out of Europe", *The New Yorker*, 28 nov. 2021.
32 "Frontex failing to protest people at E.U. borders", Human Rights Watch, 23 jun. 2021.

a independência, em 1960.[33] É um laboratório de migração onde a União Europeia financia uma instalação para canalizar e, muitas vezes, interromper a rota dos migrantes em direção à Europa. A intenção é reduzir o número de migrantes que saem do Níger e seguem para a Líbia para depois tentar chegar ao continente europeu. O país foi transformado em um centro de manobras militares, diplomáticas e políticas do Ocidente, incluindo uma grande base dos Estados Unidos perto de Agadez, cuja missão é deter refugiados e gerenciar as insurgências islâmicas regionais.[34]

O compromisso da União Europeia com os direitos humanos, um mantra repetido à exaustão, sempre foi altamente seletivo. Após a invasão russa à Ucrânia em fevereiro de 2022, Bruxelas estava desesperada para parar de comprar gás russo porque se opunha às ações brutais de Moscou. No entanto, em junho do mesmo ano, a União Europeia anunciou a importação de um volume "significativo" de gás israelense como um "momento especial" e o início de um novo relacionamento. O acordo foi divulgado em uma reunião no Cairo com a chefe da Comissão Europeia, Ursula von der Leyen, e os ministros de Energia de Israel e do Egito — de acordo com o bloco europeu, o acordo aumentaria sua independência energética. Obviamente, foi igno-

33 Depois da publicação deste livro, o Níger sofreu mais um golpe de Estado, em julho de 2023, quando a guarda presidencial depôs o presidente pró-Ocidente Mohamed Bazoum. Logo depois de assumir o poder, o líder do movimento, general Abdourahamane Tiani, fez um pronunciamento televisivo explicando seu plano de restabelecimento do diálogo nacional e acusando a França de desestabilizar o país. A deposição de Bazoum no Níger desencadeou uma série de movimentos antineocoloniais na região do Sahel e levou à derrubada dos poderes estabelecidos no Mali e em Burkina Faso, além de uma forte desestabilização da Comunidade Econômica dos Estados da África Ocidental (Cedeao). [N.T.]

34 Daniel Howden & Giacomo Zandonini, "Niger: Europe's migration laboratory", *News Deeply: Refugees Deeply*, 22 maio 2018.

rado o fato de que o mesmo negócio ampliava a dependência europeia de um Egito autocrático e de uma Israel colonialista. A mensagem é clara: a ocupação russa da Ucrânia é ruim, mas a ocupação israelense da Palestina é totalmente aceitável.

A GRÉCIA É A NAÇÃO da Europa mais engajada militarmente com Israel. É um país situado no limite geográfico do continente e determinado a fechar as próprias fronteiras. Enquanto isso, torna a vida o mais miserável possível para aqueles que as cruzam ilegalmente. O primeiro-ministro Kyriakos Mitsotakis se sentiu ofendido quando um jornalista lhe perguntou, em novembro de 2021, sobre sua política para os refugiados. "Temos uma política de migração dura, mas justa", disse, alegando que as ações de seu país estavam "salvando centenas, se não milhares, de pessoas no mar".

Desde 2013, a Grécia tem aumentado constantemente sua dependência de equipamentos de defesa e treinamento israelenses. De acordo com uma pesquisa em documentos gregos e ingleses feita a meu pedido pelo coletivo Disinfaux, um grupo sem fins lucrativos com sede na Grécia, empresas israelenses como a Israel Aerospace Industries, a Elbit e a Rafael fecharam grandes contratos com o Estado grego. Drones, helicópteros, foguetes e bombas eram apenas parte do pacote.

Isso foi tão preocupante que a ONG israelo-palestina Combatants for Peace [Combatentes pela paz] escreveu para as lideranças gregas, cipriotas e da União Europeia em maio de 2020 para alertá-las contra o treinamento de suas forças em Israel, tendo em vista o que se temia ser a iminente anexação ilegal da Cisjordânia pelos israelenses. Embora a anexação formal nunca tenha acontecido, a carta dizia que é

> inconcebível que as forças armadas dos Estados-membros da União Europeia realizem treinamento militar nos territórios

> ocupados e participem ativamente da deportação e da desapropriação da população palestina que vive perto das áreas de treinamento militar fechadas no Vale do Jordão ou em qualquer outra parte da Cisjordânia [...] está claro que qualquer anexação deve tornar nulos e sem efeito os acordos mencionados acima para o treinamento militar das forças armadas cipriotas e gregas no território do Estado de Israel, pois o território incluiria ilegalmente partes da Cisjordânia.

Israel, Grécia e Chipre continuaram a trabalhar em estreita colaboração, realizando exercícios navais no Mediterrâneo em 2021 e aprofundando seu envolvimento em uma miríade de setores relacionados à defesa.

Aparentemente, as autoridades gregas não viam qualquer dilema em transformar cidadãos críticos de seu próprio país em alvos para a espionagem cibernética israelense. Em 2021, Thanasis Koukakis, um jornalista investigativo que trabalhava para a *CNN* grega, foi espionado pela empresa israelense Intellexa depois de publicar uma reportagem sobre um grande escândalo de corrupção no governo. Políticos proeminentes e outros jornalistas também foram vítimas de spywares israelenses. Depois que a vigilância da Intellexa foi exposta, Koukakis escreveu no *Haaretz* que havia uma necessidade imediata de que as empresas israelenses "opacas" fossem investigadas minuciosamente pelo Parlamento e por órgãos independentes para determinar "se há mesmo razões de segurança nacional para colocar qualquer pessoa — jornalista ou não — sob vigilância".[35]

Um ativista em Atenas me disse que a onda de gastos da Grécia com novos e chamativos equipamentos de defesa não era de fato necessária. Mas que o país tem o costume de "comprar equipamentos de defesa para mostrar aos seus eleitores que tem tudo.

35 Thanasis Koukakis, "Why every democracy should fear Israeli spywares", *Haaretz*, 27 abr. 2022.

A Grécia provavelmente começará a usá-los quando tiver capacidade para isso".

O partido de esquerda Syriza liderou a Grécia de 2015 a 2019, sem que houvesse interrupção nos laços com Israel. Mas a relação se aprofundou durante a liderança do primeiro-ministro da Nova Democracia, Kyriakos Mitsotakis, após sua vitória eleitoral em 2019. Seu pai, Konstantinos Mitsotakis, foi o primeiro líder grego a estabelecer laços diplomáticos plenos com Israel, em 1990. "Pode-se chegar a ponto de dizer que talvez a única coisa com a qual todos os governos gregos bem-sucedidos da última década concordaram foi a importância de sermos aliados de Israel", escreveu o presidente da Câmara de Comércio Israel-Grécia em 2021.[36] Essa parceria foi consolidada em 2021, com o maior acordo de defesa de todos os tempos entre as duas nações, no valor de 1,65 bilhão de dólares, para que a Elbit administrasse um centro de treinamento para a Força Aérea grega. Uma dependência ainda maior da Grécia foi proposta por um representante do ministro da Defesa de Israel, Benny Gantz, em 2022, quando ele sugeriu que as ilhas gregas deveriam ser compradas "para criar um refúgio para o povo judeu em caso de emergência, como um lugar para refugiados judeus em tempos de guerra".[37]

Às vezes, o relacionamento entre Israel e Grécia é baseado na hipocrisia. Em 2017, a embaixada israelense na Grécia anunciou que doaria a verba destinada ao Dia da Independência de Israel para comprar equipamentos médicos na ilha grega de Chios e ajudar turistas e refugiados. A doação foi promovida como uma iniciativa do Ministério das Relações Exteriores de Israel chamada "ajudar amigos que ajudam". Embora Israel tenha afirmado que "doar equipamentos é uma alegria para nós", tam-

36 Sabby Mionis, "Israel-Greece relations reach new heights", *Jerusalem Post*, 10 mar. 2021.
37 Gur Megiddo, "Will Greek islands become a 'haven for the Jewish people' in case of an emergency?", *Haaretz*, 15 mar. 2022.

bém estava disposto a ajudar a Grécia e a União Europeia com equipamentos de vigilância e drones para reduzir o número de refugiados que conseguem encontrar segurança nas ilhas gregas. A Grécia estabeleceu uma base de drones na ilha de Skyros, no centro do Mar Egeu, e os drones Heron alugados de Israel tornaram-se parte fundamental das Forças Armadas do país. O mesmo equipamento também foi usado no combate a incêndios florestais, inclusive durante as terríveis queimadas que varreram o país em agosto de 2021.

O segredo (nem tão secreto) é que a Grécia está cumprindo ordens da União Europeia e trabalhando incansavelmente para monitorar, punir, isolar e reprimir violentamente os refugiados, impedindo que a maioria deles entre no continente. A Frontex apoia com discrição esse esforço. Atenas construiu uma rede de centros de detenção em suas ilhas e iniciou retenções ilegais tanto nas fronteiras quanto no Mediterrâneo. De acordo com relatório de 2022 da Ombudsman Institution, da Turquia, desde 2020 mais de 41 mil migrantes foram repelidos ilegalmente, e a Grécia implantou uma série de inovações tecnológicas para deter os recém-chegados.[38] Em novembro de 2021, durante a inauguração do "centro fechado de acesso controlado" da Grécia em Kos, dois padres ortodoxos gregos abençoaram a instalação, sob os olhares de políticos da União Europeia. O que eles viram de fato: arame farpado, polícia e catracas. Em 2022, a União Europeia concordou em financiar ainda mais a vigilância nas fronteiras terrestres e marítimas da Grécia, investindo em drones israelenses, cães policiais e helicópteros.

Enquanto anunciava um aporte de setecentos milhões de euros para a segurança fronteiriça grega em 2020, a presidenta

38 As evidências de que as autoridades gregas ignoram ou abandonam os refugiados no mar são enormes. Ver Petra Molnar, "Inside new refugee camp like a 'prison': Greece and other countries prioritize surveillance over human rights", *Conversation*, 27 set. 2021.

da Comissão Europeia, Ursula von der Leyen, chamou a Grécia de "escudo" da Europa. A solução grega para a migração foi terminar de erigir um muro de quarenta quilômetros e um sistema de vigilância ao longo de sua fronteira terrestre com a Turquia em agosto de 2021.[39] Na fronteira terrestre de Evros com a Turquia, a Grécia usa canhões de som ensurdecedores de longo alcance para assustar os refugiados. Embora tenha apenas o tamanho de um pequeno aparelho de TV, ele emite sons tão altos quanto os de um avião ou de uma espingarda disparada bem perto do ouvido, e pode causar danos permanentes à audição. A Grécia adquiriu os dispositivos da empresa estadunidense Genasys, e eles têm sido utilizados por policiais no mundo todo. A advogada Evgenia Kouniaki, que monitora a fronteira de Evros, declarou ao site jornalístico *Coda* em 2021 que o governo grego compra equipamentos de repressão de alta tecnologia para "satisfazer seus eleitores. Hoje, na Grécia, os refugiados não têm direitos. É o período mais sombrio que já vi como defensora de refugiados".[40]

O CRESCIMENTO DA INFLUÊNCIA ISRAELENSE na Europa representa um marco histórico curioso e uma contradição não resolvida. Após a aniquilação de judeus no Holocausto, a Alemanha se tornou a nação mais consistentemente pró-Israel no

39 A militarização das fronteiras se encaixa em um padrão global de nações que se cercam de barreiras. De acordo com o relatório "A Walled World" [Um mundo cercado], realizado em 2020 pela ONG Transnational Institute, 63 muros de fronteira foram construídos globalmente nos cinquenta anos anteriores. As maiores potências do mundo gastaram mais do que o dobro em segurança de fronteiras do que em mitigação climática entre 2013 e 2018, de acordo com o relatório "Global Climate Wall" [Muro climático global], publicado pelo Transnational Institute em 2021.

40 Isobel Cockerell, "Greece aims long-range sound cannons at migrants across its border", *Coda*, 28 jul. 2021.

continente e é o maior parceiro comercial de Israel na Europa. Em outubro de 2021, a então chanceler alemã Angela Merkel foi a Israel em uma de suas últimas viagens internacionais antes de deixar o cargo; foi sua oitava visita, em dezesseis anos no poder. Ela não pisou na Cisjordânia ou em Gaza, e ainda elogiou o Estado judeu, apesar de reconhecer que Israel não adotou sua solução favorita de dois Estados para o conflito com os palestinos. Mas isso não importava porque "a segurança de Israel sempre será um tema central para qualquer governo alemão".

Tratava-se de uma conexão emocional, enfatizou Merkel, enraizada na reconciliação e no perdão históricos. "O fato de a vida judaica ter reencontrado um lar na Alemanha, após os crimes contra a humanidade da Shoah, é um sinal imensurável de confiança, pelo qual somos gratos", escreveu ela no livro de visitas do memorial do Holocausto em Jerusalém.

O Laboratório Palestina só pode prosperar se um número suficiente de nações acreditar em sua premissa. Não surpreende que regimes autoritários queiram imitar a repressão israelense, e usem a tecnologia de Israel para oprimir suas próprias populações indesejadas ou inquietas. Mas o Estado judeu anseia pela aprovação do Ocidente para realizar plenamente seu potencial diplomático e militar. Além dos Estados Unidos, a Alemanha é, sem dúvida, a joia da coroa. Israel ajudou o país a reabilitar sua imagem abalada após a Segunda Guerra Mundial, enquanto Berlim concede legitimidade a um Estado que ocupa brutalmente os palestinos (que não são um povo aos olhos dos sucessivos governos alemães). A compra de quantidades cada vez maiores de equipamentos de defesa israelenses é apenas mais uma maneira encontrada pelos alemães para expiar sua culpa histórica. Quando o presidente da Autoridade Palestina, Mahmoud Abbas, visitou a Alemanha em agosto de 2022 e falou ao lado do chanceler Olaf Scholz, ele acusou Israel de cometer "cinquenta Holocaustos" contra seu povo. O establishment alemão se indignou com o comentário, mas a hipocrisia era clara: mesmo sob ocupação interminável, são eles, os palestinos, que precisam se desculpar.

A Alemanha levou seu namoro com Israel a níveis perigosos e até absurdos. A organização de mídia *Deutsche Welle* atualizou seu código de conduta em 2022 e insistiu que todos os funcionários, ao falarem em nome da organização ou mesmo de modo pessoal, deveriam "apoiar o direito de Israel de existir" ou sofreriam retaliações, provavelmente até demissão.[41] Depois que as Forças de Defesa de Israel mataram a tiros a jornalista palestina Shireen Abu Akleh na cidade de Jenin, na Cisjordânia, em maio de 2022, a polícia alemã proibiu uma vigília pública pacífica em Berlim devido ao que as autoridades alemãs chamaram de "risco imediato" de violência e mensagens antissemitas. Quando os manifestantes ignoraram esse pedido e saíram às ruas para rememorar Abu Akleh e o Dia da Nakba, a polícia prendeu 170 pessoas por expressarem solidariedade à Palestina.

Majed Abusalama, um palestino na Alemanha, tuitou que havia sido agredido pela polícia durante o protesto. "Saí do hospital há uma hora com uma tipoia no braço, depois que a polícia racista alemã quase deslocou meu ombro com suas ações violentas contra nós, que usávamos o *keffiyeh* [lenço palestino]", escreveu. "Essa é a nova onda de tudo que é antipalestino em Berlim. Insano, não é?" É o saldo de anos de incitação antipalestina por parte da elite política alemã, desde o Parlamento, que designou o movimento BDS como antissemita em 2019, até a pressão para que instituições alemãs recusem qualquer espaço para vozes pró-Palestina, sejam elas judaicas ou palestinas.[42] O intelectual palestino Tareq Baconi fez um discurso

41 Hebh Jamal, "German broadcaster requires employees to 'support Israel's right to exist'", *+972 Magazine*, 8 set. 2022.

42 O Instituto Goethe havia programado um evento público em 2022 com o proeminente jornalista e escritor palestino Mohammed El-Kurd, mas o cancelou porque "ele fez vários comentários sobre Israel de uma forma que o Instituto Goethe não considera aceitável".

poderoso em Berlim, em maio de 2022, durante uma conferência intitulada "Hijacking Memory: The Holocaust and the New Right" [Sequestrando a memória: o Holocausto e a nova direita], observando que "Estados como a Alemanha mais uma vez aceitaram os palestinos como dano colateral. Sua opressão e colonização são um preço justo a se pagar pela expiação dos crimes passados da Alemanha".

"O governo israelense, em parceria com a direita alemã, foi autorizado a ditar como os alemães devem se redimir de seu passado genocida e antissemita", argumenta o escritor judeu estadunidense Peter Beinart. "O governo israelense e seus aliados na Alemanha convenceram os alemães de que, como seus ancestrais assassinaram judeus, eles devem defender o Estado judeu. Isso é errado, tanto do ponto de vista analítico quanto moral."[43]

Apesar das constantes promessas de lealdade por parte de Berlim, amigo confiável de Israel, o antissemitismo segue a pleno vapor por toda a Europa, e cada vez mais judeus se preocupam com seu futuro e com o futuro de sua religião nas próximas décadas. Ataques violentos contra judeus, agressões a rabinos, suásticas desenhadas em sinagogas e cemitérios profanados são indícios de uma tempestade crescente. Em 2021, foram registrados 3.027 incidentes antissemitas, um aumento de 29% em relação ao ano anterior. Ao lado dos islamitas radicais, a extrema direita é a principal perpetradora desse tipo de violência.

Os muçulmanos também sofreram muito, com 632 crimes islamofóbicos registrados somente na Alemanha de janeiro a novembro de 2020. De acordo com um estudo divulgado em 2022 pelo Institute for Jewish Policy Research, com sede em Londres, a maioria dos judeus europeus acredita que "lembrar o Holo-

43 Peter Beinart, "What Germans owe Palestinians and Jews", *Beinart Notebook*, 14 jun. 2022.

causto" e "combater o antissemitismo" são os elementos mais essenciais de sua identidade judaica europeia.[44]

Na Europa, 41% dos jovens judeus consideraram emigrar por questões de segurança, de acordo com uma pesquisa de 2018 da Agência dos Direitos Fundamentais da União Europeia: 2.700 judeus com idades entre 16 e 34 anos disseram pensar em ir embora "porque não se sentem seguros vivendo na Europa como judeus", e 45% se recusam a usar qualquer sinal identificável de sua fé em público. A maioria expressou "forte apego" a Israel, e apenas 35% declararam apoio à União Europeia. Os judeus foram entrevistados na Áustria, Bélgica, Dinamarca, França, Alemanha, Hungria, Itália, Holanda, Polônia, Espanha, Suécia e Grã-Bretanha.[45]

Apesar dessas preocupações, poucos judeus da Europa Ocidental de fato se mudam para Israel. Em 2020, 20 mil judeus de 70 países emigraram para Israel, mas só cerca de 5,5 mil eram oriundos da Europa Ocidental. Muitos chegaram da Europa Oriental e dos antigos Estados soviéticos. Isso foi importante porque o primeiro-ministro israelense Naftali Bennett disse, em outubro de 2021, que sua "meta é trazer quinhentos mil imigrantes judeus das fortes comunidades dos Estados Unidos, da América do Sul e da França". Essa rejeição direta das ondas contínuas de imigração de países não ocidentais revela o preconceito profundamente arraigado em Israel contra a essas populações. Elas são encaradas como um fardo, já que sua origem pouco abastada faz com que, potencialmente, dependam mais de auxílios sociais.

44 Judy Maltz, "'Just Jewish': most European Jews don't belong to any denomininination, new study reveals", *Haaretz*, 2 fev. 2022.
45 Cnaan Liphshiz, "41 percent of young European Jews have considered emigrating due to anti-Semitism", *Jewish Telegraphic Agency*, 4 jul. 2019.

"As vinte mil pessoas que imigram do Leste Europeu para Israel todos os anos podem se considerar sortudas se o Estado tiver a cortesia de chamá-las de judeus", escreveu o jornalista israelense Liran Friedman. "É difícil ter orgulho de tantos imigrantes de Moscou, Tashkent ou Minsk. Eles fizeram muito pelo Estado, mas não são tão descolados e modernos quanto seus colegas judeus de Paris ou Nova York."[46]

Os sinais preocupantes de antissemitismo em toda a Europa são, sem dúvida, agravados pelas ações israelenses na Palestina. Não se trata de justificar, mas apenas de explicar o que acontece sempre que há um aumento da violência na Cisjordânia, em Gaza ou Jerusalém Oriental. Durante o conflito entre Israel e o Hamas em maio de 2021, houve uma série de ataques antissemitas em toda a Europa, desde o lançamento de pedras em uma sinagoga em Bonn até um comboio de carros no norte de Londres gritando lemas antijudaicos, com um pequeno número de pessoas deliberadamente confundindo críticas a Israel com ações e palavras antissemitas.

A aliança de Israel com o complexo industrial de segurança fronteiriça na Europa tem o potencial de complicar a relação do Estado judeu com o continente. A opinião pública em toda a Europa tem se voltado constantemente contra Israel, e a guerra em Gaza em 2021 apenas acelerou essa tendência. De acordo com uma pesquisa conduzida pela YouGov Eurotrack em junho de 2021, as opiniões favoráveis ao Estado judeu despencaram na Grã-Bretanha, França e Dinamarca. Em direção diametralmente oposta, uma pesquisa realizada pelo projeto EU Neighbours South em 2020 revelou que a maioria dos israelenses acredita compartilhar os mesmos valores com a União Europeia e apoia a cooperação entre o bloco e o Estado judeu.

46 Liran Friedman, "Despite Bennett's pleas, Western Jews don't want to emigrate to Israel", *Ynet News*, 11 out. 2021.

É uma desconexão completa: israelenses são amplamente favoráveis à parceria com o bloco europeu, enquanto muitos cidadãos europeus se incomodam cada vez mais com as ações de Israel em relação aos palestinos. Há uma parcela da direita europeia que apoia as ações israelenses na Palestina, admira seu etnonacionalismo e sua postura intransigente contra o Islã e os refugiados. É uma parte da população que deseja comprar e se inspirar nas ferramentas e técnicas que Israel aplica para manter a supremacia judaica do Estado. A existência dessa parcela foi o que possibilitou ao primeiro-ministro Netanyahu cultivar alianças com nacionalistas pró-Israel de extrema direita na Hungria, Eslováquia, Polônia e República Tcheca.

Em 2018, uma pesquisa do Pew Research Center constatou que cidadãos de muitas nações da Europa Ocidental, incluindo Grã-Bretanha, França, Holanda, Espanha, Grécia e Itália, apoiavam o acolhimento de refugiados que haviam fugido da violência e da guerra.[47] Embora o sentimento antirrefugiados fosse uma realidade inegável em outros países, a política brutal da União Europeia para manter os refugiados afastados, auxiliada pela tecnologia israelense, não tinha nítido apoio público entre muitas populações da Europa. Não estava muito claro onde essa situação colocava os judeus europeus que apoiavam a ideia de Israel e o que esse Estado representa.

A postura antirrefugiados da União Europeia foi liderada por políticos e burocratas partidários da narrativa do "choque de civilizações", que colocava muçulmanos e negros africanos contra a maioria europeia supostamente "mais civilizada". Esse argumento foi muito bem recebido em Israel.

A invasão da Ucrânia pela Rússia em 2022 aprofundou ainda mais o relacionamento entre o bloco europeu e Tel Aviv. Quando

47 Phillip Connor, "A majority of Europeans favour taking in refugees, but most disapprove of E.U.'s handling of it", Pew Research Center, 19 set. 2018.

a Alemanha, sob o comando do chanceler Olaf Scholz, anunciou um adicional de cem bilhões de euros no orçamento de Defesa para reforçar a segurança após a agressão de Moscou, no topo da lista de desejos estavam drones israelenses armados. A Força Aérea alemã anunciou que estava procurando comprar tecnologia antimísseis israelense para se proteger de um eventual ataque russo. A Finlândia, outro país preocupado com o militarismo moscovita, estava pronta para comprar equipamentos antiaéreos israelenses. Os países da Otan enviaram para a Ucrânia baterias antitanque construídas por uma subsidiária alemã da Rafael Advanced Defense Systems, de Israel. "A guerra é um inferno, mas claramente é boa para os negócios", escreveu um ex-chefe lobista do mais poderoso grupo de lobby pró-Israel dos Estados Unidos, o American Israel Public Affairs Comittee [Comitê de relações públicas Estados Unidos-Israel] (Aipac).[48]

48 Douglas Bloomfield, "Israel may profit from Ukraine-Russia war", *Jerusalem Post*, 25 maio 2022. A Aipac tem sido um braço determinante da defesa israelense desde a década de 1950, reunindo apoio bipartidário para o Estado judeu durante conflitos, crimes de guerra e ocupação interminável. Ver Doug Rossinow, "The dark roots of Aipac, 'America's pro-Israel lobby'", *The Washington Post*, 6 mar. 2018.

O apelo duradouro da dominação israelense

5

Se os xerifes dos Estados Unidos têm uma coisa em comum com os israelenses, é a seguinte: eles não são educados. Eles são diretos.

— CORONEL DANY TIRZA, ARQUITETO DO MURO DA CISJORDÂNIA[1]

A contradição que mora no coração do Estado judeu teve pouco impacto em seu sucesso. No entanto, ser judeu em Israel é muito mais perigoso do que viver como judeu em quase qualquer outro lugar do mundo. Essa falta de segurança não se deve ao judaísmo, mas à postura política e militar da nação.

"É uma democracia na qual é preciso ser judeu para desfrutar de plenos direitos cívicos", escreve o cineasta, fotógrafo e acadêmico Haim Bresheeth-Žabner em seu livro de 2020, *An Army Like No Other: How the Israel Defense Forces Made a Nation*. "O sionismo marcou a mudança de muitos pequenos guetos judeus europeus para um gueto moderno, grande e poderoso, que se destaca. Esse gueto em particular fracassou

1 Citado em Todd Miller, *Empire of Borders: The Expansion of the U.S. Borders around the World*. Londres: Verso, 2019, p. 5.

em seu projeto utópico de construir uma existência judaica sem o *goy* [não judeu]."[2]

Isso pode ser visto no relacionamento de Israel com a África. Muitos países africanos apoiaram Israel depois de 1948 como uma nobre luta anticolonial porque conseguiam se relacionar com a causa israelense. Um dos aspectos menos conhecidos dessa dinâmica, pouco antes da Guerra dos Seis Dias, foi o apoio de Israel à campanha contra o domínio da minoria branca na Rodésia, atual Zimbábue. Israel condenou o regime liderado pelo nacionalista branco Ian Smith após sua declaração unilateral de independência em 1965 e apoiou um boicote militar e civil ao regime.

No entanto, a defesa de Israel não se deveu a um amor pela autodeterminação africana, mas a uma decisão calculada para reunir apoio africano contra o que considerava uma "difamação" árabe e comunista. Israel também estava interessado em explorar os recursos naturais da África e imediatamente começou a construir relações com líderes flexíveis na República Centro-Africana depois que ela declarou independência da França em 1960.[3]

Documentos desclassificados dos Arquivos do Estado de Israel indicam que Tel Aviv forneceu treinamento a grupos rebeldes que lutavam contra o racismo na Rodésia, embora a natureza exata do treinamento seja desconhecida. Algumas autoridades apoiaram a luta armada. O embaixador de Israel na Zâmbia, Ben Zion Tahan, enviou um telegrama inequívoco em 23 de novembro de 1965: "Na minha opinião, o principal caminho é o terrorismo, ainda que seja o mais complicado para os

2 Haim Bresheeth-Žabner, *An Army Like No Other: How the Israel Defense Forces Made a Nation*. Londres: Verso, 2020, p. 10.

3 Eitay Mack, "Wait for the Uzi's — Israeli relations in the 60s with MLK and African leaders were hardly idealistic, despite nostalgia", *Mondoweiss*, 21 jul. 2020.

combatentes".[4] Quando o primeiro líder do Zimbábue, Robert Mugabe, visitou Israel em 1964, ele agradeceu ao Estado judeu pelo apoio ao seu movimento de resistência e expressou o desejo de que seus combatentes recebessem treinamento israelense em guerra de guerrilha.

Depois de 1967, o interesse de Israel pelos movimentos de libertação diminuiu e seu apoio a eles se tornou muito menos eficaz, pois o país se tornou ele próprio um invasor. E não houve melhor aliança política, militar, diplomática e ideológica entre nações com ideias semelhantes do que entre Israel e a África do Sul do apartheid. O regime do apartheid assumiu o poder em Pretória em 1948 e logo implementou restrições no estilo nazista aos não brancos, desde a proibição do casamento inter-racial até a exclusão dos negros de muitos empregos. A comunidade judaica sul-africana era fortemente pró-Israel e se tornou o maior apoiador financeiro per capita de Israel no pós-1948. A maioria desses judeus se beneficiou do apartheid sul-africano e ajudou a sustentá-lo. Uma minoria pequena, mas notável, opôs-se bravamente à segregação e se uniu ao Congresso Nacional Africano (CNA) em sua campanha pela libertação.

Quando os governos sul-africano e israelense consolidaram um relacionamento político, ideológico e militar na década de 1970, muitas vezes centrado em armas que haviam sido desenvolvidas e testadas pelos militares israelenses, muitos membros do partido Likud no poder sentiram afinidade com a visão de mundo da África do Sul. Como escreveu o jornalista e autor do livro *The Unspoken Alliance*, Sasha Polakow-Suransky, tratava-se de uma "ideologia sobrevivencialista de minorias, que apresentava os dois países como postos avançados ameaçados

4 Eitay Mack, "When Israel supported boycotts against a white supremacist regime", *+972 Magazine*, 10 mar. 2021.

da civilização europeia, defendendo sua existência contra os bárbaros no portão".[5]

Um desses proeminentes dissidentes judeus foi Ronnie Kasrils, que atuou como ministro da Inteligência da África do Sul entre 2004 e 2008 sob um governo do CNA. Ele disse ao *Guardian* que a comparação entre as duas nações não era acidental:

> Os israelenses afirmam que são o povo escolhido, os eleitos de Deus, e encontram uma justificativa bíblica para seu racismo e exclusividade sionista. Tal qual os africânderes da África do Sul do apartheid, que também tinham a noção bíblica de que a terra era sua por direito divino. E tal qual os sionistas que afirmavam ser a Palestina da década de 1940 "uma terra sem povo para um povo sem terra", os colonos africânderes espalharam o mito de que não havia negros na África do Sul quando eles se estabeleceram no século XVII, sendo que eles tomaram a terra pela força das armas e do terror, em uma série de sangrentas guerras coloniais de conquista.[6]

Em meados da década de 1970, o relacionamento entre os dois países ficou tão próximo que o primeiro-ministro israelense Yitzhak Rabin convidou seu colega sul-africano John Vorster para uma visita que incluiu um tour pelo Yad Vashem, o memorial do Holocausto em Jerusalém. Vorster foi simpatizante nazista e membro do grupo fascista africânder Ossewabrandwag durante a Segunda Guerra Mundial. Em 1942, ele expressou com orgulho sua admiração pela Alemanha nazista. No entanto, ao chegar a Israel em 1976, Vorster foi homenageado por Rabin em

5 Sasha Polakow-Suransky, *The unspoken alliance: Israel's secret relationship with apartheid South Africa*. Nova York: Pantheon, 2010, p. 8.
6 Chris McGreal, "Brothers in arms: Israel's secret pact with Pretoria", *The Guardian*, 7 fev. 2006. Ver também Eitay Mack, "NSO's employees sleep soundly even as journalists, rights activists targeted by Pegasus do not", *The Wire*, 9 ago. 2021.

um jantar de Estado. Rabin brindou "aos ideais compartilhados por Israel e África do Sul: a esperança de justiça e coexistência pacífica". Ambas as nações enfrentavam "instabilidade e imprudência de inspiração estrangeira".

Poucos meses depois da visita de Vorster, o anuário do governo sul-africano explicou que ambos os Estados estavam enfrentando o mesmo desafio: "Israel e a África do Sul têm uma coisa em comum acima de tudo: ambos estão situados em um mundo predominantemente hostil, habitado por povos negros".[7] O relacionamento entre as nações era amplo, mas também sigiloso. Em abril de 1975, foi assinado um acordo de segurança que definiu as relações bilaterais para os vinte anos seguintes. Uma cláusula do acordo afirmava que ambas as partes se comprometiam a manter o documento em segredo.

Alon Liel, ex-embaixador israelense em Pretória e chefe do escritório do Ministério das Relações Exteriores de Israel na África do Sul na década de 1980, explicou que a relação entre os dois países fora vital para os setores de Defesa de ambos, transformando-os em importantes atores globais. Liel argumentou que, na instauração da segurança israelense, muitos se convenceram de que Israel, como nação ocupante, não teria sobrevivido sem o apoio dos africânderes. Ele e outro ex-embaixador israelense na África do Sul, Ilan Baruch, escreveram em 2021 que Israel era um Estado de apartheid, inspirado na África do Sul pré-1994. De acordo com Liel:

> Criamos o setor armamentista da África do Sul. Eles nos ajudaram a desenvolver todos os tipos de tecnologia, porque tinham muito dinheiro. Quando estávamos desenvolvendo coisas juntos, geralmente entrávamos com o *know-how* e eles, com o dinheiro. Depois de 1976, houve um caso de amor entre as instituições de

7 Chris McGreal, *op. cit.*

segurança dos dois países e seus exércitos. Estávamos envolvidos em Angola [a África do Sul não reconheceu a independência do país em 1975 e apoiou seus oponentes] como consultores do exército [sul-africano]. Havia oficiais israelenses lá cooperando com o exército. A ligação era muito íntima.[8]

Às escondidas do mundo todo, Israel ignorou o embargo de armas imposto pelo Conselho de Segurança da ONU à África do Sul. Em 29 de agosto de 1984, Hanan Bar-On, vice-diretor do Ministério de Relações Exteriores de Israel, enviou um telegrama a David Kimchi, seu chefe, explicando: "A política israelense [...] é de não admitirmos de forma alguma [as vendas de armas], seja a um israelense ou a um ator estrangeiro. E menos ainda a um congressista estadunidense, mesmo que ele seja considerado um amigo e a relação com ele seja supostamente íntima".

O aspecto mais secreto do relacionamento foi o apoio mútuo dado à capacidade nuclear de cada um. França e Grã-Bretanha forneceram materiais essenciais para ajudar Israel a desenvolver armas nucleares, e a produção em grande escala começou após a Guerra dos Seis Dias. Com um suprimento abundante de urânio, a África do Sul tinha uma base sólida para construir seu próprio estoque, mas precisou de Israel para fornecer conhecimento técnico. De acordo com o ex-oficial de inteligência israelense Ari Ben-Menashe, a África do Sul permitiu que Israel testasse armas nucleares no Oceano Índico em 1979, embora Tel Aviv negue ter conduzido os experimentos.[9] Israel chegou a oferecer a venda de ogivas nucleares para a África do Sul na década de 1970, mas o acordo nunca se concretizou.[10]

8 Chris McGreal, *op. cit.*

9 Ari Ben-Menashe, *Profits of War: Inside the Secret U.S.-Israeli Arms Network*. Nova York: Sheridan Square, 1992, p. 210.

10 Chris McGreal, "Revealed: how Israel offered to sell South Africa nuclear weapons", *The Guardian*, 24 maio 2010.

Documentos secretos trazidos a público indicam que a África do Sul queria as armas para atingir potencialmente os Estados vizinhos, como forma de dissuasão de ataques. O primeiro-ministro sul-africano P. W. Botha e o ministro da Defesa israelense Shimon Peres conspiraram para manter o acordo totalmente secreto. Uma carta de Peres de 1974 para a África do Sul afirmava que ambos tinham um "ódio comum à injustiça" e que ele pressionava por uma "estreita identidade de aspirações e interesses". Na década de 1980, Israel era o principal fornecedor de armas da África do Sul.

Inicialmente, Washington não estava totalmente ciente da extensão da colaboração nuclear de Israel com os sul-africanos, e o sigilo israelense continua até hoje. Sua instalação nuclear em Dimona nunca foi inspecionada pela Agência Internacional de Energia Atômica, e presume-se que Israel tenha mais de duzentas armas nucleares. Durante a primeira reunião entre o presidente dos Estados Unidos Joe Biden e o então primeiro-ministro israelense Naftali Bennett em agosto de 2021, Washington reafirmou o antigo entendimento de que não forçaria Israel a aderir ao Tratado de Não Proliferação Nuclear ou a abrir mão de suas bombas. Israel concordou em não promover nenhum teste nuclear nem ameaçar realizar ataques nucleares, mantendo sua "ambiguidade nuclear".[11]

Em 1971, C. L. Sulzberger, colunista do *New York Times*, escreveu que Israel e a África do Sul haviam se tornado tão próximos que ele ouviu um boato não confirmado de que "uma missão sul-africana foi a Israel durante a Guerra dos Seis Dias para estudar táticas e uso de armas". O premiê sul-africano Vorster disse ao colunista que Israel enfrentava seu próprio "problema de apartheid" — ou seja, como lidar com os árabes. "Nenhuma das duas nações", escreveu Sulzberger, "quer colocar seu futuro inteira-

11 Barak Ravid, "Biden and Israel PM renewed agreement on covert nuclear program", *Axios*, 1º set. 2021.

mente nas mãos de uma maioria que a cerca. Ambas preferem lutar".[12] Em 1977, Sulzberger foi acusado de ser um agente da CIA por Carl Bernstein, da equipe de reportagem do *Washington Post* que revelou o escândalo do Watergate.[13]

Os benefícios mútuos dessa relação não se restringiam à capacidade de ganhar dinheiro com o setor de defesa; trata-se de uma afinidade ideológica sobre como lidar com populações indesejadas. Os bantustões da África do Sul, áreas em que os residentes negros viviam sem autonomia, serviram de inspiração para boa parte da elite israelense como um modelo viável para a Palestina. O sonho era isolar os palestinos "indesejáveis" em enclaves não contíguos, bantustões isolados do resto do país — algo bem parecido com a atual Cisjordânia, onde 165 "enclaves" palestinos são estrangulados por colônias israelenses, pelas IDF e por colonos violentos.

Durante a era do apartheid sul-africano, os diplomatas israelenses ao redor do mundo foram instruídos a dizer à mídia que o Estado judeu não reconhecia os bantustões. Isso era mentira, como provou um telegrama enviado por Natan Meron, vice-diretor do Ministério das Relações Exteriores, em 23 de novembro de 1983: "Não é segredo que figuras políticas e públicas israelenses estão envolvidas de uma forma ou de outra, direta ou indiretamente, em atividades econômicas nos bantustões".[14]

O uso de retórica da era do apartheid sul-africano para defender a ocupação israelense segue vigente. Durante a campanha eleitoral israelense de 2019, Benny Gantz, líder da oposição, criticou o primeiro-ministro Benjamin Netanyahu por proibir as congressistas estadunidenses Ilhan Omar e Rashida Tlaib de entrar em Israel e nos territórios palestinos. Em vez disso, disse

12 C.L. Sulzberger, "Foreign Affairs", *The New York Times*, 30 abr. 1971.
13 Carl Bernstein, "The CIA and Media", *Rolling Stone*, 20 out. 1977.
14 Eitay Mack, "One year after Pegasus revelations, the state of Israel continues to evade scrutiny", *The Wire*, 18 jul. 2022.

Gantz, as duas mulheres deveriam ter sido autorizadas a ver "com seus próprios olhos" que "o melhor lugar para ser árabe no Oriente Médio é em Israel [...] e o segundo melhor lugar para ser árabe no Oriente Médio é a Cisjordânia". Isso lembra a declaração de John Vorster, líder do apartheid sul-africano, ao *New York Times*, em 1977, de que "o padrão de vida do negro sul-africano é de duas a cinco vezes mais alto do que em qualquer país negro da África".[15] Um dos arquitetos do apartheid na África do Sul, o ex-primeiro-ministro Hendrik Verwoerd, escreveu no *Rand Daily Mail* em 1961 que "Israel, como a África do Sul, é um Estado de apartheid", formado com a tomada da Palestina dos árabes que "viviam lá há mil anos".[16]

O ex-premiê israelense Ariel Sharon era um fã declarado dos bantustões — foi um dos maiores defensores da construção de assentamentos nas colônias israelenses a partir da década de 1970 e queria adaptá-los à Cisjordânia. Em sua autobiografia, o ex-embaixador israelense Avi Primor escreveu a respeito de uma viagem à África do Sul no início da década de 1980 com o então ministro da Defesa Ariel Sharon e relembrou o quanto este ficou impressionado com o empreendimento dos bantustões.[17] O ex-primeiro-ministro italiano Massimo D'Alema disse ao *Haaretz*, em 2003, que Sharon havia lhe explicado que o modelo do bantustão era o mais apropriado para a Palestina.[18]

15 Ali Abunimah, "Occupation good for Palestinians, says Israeli opposition chief", *The Electronic Intifada*, 10 set. 2019.

16 Ran Greenstein, "What lessons can Palestinians really take from the struggle of black South Africans?", *+972 Magazine*, 11 set. 2022.

17 Ilan Baruch & Alon Liel, "Former Israeli ambassadors to S.A. say Israel took inspiration from apartheid regime", *Daily Maverick*, 8 jun. 2021.

18 Akiva Eldar, "People and politics: Sharon's bantustans are far from Copenhagen's hope", *Haaretz*, 13 maio 2003. Eldar detalhou um antigo "mapa do Estado palestino, de acordo com a proposta de Sharon" e ele era muito semelhante ao plano da África do Sul de estabelecer dez

Perto do fim do regime de apartheid da África do Sul e da primeira eleição democrática, em 1994, Israel era uma das últimas nações a manter relações com o regime da minoria branca. O establishment de defesa israelense há muito tempo estava encantado com sua própria propaganda e acreditava que o apartheid duraria para sempre. Nelson Mandela percebeu. Em um discurso de 1993 para os delegados da Internacional Socialista, ele disse: "O povo da África do Sul jamais esquecerá o apoio do Estado de Israel ao regime do apartheid".[19]

A MISSÃO INICIAL DE ISRAEL era ser um farol em um século que sofreu catastroficamente os perigos do etnonacionalismo. Hoje, ideologicamente e com equipamentos militares e de inteligência, Israel inspira outras nações a aprofundar a sanha missionária israelense de encontrar e criar países com a mesma mentalidade que a sua. Nenhum deles será igual a Israel, mas seu modelo de chauvinismo e de orgulho descarado de priorizar os judeus acima de tudo é como uma embalagem lisa, facilmente transportável, que pode ser adaptada a uma infinidade de países e cenários.

Oficiais estadunidenses e israelenses estão presentes em vários países do mundo, treinando, armando ou pressionando autoridades locais para que apliquem suas políticas de imigração, contraterrorismo e policiamento. O Norte global, incluindo os Estados Unidos, a União Europeia, a Austrália e Israel, impõe seu poder de forma implacável, controlando quatro quintos da renda mundial, sem qualquer interesse em compartilhar essa riqueza.[20]

...

bantustões (dos quais apenas quatro foram criados). Sharon queria dez na Cisjordânia e um em Gaza.

19 Sasha Polakow-Suransky, *The Unspoken Alliance: Israel's Secret Relationship with Apartheid South Africa*. Nova York: Pantheon, 2010, p. 219.

20 Todd Miller, *Empire of borders: the expansion of the U.S. borders around the world*. Londres: Verso, 2019, p. 11-12.

Essa arquitetura de controle precisa ser administrada internamente, mas também no exterior, por meio de Estados-clientes confiáveis. As fronteiras internacionais são fisicamente invisíveis, mas ideologicamente poderosas. Elas são compostas de elementos diversos, como a manutenção de palestinos em um gueto por Israel; o envio à força de refugiados em barcos para ilhas remotas e perigosas do Pacífico pela Austrália; a União Europeia permitindo deliberadamente que migrantes não brancos se afoguem no Mediterrâneo; os Estados Unidos expulsando latino-americanos que, muitas vezes, estão fugindo de políticas projetadas por Washington em seus países de origem.

Na Índia do primeiro-ministro Narendra Modi e seu partido nacionalista hindu Bharatiya Janata Party [Partido do Povo Indiano] (BJP), a Caxemira é uma tela em branco sobre a qual uma nova visão da identidade indiana pode ser imposta. Em 2019, o governo de Modi revogou a maior parte dos artigos 370 e 35a da Constituição indiana[21] e suspendeu as Constituições de Jammu e da Caxemira para dar a Nova Delhi o controle quase total sobre o território disputado, após setenta anos de relativa autonomia. Modi agiu rapidamente para implementar um plano com semelhanças notáveis (mas também importantes diferenças) com a Palestina controlada por Israel.[22]

As similitudes não passam despercebidas pelas pessoas mais afetadas. O escritor caxemirense Arif Ayaz Parrey acredita que o ideal de Modi é tanto filosófico quanto político: "A natureza dos conflitos na Caxemira e na Palestina pode ser muito diferente, mas essencialmente, em ambos os lugares, as pessoas estão sendo forçadas a fazer o que não querem e o que não lhes traz nenhum

21 Os artigos 370 e 35a garantiam aos residentes da região de Jammu e Caxemira o direito a uma Constituição própria, uma bandeira de Estado própria e autonomia administrativa. [N.E.]

22 Arif Ayaz Parrey, "Kashmir banega Palestine?", *Wande Magazine*, 5 ago. 2020.

benefício tangível — o que é, mesmo de uma perspectiva neutra, uma perda", ele me disse. "Na Palestina, isso se manifesta na forma da perda de terra (que, em última análise, levará à perda de identidade) e, na Caxemira, na forma de perda de identidade — que, algum dia, poderá se traduzir em perda de terra. Os mecanismos coercitivos nos dois países estão unidos por essa realidade."

Muitos dos escritos dos caxemirenses, ao descreverem seus tormentos e lutas, lembram os palestinos imaginando o dia em que a liberdade chegará. "Nossos atuais senhores [Índia] não querem nem mesmo nos explorar", escreveu Parrey no prelúdio do livro *Cups of Nun Chai* [Xícaras de nun chai], sobre as 118 vidas perdidas durante um verão particularmente violento na Caxemira em 2010. "Eles preferem que deixemos de existir para que possam ter uma terra vazia para preencher com suas fantasias de *swarg*, o paraíso".

A região montanhosa da Caxemira raramente viu a paz desde 1947, quando a administração britânica se retirava e dividia o subcontinente entre os novos estados da Índia e do Paquistão. No século XXI, as ocupações da Palestina e da Caxemira, embora igualmente brutais, recebem diferentes graus de atenção internacional. Isso foi apontado por Khurram Parvez, coordenador da Jammu and Kashmir Coalition of Civil Society [Coalizão da sociedade civil de Jammu e da Caxemira]. Em 2020, quando Israel ameaçou anexar a Cisjordânia, essa confederação de organizações de direitos civis declarou que "a anexação da Caxemira é tão sinistra quanto a da Palestina, mas fomos abandonados. Parece haver um apoio tácito à anexação da Caxemira. [...] Conhecemos a dor de ter outra pessoa decidindo sobre sua terra, seus direitos e seu futuro".[23] Os caxemirenses usam o termo "intifada" para descrever sua luta de décadas contra o domínio indiano.

23 Hilal Mir, "Israel's annexation plan 'immoral': Kashmiri activist", *Anadolu Agency*, 7 jul. 2020.

As autoridades indianas nem sequer tentam esconder sua admiração pela ocupação israelense. Em novembro de 2019, Sandeep Chakravorty, cônsul-geral da Índia em Nova York, disse, em um evento privado para hindus da Caxemira em Nova York, acreditar que "a situação de segurança melhorará e permitirá que os refugiados voltem, e, ainda em vida, vocês poderão voltar [...] e encontrarão segurança, porque já temos um modelo no mundo. Não sei por que não o seguimos. Isso já aconteceu no Oriente Médio. Se o povo israelense pode fazer isso, nós também podemos". A administração de Modi estava "determinada" a fazê-lo.[24]

Os laços crescentes entre Israel e Índia se materializam em termos financeiros brutos. Entre 2015 e 2020, o principal mercado de exportação de armas de Israel foi a Índia, com 43% do total de vendas; em 2020, a Índia se consolidou como o maior cliente da indústria armamentista israelense, um ano depois de Israel ser apontado como o oitavo maior traficante de armas do mundo. Os drones israelenses Heron sobrevoam a Caxemira, assim como sobrevoam os territórios ocupados da Palestina.

A afinidade galopante entre Israel e Índia não era apenas ideológica, um abraço mútuo de etnonacionalismo: o comércio de equipamentos de defesa ajudou a reforçá-la. A Índia não precisa de Israel para ensiná-la a oprimir os caxemirenses, mas o Estado israelense deu à maior democracia do mundo as ferramentas e a legitimidade para exercer essa opressão com extremo preconceito.

E não é apenas na Caxemira que a Índia está adotando políticas no estilo israelense. Em 2022, as autoridades do estado de Uttar Pradesh demoliram as casas de muçulmanos acusados de ligação com protestos religiosos que se tornaram violentos. A visão de escavadeiras derrubando casas lembrava assus-

24 "Anger over India's diplomat calling for 'Israel model' in Kashmir", *Al Jazeera*, 28 nov. 2019.

tadoramente as ações israelenses contra estruturas palestinas em Jerusalém Oriental e na Cisjordânia. Assim como Israel, a Índia alegou que as casas haviam sido construídas ilegalmente.

A revista pró-Israel *Tablet* clamou por um fortalecimento ainda maior dos laços com a Índia, sob o argumento de que "Israel tem a tecnologia e a disposição para agir com relativa liberdade e confiança no enfrentamento de ameaças". O autor do texto alegava que a Índia desejava uma liberdade semelhante, citando Tanvi Madan, diretora do Projeto Índia na Brookings Institution. Segundo ela, as elites indianas tinham "inveja operacional" de Israel "devido a uma frustração real [...] Nas últimas duas décadas, quando o Paquistão instrumentalizou grupos terroristas, a Índia não pôde retaliar como faria com qualquer outro país por causa das armas nucleares".[25]

As relações bilaterais vêm de longa data, mas nem sempre foram tão amistosas. A Índia não reconheceu Israel até 1950. Em 1938, Mahatma Gandhi expôs sua oposição ao "clamor pelo lar nacional dos judeus". Para ele, "a Palestina pertence aos árabes". E até 1992, a Índia se viu como um dos principais membros do Movimento Não Alinhado, identificando uma afinidade ideológica entre sua própria luta por identidade e a da Palestina.

Após os Acordos de Paz de Oslo na década de 1990, essa dinâmica começou a mudar, com a Índia se interessando cada vez mais pela compra de armas israelenses, drones e cercas eletrônicas equipadas para detectar movimentação humana. O então primeiro-ministro Ariel Sharon visitou a Índia em setembro de 2003, quando o primeiro-ministro Atal Bihari Vajpayee, fundador do BJP, estava no poder. Eles assinaram a Declaração de Delhi sobre Amizade e Cooperação entre Índia e Israel, afirmando que "Israel e Índia são parceiros na batalha contra esse

25 Armin Rosen, "As its conflict with Pakistan heats up, India looks to Israel for arms, tactics", *Tablet*, 8 mar. 2019.

flagelo [terrorista]" e que "não pode haver nenhuma concessão na guerra contra o terrorismo".[26]

O crescimento do respeito mútuo foi paralelo ao do nacionalismo hindu. Madhav Sadashiv Golwalkar, fundador da organização paramilitar nacionalista hindu Rashtriya Swayamsevak Sangh [Corpo Nacional de Voluntários] (RSS), era um admirador do nazismo. O fundamentalismo hindu e o ódio aos muçulmanos estão no centro do pensamento do BJP. Um pioneiro dessa ideologia, Veer Savarkar, escreveu que o modelo da Índia para o "problema muçulmano" deveria ser semelhante ao modo como os nazistas administraram seu "problema judeu". O RSS evoluiu desde a sua fundação, mas a admiração pelo nazismo permanece em algumas seções contemporâneas do partido.

Mesmo que não gostem dos judeus (como ocorre amplamente na extrema direita global), os nacionalistas hindus há muito admiravam o conceito de Israel como um etnoestado. Em 1947, Savarkar escreveu: "Deve-se enfatizar, portanto, que, historicamente falando, toda a Palestina é, desde pelo menos dois mil anos antes do nascimento do Profeta Muçulmano, o Lar Nacional do Povo Judeu".

A liderança de hoje, que conquistou um controle férreo sobre o Parlamento indiano, elogia Israel. Em 2016, o chefe do RSS, Mohan Bhagwat, expressou assim sua admiração pelo Estado judeu: "Israel foi atacado por países islâmicos vizinhos em cinco ocasiões, mas o povo israelense repeliu suas agressões e ampliou suas fronteiras devido à forte determinação de salvar a pátria".[27]

Desde a eleição de Modi em 2014, os muçulmanos indianos têm sofrido uma onda crescente de linchamentos, violência,

26 Jimmy Johnson, "India employing Israeli oppression in Kashmir", *The Electronic Intifada*, 19 ago. 2010.

27 Somdeep Sen, "India's alliance with Israel is a model for the world's illiberal leaders", *Foreign Policy*, 10 set. 2020.

ameaças de limpeza étnica e discurso de ódio. Os corpos dos caxemirenses mortos são desovados pelas autoridades longe de sua família ou simplesmente não são devolvidos a tempo para a realização de um sepultamento digno, em uma tática que lembra a das IDF. As famílias enlutadas muitas vezes são forçadas a chorar diante de túmulos vazios.[28] As mulheres muçulmanas que usam *hijab* são atacadas e, em alguns estados, as meninas muçulmanas não têm acesso à educação pelo simples fato de cobrirem a cabeça.

Não é de surpreender que a xenofobia do país tenha se infiltrado na cultura popular. Bollywood, conhecida há muito tempo pelo amplo envolvimento muçulmano em todo o setor, está sendo forçada a adotar uma perspectiva anti-islâmica. Muitos em Bollywood promoveram alegremente a agenda nacionalista hindu linha-dura, lançando filmes que celebram abertamente as ações das Forças Armadas indianas. Da mesma forma, a série israelense *Fauda*, que apresenta agentes israelenses infiltrados na Cisjordânia, tem sido extremamente popular entre os indianos de direita, que procuram um sucesso de guerra contra o terror e propaganda anti-islâmica em um formato de produção elegante. Durante a quarentena da covid-19, em maio de 2020, o economista de direita Subramanian Swamy, que faz parte da executiva nacional do BJP, tuitou que adorava *Fauda*.[29]

A guerra ao terror, declarada no pós-11 de Setembro, serviu tanto para a Índia quanto para Israel em seus projetos de "pacificação" das respectivas populações indesejadas. Foi para esse fim que Israel treinou as forças indianas em contrainsurgência. Após um acordo de cooperação em "segurança pública e domés-

28 Siddiqa Ahmad & Aabida Ahmed, "Mourning over empty graves in Indian-controlled Kashmir", *Haaretz*, 21 nov. 2021.
29 Abhinav Pandya, "Israel's *Fauda* vs Turkey's *Ertugrul*: in India, the battle between two hit TV series is more than a culture war", *Haaretz*, 17 jul. 2020.

tica", assinado em 2014 entre Delhi e Tel Aviv, muitos oficiais das polícias, forças especiais, aérea e terrestre indianos visitaram Israel para treinamento. Em 2020, Israel se recusou a investigar os policiais indianos para determinar se eles haviam cometido algum abuso na Índia. Eitay Mack e uma série de outros ativistas apresentaram uma petição à Suprema Corte de Israel em 2020 para exigir que o país parasse de treinar policiais indianos que "cegam, assassinam, estupram, torturam e desaparecem com civis na Caxemira". O tribunal rejeitou o pedido, mas "sem diminuir a importância da questão das violações dos direitos humanos na Caxemira", nas palavras dos três juízes.

Benjamin Netanyahu e Modi fortaleceram a relação durante o período em que o primeiro esteve no cargo. Israel até concedeu aos negociantes de armas uma autorização de viagem em meio ao *lockdown* da covid no início de 2021, já que dezenas de israelenses queriam participar de uma das maiores feiras militares do mundo, a Aero India. As empresas de defesa fretaram um avião particular para levá-los até lá.[30] Em 2022, Joe Biden, presidente dos Estados Unidos, Yair Lapid, então primeiro-ministro israelense, Sheikh Mohammed bin Zayed Al Nahyan, presidente dos Emirados Árabes Unidos, e Modi se reuniram na primeira reunião do fórum I2U2, que visava estreitar os laços entre as nações.

Em novembro daquele mesmo ano, contudo, um incidente diplomático atingiu o cerne da relação entre Israel e Índia. Nadav Lapid, um proeminente cineasta israelense e chefe do júri do Festival Internacional de Cinema da Índia, condenou um longa da mostra, *The Kashmir Files* [Os arquivos da Caxemira], sobre a perseguição aos hindus na Caxemira, chamando-o de um "vulgar" filme de "propaganda". A produção havia sido apoiada pelo governo Modi e era um sucesso de bilheteria. Em resposta, Lapid

30 Avi Bar-Eli, "Netanyahu allows Israeli arms dealers to fly to India, despite Covid lockdown", *Haaretz*, 1º fev. 2021.

recebeu uma avalanche de condenações dos nacionalistas indianos e das autoridades governamentais. O embaixador israelense na Índia escreveu que Lapid "deveria se envergonhar", preocupando-se com a possibilidade de o governo indiano reduzir seu apoio ao Estado judeu. Foi um momento deprimente, porém revelador, que mostrou o estado lamentável do debate público sobre nacionalismo e terrorismo em ambas as nações.

Muitos comentaristas indianos comemoraram as ações de Modi na Caxemira, um território com uma população de mais de doze milhões de pessoas, ocupado por cerca de meio milhão de soldados indianos. Em meio às celebrações, abundam elogios à ação israelense contra os palestinos e pedidos de que a Índia siga o exemplo. Em agosto de 2019, duas semanas após a revogação do artigo 370, Abhijit Iyer-Mitra escreveu no portal *The Print* que as autoridades indianas pesavam a mão ao bloquear todas as comunicações na Caxemira, inclusive telefones e internet. Para ele, muito mais eficaz foi a forma como Israel administrou a chamada Intifada Silenciosa em 2014: durante um período de aumento da violência em Jerusalém, os israelenses entraram "antes que as reuniões acontecessem e, ao fazer isso, evitaram incomodar a população palestina como um todo. O raciocínio por trás dessa ação não foi cortar as comunicações, mas permitir que elas fluíssem livremente".[31]

Essa foi uma leitura intencionalmente equivocada das ações israelenses à época; o que Tel Aviv fez, na prática, foi aplicar sua política controversa de destruir as casas de supostos militantes palestinos. A Human Rights Watch chamou essas ações de "crimes de guerra", pois "punem ilegalmente pessoas que não são acusadas de nenhum delito".

As comparações entre a Caxemira e os assentamentos israelenses na Palestina são óbvias. A partir de 2019, pela primeira vez

31 Abhijit Iyer-Mitra, "India needs tips from Israel on how to handle Kashmir. Blocking network is not one of them", *The Print*, 19 ago. 2019.

em mais de um século, não caxemirenses foram autorizados a comprar propriedades e terras na região, em uma tentativa de mudar sua composição demográfica. Os caxemirenses temiam que os colonos indianos, civis ou armados, tomassem conta de vastas extensões de seu território.

O povo da Caxemira sofre com essa atmosfera sufocante, um lembrete diário de que eles estão sob ocupação. Anuradha Bhasin é editora-executiva do *Kashmir Times* e mora em Jammu. Ela me contou que:

> Aparentemente, a vida em Jammu continua normal. Em Srinagar, é preciso capitular diariamente diante da presença crescente das Forças Armadas: bunkers, postos de controle e revista, e o medo de ser atingido por um incêndio criminoso. Os apagões de internet são frequentes e, às vezes, as forças de segurança também impõem restrições de movimento. Isso também é psicologicamente desgastante, porque a pessoa está lidando o tempo todo com imensa dor e trauma.

Como editora de um jornal diário, Bhasin tem plena consciência de que a mídia está sendo forçada a "ressaltar apenas a imagem positiva do governo. Eles estão reprimindo cada palavra crítica". Os arquivos de jornais on-line, inclusive o dela, estão sendo excluídos por hackers desconhecidos, provavelmente contratados pelo Estado indiano para limpar traços de reportagens críticas.[32] De acordo com Bhasin, o regime de Modi introduziu uma série de legislações "para facilmente desapropriar e desalojar os habitantes locais, incentivar novos assentamentos e oferecer vastas extensões de terra aos lobbies empresariais indianos a um preço irrisório, para que iniciem empreendimentos, inclusive a mineração".

32 Aakash Hassan, "Kashmir's vanishing newspaper archives", *Coda*, 23 nov. 2021.

O resultado é muito similar ao que ela chama de "padrão israelense": "É um projeto para desapropriar os habitantes da Caxemira de várias maneiras e gradualmente trazer colonos de origem hindu, enquanto a maioria muçulmana é empurrada para as margens por meio de métodos militares repressivos".

Quando perguntei a Bhasin o que ela mais temia nos próximos dez anos, ela disse: "Se o BJP conseguir o que quer, a Caxemira estará no caminho certo para se tornar outra Faixa de Gaza". Embora ela considere quase inevitável o ressurgimento da insurgência, ela enxerga a provável trajetória da Caxemira como "caótica e violenta".

O medo sob Modi era que a Índia se transformasse numa versão local de Israel, onde o nacionalismo hindu de extrema direita suprime a dissidência e não tolera os muçulmanos. Essa tendência foi reforçada no final de 2019, quando o governo indiano introduziu a Lei de Emenda à Cidadania, para que membros das comunidades hindu, jainista, parsi, sikh, budista e cristã do Paquistão, de Bangladesh e do Afeganistão reivindicassem cidadania no país. Os muçulmanos foram deliberadamente excluídos. Como em Israel, a cidadania estava se tornando inextricavelmente ligada à religião.

No caso dos palestinos na Cisjordânia ou em Gaza, Israel controla o registro da população, deixando-a à mercê dos caprichos da ocupação. Esse controle ocorre desde 1967, com o Estado judeu exercendo poder absoluto sobre a concessão de passaportes e carteiras de identidade palestinas, além da permissão de entrada ou saída do território.[33] Como Israel não processa mais as solicitações de reunificação de famílias palestinas, milhares de palestinos vivem como não cidadãos, sem acesso a empregos, assistência médica, educação adequada ou ao sistema judiciário.

33 Abdulla Moaswes, "Hindu nationalists are transforming India into an Israel-style ethnostate", *+972 Magazine*, 8 jan. 2020.

As autoridades indianas temem uma insurgência no estilo palestino contra seu governo na Caxemira ou, no mínimo, cultivam o temor como forma de justificar contramedidas severas. Durante o conflito entre Israel e o Hamas em maio de 2021, apareceu em Srinagar um mural com as palavras "We are Palestine" [Nós somos a Palestina] e o grafiteiro local Mudasir Gul foi forçado a desfigurar seu próprio trabalho antes de ser preso. Vinte caxemirenses foram detidos por se manifestarem em apoio à Palestina.

Os grupos de direitos humanos da Caxemira estão sendo esmagados e a liberdade de imprensa é quase inexistente. A Índia ocupa a 142ª posição entre 180 países no Ranking Mundial da Liberdade de Imprensa, da Repórteres Sem Fronteiras. A preocupação do BJP era impedir o surgimento de qualquer movimento capaz de algum dia desafiar seriamente seu governo na Caxemira, embora a ameaça de radicalização viesse do outro lado. Era muito mais plausível que a maioria indiana se inclinasse para a violência extrema contra os muçulmanos do que o contrário.

A hashtag #IndiaStandWithIsrael [A Índia está ao lado de Israel] foi promovida pelo BJP nas redes sociais, e a renomada jornalista independente Rana Ayyub postou: "Verifiquei a maioria dos tuítes com a hashtag #IndiaStandsWithIsrael. Um traço comum é o ódio visceral pelos muçulmanos e a sede de sangue, de ver os muçulmanos serem massacrados e colocados em seu devido lugar. A maioria dos perfis é seguida por um ou mais ministros do BJP ou pelo próprio primeiro-ministro". Gaurav Goel, porta-voz do BJP na cidade de Chandigarh, no norte da Índia, tuitou: "Eu apoio Israel, não grupos terroristas como o Hamas. Peço a Israel que não demonstre nenhuma misericórdia para com os terroristas". Alguns indianos, em resposta, lançaram a hashtag #IndiaStandsWithPalestine.[34]

34 Samaan Lateef, "India's intifada: why Modi is arresting pro-Palestinian protesters", *Haaretz*, 23 maio 2021.

Assim como as sofisticadas campanhas on-line das IDF em múltiplas plataformas, a célula de tecnologia da informação do BJP, sua divisão de redes sociais, tornou-se altamente eficaz em promover a agressividade e, muitas vezes, a misoginia.[35] Frances Haugen, delatora do Facebook, detalhou as maneiras pelas quais a plataforma ampliou deliberadamente a polarização com fins lucrativos e disse que as páginas do Facebook administradas pelo RSS, alinhado ao BJP, apoiavam "narrativas antimuçulmanas que promoviam o medo". O Facebook tinha poucos editores de língua indiana para examinar adequadamente o ódio e, portanto, a maioria não foi sinalizada nem sancionada.[36] A Índia é o maior mercado do Facebook, com mais de 340 milhões de usuários.[37] Os jovens da Caxemira são rotineiramente presos e torturados por causa de publicações nas redes sociais, e a polícia cibernética usa tecnologia de vigilância para monitorar toda a população.[38]

Depois que altos funcionários do BJP fizeram comentários depreciativos sobre o profeta Maomé em 2022, causando uma tempestade internacional, Arundhati Roy, escritora e ganhadora do Booker Prize, lamentou: "A Índia é um experimento que está fracassando perigosamente". Em comentários diretamente relacionados ao grande fluxo de vendas de armas com Israel, Roy disse: "Se a Índia está comprando uma frota de aviões de combate, digamos, da França, ela sabe que linchamentos e pequenos assassinatos em massa resultarão, no máximo, em

35 Saudamini Jain, "In India, the latest India-Hamas war became a battle on social media", *Haaretz*, 12 jun. 2021.
36 Rana Ayyub, "India is a fascist State", *Rana Ayyub*, 21 out. 2021.
37 Kumar Sambhav & Nayantara Ranganathan, "How a Reliance-funded firm boosts BJP's campaigns on Facebook", *Al Jazeera*, 14 mar. 2022.
38 Aakash Hassan, "'My phone haunts me': Kashmiris interrogated and tortured by cyber police for tweeting", *The Intercept*, 6 dez. 2020.

uma delicada reprimenda. Um grande mercado é um excelente seguro contra a censura moral".[39]

O TECNO-AUTORITARISMO CHINÊS assusta o Ocidente. A linguagem usada é distópica e o pavor é intensificado. Leitores ou espectadores devem fixar a ideia de que Pequim, sob o comando do presidente Xi Jinping, está destinada a criar uma infraestrutura global de controle, uma ameaça extraordinária para o mundo, incomparável a qualquer outra.

Num artigo publicado em setembro de 2020 na revista *Atlantic*, o jornalista Ross Anderson pintou uma imagem petrificante da China querendo dominar a inteligência artificial em nível mundial: "Em um futuro próximo", escreveu ele, "cada pessoa que entrar em um espaço público poderá ser identificada, instantaneamente, por uma inteligência artificial que a associe a um oceano de dados pessoais, incluindo todas as suas comunicações de texto e o esquema único de constituição proteica de seu corpo". Ele observou que, em breve, os algoritmos serão capazes de reunir uma infinidade de pontos de dados, como hábitos de leitura, compras, registros de viagens e amigos, além de prever a oposição política antes que ela ocorra.[40]

A China tem ambições globais para a tecnologia de vigilância que desenvolveu, testou e implementou em seu vasto território. Pequim criou o sistema de vigilância tecnologicamente mais sofisticado da história para coletar grandes quantidades de informações sobre todos os seus cidadãos e tentar prever seu comportamento.[41] A Human Rights Watch observou as seme-

39 Arundhati Roy, "'The damage done to Indian democracy is not reversible'", *CNN*, 22 jun. 2022.

40 Ross Anderson, "The panopticon is already here", *Atlantic*, set. 2020.

41 Paul Mozur, Muyi Xiao & John Liu, "'An invisible cage': how China is policing the future", *The New York Times*, 25 jun. 2022.

lhanças tecnológicas e metodológicas entre a repressão sofrida pelos palestinos e os doze milhões de uigures: "Tanto em Xinjiang quanto no contexto palestino-israelense, a vigilância alimenta graves abusos de direitos ao permitir que autoridades identifiquem e neutralizem rapidamente a dissidência pacífica e exerçam controle intrusivo sobre uma ampla população".[42]

Nem a China nem Israel precisam um do outro para reprimir suas populações indesejadas, já que ambos passaram anos desenvolvendo técnicas para isso. Ainda assim, sua colaboração e conluio estão aumentando.[43] No final da Guerra Fria já se esboçava uma relação entre os dois países, que veio a se consolidar com a venda de armas israelenses a Pequim após o massacre da Praça da Paz Celestial em 1989, quando muitas nações impuseram um embargo à comercialização de armas com a China. A empresa israelense Magal Security Systems — que se especializou em construir cercas e muros de alta tecnologia ao longo das fronteiras sul e norte de Israel e do extenso muro que isola a Cisjordânia — instalou sistemas de detecção nos aeroportos chineses.[44]

A China procurou Israel em busca de conselhos para lidar com o que ambas as nações consideravam uma ameaça do Islã radical ou até mesmo de muçulmanos pacíficos que não eram

42 Omar Shakir & Maya Wang, "Mass surveillance fuels oppresion of Uighurs and Palestinians", *Al Jazeera*, 24 nov. 2021.

43 Pequim tem como objetivo consolidar seu relacionamento com empresas israelenses de alta tecnologia, estabelecendo parcerias com um número cada vez maior dessas companhias, embora os Estados Unidos se oponham, por receio de que a China roube segredos e tecnologia. Ver Didi Kirsten Tatlow, "China targets Israeli technology in quest for global dominance as U.S. frets", *Newsweek*, 10 ago. 2022.

44 A grande escala do mercado chinês é atraente para as empresas de defesa. Em 2021, três fabricantes de armas israelenses foram acusados de vender mísseis de cruzeiro para Pequim sem autorização.

suficientemente patriotas.[45] Quando dezenas de nações na ONU instaram a China a respeitar os direitos dos uigures em outubro de 2021, Israel foi uma exceção notável. Isso se encaixava em um padrão de décadas de vista grossa do Estado judeu para a repressão em outras partes do mundo. Portanto, não foi surpreendente que um estudo do Pew Research Center de 2022 tenha constatado que a maioria dos israelenses, ao contrário dos cidadãos de outras nações ocidentais, favorecia laços econômicos mais fortes com Pequim, mesmo que isso significasse ignorar questões de direitos humanos.

Os fatos da repressão aos uigures são chocantes: trata-se de um plano deliberado para atingir sua cultura e identidade. E, no entanto, quando o secretário de Estado dos Estados Unidos Mike Pompeo, ex-chefe da CIA e leal a Donald Trump, acusou Pequim de cometer genocídio "contínuo" contra os uigures menos de 24 horas antes de deixar o cargo em janeiro de 2021, não havia como ignorar o grau de cinismo da designação ou a profunda duplicidade de padrões em jogo. Embora seja inegável que a China esteja tentando neutralizar os muçulmanos uigures em Xinjiang, Washington não se importa verdadeiramente com suas violações de direitos humanos, apenas com os desafios ao seu domínio global. Com os Estados Unidos e a China agora em uma disputa por hegemonia, Pequim pode suplantar Washington como a principal superpotência do mundo na próxima década, e os abusos contra os uigures são uma arma conveniente para o segundo usar contra o primeiro.

Grande parte da mídia internacional seguiu o exemplo, repetindo as falas de Washington sobre os uigures e classificando a China como uma grande ameaça a seu próprio povo e ao resto do mundo. O colunista do *New York Times* Thomas Friedman, defensor de Israel e da guerra do Iraque, escreveu uma coluna

45 Jimmy Johnson, "China imports Israel's methods of propaganda and repression", *The Electronic Intifada*, 28 dez. 2010.

em 2021 com o título: "What comes after the war on terrorism? War with China?" [O que vem depois da guerra contra o terrorismo? Guerra contra a China?].[46] Isso resume o tom de muitas reportagens ocidentais desde o surgimento da covid-19 no final de 2019 e da beligerância do governo Trump em relação a Pequim.

No mundo dos *think tanks* e da grande mídia, é dado como certo que o autoritarismo da China se espalhará globalmente. Mas quando perguntei a Ulrike Franke, especialista em drones e membro sênior do Conselho Europeu de Relações Exteriores, sobre as exportações de defesa de Israel, ela expressou surpresa por eu tê-las descrito como mais influentes que as de Pequim. Senti que ela sequer havia considerado a ideia. Franke não negou o uso de drones israelenses em conflitos globais e disse que Israel era um dos líderes mundiais na tecnologia, ao lado dos Estados Unidos, da China e da Turquia. Ela observou que, quando a China exporta seus equipamentos de vigilância para outros Estados autoritários, é provável que Pequim possa acessar as informações obtidas e usá-las em seu próprio benefício. No entanto, foi exatamente isso que Israel fez com dezenas de nações ao vender a ferramenta de interceptação telefônica do NSO Group, o Pegasus.

Mas, se a tecnologia chinesa e sua ideologia são uma ameaça para o mundo, por que Israel não é visto da mesma forma? É indiscutível que Israel, uma nação cuja população é minúscula em comparação com a China, vendeu mais desses equipamentos e afetou mais pessoas que Pequim. Ainda assim, a indignação em relação às ações israelenses é inexpressiva. Está claro que isso se deve ao fato de Israel ser um aliado do Ocidente e, portanto, não ser um "inimigo" oficial, enquanto a China é agora designada como uma ameaça à segurança mundial e, por isso, deve ser atacada de todas as formas possíveis. Isso demonstra tanto o desprezo com as populações que sofrem

46 Thomas Friedman, "What comes after the war on terrorism? War with China?", *The New York Times*, 7 set. 2021.

com a vigilância projetada por Israel quanto a indignação seletiva com o monitoramento de alta tecnologia. As duas nações adotam comportamentos desprezíveis em relação a suas populações indesejadas, mas apenas uma é sancionada e demonizada.

Alguns ativistas pró-Palestina acusam Israel de cometer genocídio cultural contra os palestinos, e a mesma alegação pesa sobre a China em relação aos uigures. A China quer apagar qualquer cultura uigur autônoma, qualquer possibilidade de separatismo em relação à sociedade chinesa dominante. Pequim se ressente do fato de os uigures terem seus próprios debates internos, elites culturais e tradições, considerando-os uma ameaça à pátria chinesa. O que muitas vezes é deliberadamente esquecido sobre a guerra da China contra os uigures é o fato de ela ter sido calorosamente abraçada pelo Ocidente há apenas alguns anos. Durante muito tempo, após o 11 de setembro de 2001, a China capitalizou a narrativa da guerra ao terror, alegando que estava combatendo o terrorismo uigur, e Washington e seus aliados estavam dispostos a ajudar. A China aprendeu de que modo outros países, inclusive a Grã-Bretanha, Israel e os Estados Unidos, travaram uma guerra contra o islamismo.

Em dezembro de 2016, o *think tank* britânico Royal United Services Institute (Rusi) realizou um "diálogo" de dois dias em Pequim, financiado pelo governo britânico, "reunindo especialistas britânicos em CEV [combate ao extremismo violento] com autoridades e acadêmicos chineses, que atuam nessas questões em Xinjiang, para demonstrar a eficácia das melhores práticas do Reino Unido em CEV e identificar maneiras de adotá-las na China". Um analista sênior da Rusi, Raffaello Pantucci, disse dissimuladamente ao *Daily Mail* em 2019 que as discussões ocorreram antes de a situação em Xinjiang piorar.[47]

47 Ian Birrell, "Revealing: how taxpayers' aid money is still being used to fund despotic regimes in North Korea and China", *Daily Mail*, 22 dez. 2019.

Naquela época, era politicamente aceitável abraçar a China e apoiar grandes acordos econômicos com a superpotência em crescimento. A maioria dos meios de comunicação corporativos aderiu a isso antes de Pequim se tornar um inimigo oficial durante a era Trump. É justificável e importante questionar por que a Grã-Bretanha ofereceu dicas sobre maneiras de atingir os uigures às autoridades chinesas envolvidas em Xinjiang. Mas quase não há controvérsia ou cobertura negativa da mídia quando a Grã-Bretanha se envolve rotineiramente com autoridades israelenses. Afinal, Israel é um amigo e aliado, e sua ocupação é considerada mais palatável, do ponto de vista político. Condenar uma forma de repressão enquanto se apoia outra é hipocrisia mais que óbvia.

EM 2014, MARK BORKOWSKI, comissário-assistente do Escritório de Inovação e Aquisição de Tecnologia do Departamento de Alfândega e Proteção de Fronteiras dos Estados Unidos, foi convocado ao Subcomitê de Segurança Interna da Câmara sobre Segurança Marítima e de Fronteiras. Ele foi questionado sobre o fracasso de seu departamento em estabelecer uma cerca de segurança virtual em todo o perímetro do Arizona na fronteira entre México e Estados Unidos. Durante toda a década seguinte ao 11 de setembro de 2001, houve tentativas abortadas de levar o empreendimento adiante, e elas custaram bem mais de um bilhão de dólares às administrações Bush e Obama. Mas, nesse dia, Borkowski pintou um cenário diferente: até cinquenta torres fixas, sensores terrestres e imagens térmicas trabalhariam juntos para rastrear os cruzamentos de fronteira e enviar agentes para interceptar os imigrantes.

Borkowski explicou que o novo equipamento proposto havia sido testado em condições semelhantes às do Arizona, em Israel: "O que vimos nas demonstrações foi muito impressionante". A empresa israelense Elbit foi contratada para instalar torres de vigilância, que custariam entre 500 milhões e 700 milhões de dólares ao longo de dez anos.[48]

A fronteira entre os Estados Unidos e o México se tornou uma das principais praças de atuação das empresas israelenses de segurança e vigilância, e a experiência na Palestina é usada como ferramenta de recrutamento. Esse processo implacável de licitação é altamente eficaz, e não faz muita diferença se quem ocupa a Casa Braca é um democrata ou um republicano. Há um consenso bipartidário em torno da proteção dos três mil quilômetros de fronteira, sendo a tecnologia israelense um elemento vital em sua militarização. A ideia é combinar tecnologia de vigilância, infraestrutura de fronteira, unidades táticas e o sistema de torres fixas integradas para impedir e desencorajar os imigrantes de entrar no país atravessando o deserto mortal.

Esse é o objetivo declarado, mas, na prática, o saldo de uma resposta militarizada é a morte em massa. E esse é o ponto. Mais de sete mil cadáveres foram encontrados na fronteira entre os Estados Unidos e o México desde a década de 1990. Um estudo conduzido em 2019 pelo Earlham College e pela Universidade do Arizona constatou que as torres de vigilância aumentaram o risco de os migrantes procurarem caminhos ainda mais remotos e perigosos pelo deserto.[49] De acordo com uma pesquisa de 2022 feita pelo Programa de Estudos de Fronteira do mesmo Earlham College, o número de mortes de migrantes saltou 643% entre 2006 e 2020, conforme eles eram forçados a se proteger do alcance visual de um número cada vez maior de torres de vigilância.[50]

48 Lourdes Medrano, "'Virtual' border fence revived: another billion-dollar boondoggle?", *Christian Science Monitor*, 19 mar. 2014.

49 Will Parrish, "The U.S. border patrol and an Israeli military tractor are putting a Native American reserve under 'persistent surveillance'", *The Intercept*, 26 ago. 2019.

50 Geoffrey Boyce & Sam Chambers, "Robotic dogs patrolling the U.S. border will not stop migrants. But they may lead to more deaths", *The Washington Post*, 23 fev. 2022.

Semanas após as eleições estadunidenses de 2016, que sagraram Donald Trump presidente, Saar Koursh, executivo-chefe da empresa israelense Magal Security Systems, disse ao *Financial Times* que, "sem entrar em questões políticas, temos a tecnologia mais prestigiada e comprovada em todo o mundo em segurança de fronteiras. Se Trump construir uma cerca ou um muro, acreditamos que nossa tecnologia será definitivamente benéfica".[51] O preço das ações da Magal disparou 20% após a vitória eleitoral do republicano.

No final, a era Trump não foi tão simpática quanto se esperava com a Magal. Em 2021, a empresa mudou seu nome para Senstar Technologies e vendeu seus negócios para a principal empreiteira de defesa israelense, a Rafael Advanced Defense Systems. A Rafael era uma empresa israelense com enorme alcance global, operando na Espanha, na Austrália, no Canadá, na Alemanha, na Itália, na Grã-Bretanha e na República Tcheca.[52]

Em 2016, obtive um panfleto de vendas da Magal, que destacava o trabalho da empresa na construção de um muro ao longo da fronteira entre Israel e Egito e como o número de imigrantes havia caído de 2.295 pessoas em janeiro de 2012 para quase zero no final daquele ano. Um mapa de Israel apagava completamente a presença da Cisjordânia ocupada e mostrava o Estado judeu como a única entidade no território. Em slides de PowerPoint criados para governos europeus logo após o aumento maciço de migrantes em 2015, a Magal enfatizava a importância de "entender os padrões dos infiltrados" e a necessidade de um conjunto de tecnologias e recursos humanos para interromper o fluxo de "imigração ilegal".

51 John Reed, "Israel's Magal sees Mexican wall as no barrier to business", *Financial Times*, 18 nov. 2016.

52 O Tech Inquiry é um site estadunidense que mapeia e reúne contratos globais entre multinacionais e governos [sobretudo de empresas de vigilância e armas]. Ver o registro da Rafael: Tech Inquiry, "Rafael Advanced Defense Systems Ltd", disponível em: https://techinquiry.org.

Se a Magal não conseguiu obter grandes contratos nos Estados Unidos, a Elbit prosperou.[53] Seu projeto mais polêmico foi a construção de um sofisticado sistema de vigilância e de torres no valor de 218 milhões de dólares nos 62 quilômetros entre a terra dos indígenas da nação Tohono O'odham, no Arizona, e o estado mexicano de Sonora. Alguns líderes indígenas aprovaram o projeto, argumentando que a implementação do plano da Elbit reduziria a necessidade de construção de um muro de fronteira físico em seu território. Falsa esperança. No final das contas, Trump tentou construir o muro de qualquer maneira, o que levou ativistas indígenas a serem presos depois de protestar contra as obras em 2020.[54]

Outros moradores locais se opuseram ao muro na fronteira, incluindo Ofelia Rivas, que me contou que suas terras foram marcadas pelo canteiro de obras da Elbit.[55] A obra perturbou locais de sepultamento ancestrais, enquanto a patrulha de fronteira dos Estados Unidos se intrometia na vida cotidiana com monitoramento constante e restrições à livre circulação. "Os membros da comunidade foram forçados a obedecer [às novas regras] sob constantes referências ao 11 de Setembro e ao que aconteceu em Nova York", disse. "Terroristas atravessariam a fronteira e atacariam nossa comunidade. As táticas militares de impor medo estão muito presentes em nossa vida."

53 A Magal obteve contratos com o governo indiano para supostamente proteger suas fronteiras, mas os Estados Unidos eram o mercado mais importante. Não era possível romper esse acordo.
54 Ryan Devereaux, "Indigenous activists arrested and held incommunicado following border wall protest", *The Intercept*, 16 set. 2020.
55 A infraestrutura da Elbit foi recebida com um silêncio estrondoso entre os políticos. Uma exceção notável foi a deputada Veronica Escobar, que representa o 16º Distrito Congressional do Texas, em El Paso. Ela escreveu uma carta em agosto de 2022 para a liderança democrata em Washington e expressou preocupação com o fato de que "tecnologias invasivas de vigilância" estavam afetando negativamente os moradores de "comunidades fronteiriças".

Ativistas indígenas estadunidenses entendem que a opressão contra eles está cada vez mais ligada à ocupação israelense da Palestina. Nellie Jo David e Amy Juan, membros da Rede de Direitos de Tohono O'odham Hemajkam, foram à Palestina em 2017 em uma visita organizada pelo grupo palestino Stop the Wall [Parem o muro]. Juan disse ter sido um alívio conversar com "pessoas que entendem nossos medos [...] que estão lidando com militarização e tecnologia". Os palestinos da Cisjordânia os alertaram para que lutassem contra o estabelecimento das torres de vigilância da Elbit e a vigilância em massa em suas terras, explicando o que isso significava para o dia a dia deles.[56]

O *Intercept* participou de uma demonstração ao vivo da Elbit no Arizona em 2019 e viu como o sistema foi projetado para operar. Usando uma infraestrutura de comando e controle criada originalmente para as IDF, a empresa exibiu suas habilidades durante o dia e a noite, usando câmeras infravermelhas de longo alcance e iluminadores a laser.[57] O ambiente pós-11 de Setembro acelerou a militarização da fronteira entre os Estados Unidos e o México, fazendo com que os migrantes e os indígenas passassem a ser enquadrados como ameaças que deveriam ser gerenciadas e perseguidas. Um número recorde de ao menos 750 migrantes morreu em 2021 e 2022 na fronteira.

As semelhanças entre essa fronteira e o muro de Israel nos territórios ocupados aumentam a cada ano: um informa e inspira o outro, e as empresas de tecnologia estão sempre em busca de novas maneiras de atingir e capturar supostos inimigos. O uso de ferramentas de vigilância de alta tecnologia

56 Todd Miller, "How border patrol occupied the Tohono O'odham nation", *In These Times*, 12 jun. 2019.

57 Will Parrish, "The U.S. border patrol and an Israeli military tractor are putting a Native American reserve under 'persistent surveillance'", *The Intercept*, 26 ago. 2019.

para monitorar a fronteira é apoiado tanto por republicanos quanto por democratas. Durante os anos de Trump, a Brinc, companhia cofinanciada pelo bilionário Peter Thiel, testou a possibilidade de implantar drones armados de *tasers*, que aplicariam choques em migrantes na fronteira.[58] O uso de cães-robôs foi anunciado em 2022 como se fosse apenas mais um método de expulsar as pessoas (foram inclusive vendidos como uma solução humanitária). O governo Biden deu continuidade ao desenvolvimento de uma barreira de alta tecnologia e de um muro físico com muitas empresas locais e globais, incluindo corporações israelenses, contratadas para construir ainda mais obstáculos à entrada de migrantes.

No ano fiscal de 2022, o Departamento de Defesa dos Estados Unidos orçou um montante de cerca de quinhentos milhões de dólares para gastar com pesquisa, desenvolvimento e equipamentos, apenas na região da fronteira.[59] Como resultado, é possível que, no futuro, os migrantes sejam mortos, capturados ou mutilados por drones ou hardware de nível militar.[60] Seria parecido com o que se vive hoje na Palestina.

Treze empresas gigantes são as principais contratadas do Departamento de Alfândega e Proteção de Fronteiras estadunidense, incluindo Elbit, Lockheed Martin, Raytheon, General Dynamics, Northrop Grumman e Boeing. Todas são fabricantes de armas e pouco se importam se seus clientes são militares dos Estados Unidos que utilizarão seus equipamentos nas guerras do Iraque e do Afeganistão ou o governo israelense em sua

58 Sam Biddle, "Start-up pitched tasing migrants from drones, video reveals", *The Intercept*, 14 dez. 2021.
59 Ken Klipperstein & Alex Emmons, "Border police want a bite of burgeoning anti-drone industry", *The Intercept*, 4 maio 2021.
60 Petra Molnar & Todd Miller, "Robo dogs and refugees: the future of the global border industrial complex", *Border Chronicle*, 18 fev. 2022.

ocupação.[61] Entre 2006 e 2018, o Departamento de Alfândega e Proteção de Fronteiras, a Guarda Costeira e a Agência de Imigração e Controle de Aduanas dos Estados Unidos liberaram mais de 344 mil contratos para serviços de imigração no valor de 80,5 bilhões de dólares. Os primeiros drones testados e usados pelo governo na fronteira, em 2004, foram fabricados pela Elbit.[62] Essa empresa israelense gostava do governo Trump e fez doações para sua campanha de reeleição em 2020.[63]

A conscientização sobre os elos entre as lutas na Palestina e na fronteira Estados Unidos-México vem crescendo. Em 2022, um dos principais grupos indígenas que lutam pela autodeterminação em Dakota do Sul, o NDN Collective, divulgou um manifesto que conectava explicitamente os movimentos indígenas estadunidenses e os palestinos. "Olhamos para nossos parentes palestinos que, como nós, continuam a demonstrar o poder da resistência contra o colonialismo e a ocupação", escreveu o coletivo.[64]

O estreito relacionamento entre o estado do Arizona e Israel é muito anterior à presidência de Donald Trump. Um jornalista chamou essa área de "fronteira da Palestina com o México" devido ao fato de as duas regiões serem palco de atuação das mesmas empresas de vigilância.[65] Jonathan Rothschild, prefeito de Tucson que deixou o cargo em 2019, depois de anos abrigando empresas israelenses de alta tecnologia interessadas em se instalar no Arizona, disse certa vez: "Se você for a Israel e vier ao

61 Todd Miller, "More Than a Wall: Corporate Profiteering and the Militarization of U.S. Borders", Transnational Institute/No More Deaths, 2019.

62 Mark Akkerman, "Financing Border Wars: The Border Industry, Its Financiers and Human Rights", Transnational Institute, 2021.

63 Todd Miller & Nick Buxton, "Biden's Borders: The Industry, the Democrats and the 2020 Election", Transnational Institute, 2021.

64 Isaac Scher, "The right of return is landback", *Jewish Currents*, 5 abr. 2022.

65 Jimmy Johnson, "A Palestine-Mexico border", *Nacla*, 29 jun. 2012.

sul do Arizona, fechar os olhos e rodar algumas vezes, talvez não consiga perceber a diferença".[66]

As razões por trás da colaboração estão ligadas ao fato de esses dois espaços geográficos serem definidos por alguns como vastos e desocupados e, portanto, merecedores de colonização e controle. É a mentalidade colonial. Israel é ajudado pela crença política estadunidense bipartidária de que apoiar o Estado judeu é semelhante a uma inescapável doutrina religiosa.

O Arizona, assim como a Palestina, é um campo de testes. "O Arizona deve ser uma vitrine para a tecnologia antes que ela se expanda por todo o país", disse-me o jornalista e escritor Todd Miller, de Tucson. "Antes do 11 de Setembro, havia a presença da Patrulha de Fronteira no território dos indígenas, mas agora ela foi ampliada enormemente com a tecnologia de vigilância. Os indígenas estão sendo racialmente perfilados nos postos de controle da patrulha." Para quem lucra com a fronteira, os palestinos e os indígenas estadunidenses são igualmente merecedores de monitoramento. Portanto, não foi surpresa que robôs autônomos de vigilância tenham começado a aparecer tanto na fronteira Israel-Gaza quanto na fronteira Estados Unidos-México simultaneamente, em 2021 e 2022.

A presidência de Trump gerou, com razão, indignação em grande parte da mídia tradicional devido às suas políticas de fronteira de extrema direita que incluíram a separação de crianças pequenas de seus pais. Mas, por mais desprezíveis que tenham sido, pouco dessa revolta é expressa quando esses mesmos meios de comunicação cobrem políticas israelenses semelhantes. Em 2019, Trump teria sugerido a seus assessores que, para impedir a entrada de migrantes nos Estados Uni-

66 Todd Miller & Gabbriel Schivone, "Gaza in Arizona", *Tom Dispatch*, 25 jan. 2012; Nick Esquer, "Israeli tech start-up lands in Arizona, strengthening ties", *Chamber Business News*, 6 mar. 2019.

dos, os guardas de fronteira deveriam atirar nas pernas deles para atrasá-los, além de eletrificar a cerca com pontas afiadas no topo para perfurar carne humana.[67] Depois, ele perguntou se era possível construir uma trincheira cheia de água ao redor da fronteira e enchê-la de cobras e jacarés.

67 Michael D. Shear & Julie Hirschfeld Davis, "Shoot migrants' legs, build alligator moat: behind Trump's ideas for border", *The New York Times*, 1º out. 2019.

Vigilância em massa: de Israel para o cérebro do seu telefone

6

Graças à tecnologia de vigilância,
um país não precisa mais massacrar
manifestantes. Hoje, é possível identificar
e impedir o surgimento do próximo
Nelson Mandela antes mesmo que
ele saiba que é Nelson Mandela.
— EITAY MACK, ADVOGADO ISRAELENSE
DE DIREITOS HUMANOS[1]

Griselda Triana é uma jornalista mexicana e ativista de direitos humanos cujo marido, Javier Valdez Cárdenas, foi assassinado por um cartel de drogas em 15 de maio de 2017 em Culiacán, capital do estado de Sinaloa, no México. Valdez foi cofundador do veículo de comunicação *Ríodoce*, que investigava a corrupção e o crime e reportava sobre a sangrenta guerra às drogas. Em 2009, ele pagou um preço alto: uma granada foi atirada em seu escritório. Valdez havia recebido ameaças de morte nos meses anteriores ao seu assassinato em 2017, mas continuou bravamente seu contundente trabalho, alheio ao risco.

1 Entrevista ao autor, março de 2021.

Dez dias depois do assassinato do marido, Triana começou a receber mensagens de texto inesperadas em seu celular. Ela não tinha ideia de que eram suspeitas até quase um ano depois, quando foi descoberto que houve tentativas de infiltrar seu telefone com o sistema Pegasus, a ferramenta de interceptação telefônica vendida pela empresa de vigilância israelense NSO Group. Era quase certo que os invasores eram elementos de dentro do Estado mexicano. "Antes do assassinato de Javier, eu não sabia que estávamos sendo monitorados", ela me disse. Javier nunca a havia informado sobre a possibilidade de invasão telefônica, e ela presumiu que ele estava tomando precauções para sua segurança. "Javier sabia dos riscos de denunciar crimes, mas tinha convicção de que alguém precisava documentar as atrocidades das organizações criminosas."

O assassinato de Valdez devastou Triana. "Minha reação à morte de Javier foi tremenda. Ele era meu marido e pai de meus dois filhos. Fiquei realmente chocada porque Javier não queria sair de Sinaloa, mesmo sabendo que eles [os cartéis] poderiam matá-lo." Perguntei a ela por que achava que tinha sido alvo do Pegasus. Para Triana, era porque "eles achavam que, ao grampear os telefones, poderiam obter dados de várias fontes de informação ou ouvir ligações relacionadas às investigações criminais de Javier". Até hoje, Triana nunca foi informada pelo Estado mexicano qual foi o motivo da espionagem — e o homem acusado de planejar a morte de seu marido nunca foi julgado.

Tanto o governo mexicano quanto o NSO Group afirmam que o Pegasus é usado exclusivamente para combater o crime e o terrorismo, mas o caso de Triana prova que essa afirmação é falsa. O México tem sido um importante campo de testes para a tecnologia do NSO. "Ela tem sido usada para espionar pessoas que não representam perigo para o país", protesta Triana.

Após a morte de Valdez, Triana se mudou para a Cidade do México, onde atua como jornalista e ativista. No entanto, o medo nunca desapareceu, nem a sensação de ter ser violada tanto pela morte horrível do marido quanto pela intromissão do Estado em suas comunicações. "Tenho medo toda vez que visito Culiacán", diz. "É algo que ainda não consegui superar."

O APARATO DE VIGILÂNCIA de Israel é, ao mesmo tempo, concorrente e aliado da NSA dos Estados Unidos, a agência de espionagem mais poderosa do mundo. Embora não tenha o mesmo volume de força de trabalho, Israel tem um longo histórico de espionagem de seu aliado mais próximo, algo que não parece incomodar publicamente a superpotência. Por outro lado, algumas estimativas sugerem que cerca de 350 funcionários da inteligência estadunidense passam seus dias espionando o Estado judeu.[2] Apesar disso, a NSA tem parceria com Israel e repassa softwares de análise e de mineração de dados para Tel Aviv. Por sua vez, diz Bill Binney, ex-funcionário de inteligência da NSA, Israel transfere essa tecnologia para empresas israelenses privadas, o que lhes permite reunir uma quantidade enorme de informações confidenciais, militares, diplomáticas e econômicas a serem compartilhadas com as autoridades do país.[3]

Esse é o contexto em que se desenrola o papel do NSO Group — a empresa de vigilância cibernética mais bem-sucedida do mundo — e de outras empresas israelenses de alta tecnologia. O NSO trabalha com o Estado israelense para promover seus objetivos de política externa e é usado como uma isca sedutora para atrair aliados em potencial. Desde sua criação, o NSO tem sido financiado por uma série de *players* globais, incluindo o fundo de investimentos Novalpina Capital, com sede em Londres. Um dos maiores investidores do Novalpina, responsável por desembolsar 233 milhões de dóla-

2 William M. Arkin, "Joe Biden inches toward war with Iran, makes Israel full military power", *Newsweek*, 21 dez. 2022.

3 *Idem*; James Bamford, "Shady companies with ties to Israel wiretap the U.S. for the NSA", *Wired*, 3 abr. 2012.

res em 2017 — antes que o NSO fosse financiado pela entidade —, foi o fundo de pensão do funcionalismo público do estado do Oregon.[4] Em 2019, o dinheiro das pensões da fornecedora de gás britânica Centrica também foi colocado no Novalpina.[5]

Amitai Ziv, um ex-repórter de tecnologia do *Haaretz* responsável por alguns dos trabalhos mais perspicazes para desvendar as entranhas do NSO, me disse que o poder do grupo não está no dinheiro que ele ganha, mas na diplomacia: "Quando Israel vende vigilância cibernética para algum país africano, ele pode garantir seu voto nas Nações Unidas. Como somos um país invasor, precisamos dos votos".

Um repórter sênior especializado no setor de inteligência nacional, que investigou o NSO durante anos, me disse que a operação tem muitos concorrentes e "alguns são ainda menos escrupulosos; eles dizem aos clientes que operam em lugares onde até o NSO se recusaria a trabalhar". De acordo com ele, embora o NSO e a empresa de inteligência israelense Black Cube tenham sido expostos em inúmeras ocasiões por "negócios obscuros, ambos cresceram. Há uma vantagem em ser implacável". A covid-19 beneficiou maciçamente as empresas cibernéticas israelenses, que receberam metade do investimento global no setor durante os anos de 2020 e 2021.

Edward Snowden, delator da NSA, chama o NSO e outras empresas do tipo de "setor de insegurança". Ele é categórico:

4 Um grande número de sindicatos do Oregon se opôs publicamente a qualquer apoio estatal ao NSO Group e, em 2022, exigiu que o fundo de pensão do estado se desvinculasse da empresa.

5 "British gas pensions cash used to buy Israeli spyware group NSO", *Financial Times*, 17 fev. 2022. O Novalpina Capital se desfez em 2021, depois de enfrentar pressão por apoiar o NSO Group. Antes da desintegração, um de seus fundadores pretendia mudar a imagem da empresa — apoiadora de abusos de direitos humanos — ao investir em uma empresa de remoção de minas terrestres que trabalhava para a Arábia Saudita no Iêmen. Kaye Wiggins, "From spyware to landmine clearance: how Novalpina Capital fell apart", *Financial Times*, 18 fev. 2022.

> O telefone em sua mão existe em um estado de insegurança perpétua, aberto a infecções por qualquer pessoa disposta a colocar dinheiro nas mãos desse novo setor de insegurança. A totalidade dos negócios desse setor envolve a criação de novos tipos de infecções, capazes de contornar as mais recentes vacinas digitais — também conhecidas como atualizações de segurança — e, em seguida, a venda para países que ocupam a interseção mais quente de um Diagrama de Venn, entre "deseja desesperadamente as ferramentas de opressão" e "carece de sofisticação para produzi-las internamente". Um setor como esse, cujo único objetivo é a produção de vulnerabilidade, deve ser desmantelado.[6]

Snowden está certo. O fascínio gerado pelas ferramentas de hackeamento com fins lucrativos é imenso, sejam elas controladas por uma empresa ou por um Estado. No caso do NSO, são os dois: tanto Israel quanto a corporação trabalham lado a lado para atingir objetivos acordados mutuamente. Por meio de seus frouxos protocolos de licenciamento e exportação, o Estado israelense usa o NSO para promover sua agenda de segurança nacional. E talvez o maior afinco seja empregado para garantir o apoio de ditaduras árabes: Barein, Emirados Árabes Unidos e Arábia Saudita. Por exemplo, em 2020, o príncipe herdeiro saudita Mohammed Bin Salman telefonou para o premiê Benjamin Netanyahu e exigiu que o acesso de seu país ao Pegasus fosse restaurado, depois de o Ministério da Defesa de Israel se recusar a renovar a licença da ferramenta devido a abusos promovidos pela teocracia sunita.[7] Seu desejo foi logo atendido, já que Israel via a Arábia Saudita como um aliado importante contra o Irã no Oriente Médio. A escala do alcance

6 Edward Snowden, "The insecurity industry", *Continuing Ed with Edward Snowden*, 27 jul. 2021.

7 Ronen Bergman & Mark Mazzetti, "The battle for the world's most powerful cyberweapon", *The New York Times*, 28 jan. 2022.

do NSO foi revelada em 2019, quando o Facebook processou a empresa por explorar um *bug* em seu aplicativo WhatsApp e hackear 1,4 mil pessoas no mundo todo. Quando uma das maiores e mais irresponsáveis empresas do mundo quer derrubar uma empresa israelense, fica claro que esta última tocou sensibilidades importantes.

Para o florescente setor global de ferramentas de espionagem e armas cibernéticas, a sobrevivência do NSO faz pouca diferença. Países inteiros podem ficar de joelhos, como durante o ataque cibernético da Rússia a toda a infraestrutura comercial e governamental da Ucrânia em 2017, ou quando empresas governamentais e privadas inserem hacks de "dia zero", *bugs* para os quais não há correções conhecidas, em praticamente todas as peças de hardware ou software do planeta, de computadores a TVs e geladeiras. O NSO é a ponta do iceberg desse setor em ascensão, que opera, em grande parte, nas sombras, sem nenhum escrutínio público. Não são apenas as autoridades estadunidenses, chinesas, russas, israelenses ou iranianas que estão provocando o inferno cibernético, mas uma série de entidades privadas às vezes criadas em democracias e que não raro atuam como representantes de agentes estatais.[8] A regulação é praticamente inexistente.

Se o NSO Group entrar em colapso, muitos outros surgirão para tomar seu lugar, e inúmeras rivais israelenses já estão em atividade.[9] A Paragon, por exemplo, promove serviços semelhantes e é apoiada pelo ex-primeiro-ministro israelense Ehud Barak, além de veteranos da Unidade 8200. Mesmo que todas as

8 "Revealing Europe's NSO", *Lighthouse Reports*, 28 ago. 2022.

9 Guy Megiddo, "'We're on the blacklist because of you': the dirty clash between Israeli cyberarms makers", *Haaretz*, 17 dez. 2021. A empresa israelense QuaDream ofereceu tecnologia semelhante à do NSO e a vendeu para a Arábia Saudita e o México. Christopher Bing & Raphael Satter, "iPhone flaw exploited by second Israeli spy firm — sources", *Reuters*, 4 fev. 2022.

empresas privadas de hackeamento cibernético do mundo sejam fechadas, algo altamente improvável, atores estatais muito mais poderosos, de Israel aos Estados Unidos, da China à Grã-Bretanha, estão mais do que dispostos a ocupar esse espaço. Pelo menos 73 nações já usaram spyware. O NSO é apenas a empresa de spyware mais proeminente, mas um grande número de concorrentes está entrando em cena e facilitando a obtenção dessas ferramentas.[10]

O papel da vigilância israelense no mundo todo está fortalecendo governos antidemocráticos e fascistas, me disse Eitay Mack, e não se trata apenas de atacar jornalistas e ativistas de direitos humanos. O setor de Defesa israelense está evoluindo e se tornando muito menos suscetível ao escrutínio público. "Nos próximos anos, não vejo a polícia do Barein usando rifles ou drones israelenses, nem os Emirados Árabes Unidos comprando mísseis israelenses, porque isso poderia inflamar o Irã e causar outra situação do tipo Crise dos Mísseis de Cuba", especula Mack. "Comprar equipamentos de vigilância israelenses é algo muito mais fácil de se fazer sem ser detectado." Para ele, o spyware do NSO deve ser totalmente banido.

Em 2016, quando Mack tentou forçar o Estado israelense a parar de conceder licenças de exportação ao NSO, o governo conseguiu colocar todas as negociações sob sigilo. A presidenta da Suprema Corte, a juíza Esther Hayut, foi honesta sobre o que estava em jogo: "Ocorre que nossa economia depende demais dessa exportação". O Ministério da Defesa de Israel admitiu ter vendido armas para cerca de 130 países em 2021.

A trajetória do NSO é sintomática de uma tradição israelense de testar, comercializar e espalhar tecnologia de vigilância pelo mundo. As razões por trás disso foram explicadas por Eli

10 Mark Mazzetti, Ronen Bergman & Matina Stevis-Gridnef, "How the global spyware industry spiraled out of control", *The New York Times*, 8 dez. 2022.

Pinko, ex-chefe da Agência de Controle das Exportações de Defesa de Israel. Numa conferência privada no final de 2021, ele admitiu que o Estado judeu não podia se dar ao luxo de não vender armas e tecnologia cibernética a quem pedisse. "Alguém vai deixar de existir: ou os direitos civis em um país qualquer ou o próprio Estado de Israel", disse. "Gostaria de ver cada um de vocês enfrentando esse dilema e dizendo: 'Não, nós defenderemos os direitos humanos no outro país'. Senhores, não funciona assim."[11]

Mas não se trata apenas de uma questão de livre iniciativa. Uma fonte com conhecimento profundo da vigilância israelense me disse que o Ministério da Defesa de Israel tinha "controle quase total" do NSO Group. "O Ministério controla a propriedade, os direitos, e tem poder de veto sobre os acionistas, proprietários e operadores", afirmou. "A tecnologia, as patentes e a propriedade intelectual também são controladas, e a tecnologia precisa ser protegida de forma que não possa ser submetida a engenharia reversa."

"Acho que isso não é bem compreendido pelos líderes estadunidenses", disse Eva Galperin, diretora de segurança cibernética do grupo de direitos digitais Electronic Frontier Foundation, ao jornalista Ronan Farrow, da revista *The New Yorker*. "Eles continuam esperando que o governo israelense reprima o NSO, quando, na verdade, o grupo está fazendo exatamente a vontade do governo israelense."[12] A mesma cegueira intencional acomete grande parte da mídia internacional que, há anos, enxerga o NSO apenas como uma corporação desonesta, quando, na verdade, sempre foi uma ferramenta crucial do Estado israelense.

11 Avi Bar-Eli, "Israel exports arms endangering human rights because it serves our interests, top defence official admits", *Haaretz*, 7 dez. 2021.
12 Ronan Farrow, "How democracies spy on their citizens", *The New Yorker*, 25 abr. 2022.

O que não é entendido ou conhecido, de acordo com Eitay Mack, é que dentro do Ministério da Defesa de Israel há um Departamento do Diretório de Segurança do Establishment de Defesa (Malmab, na sigla em hebraico),[13] que funciona como uma agência de inteligência e conduz suas próprias investigações. "A implicação prática é que o CEO do NSO, Shalev Hulio, não pode nem mesmo arrotar na frente de um jornalista estrangeiro ou israelense, nem que seja em off, sem a aprovação do Malmab", explicou Mack.[14]

O NSO recebeu do Malmab uma margem de manobra sem precedentes para falar com a mídia nos últimos anos, depois de ter sido abalado por uma série de escândalos. Isso ocorreu porque o grupo é um braço inestimável do Estado, e Israel quer proteger seu principal ativo. É conveniente para o Malmab que haja pressão implacável sobre o NSO, pois isso significa muito menos pressão sobre o próprio Estado judeu. Mesmo que o grupo se dissolva e seja substituído por outra empresa semelhante, os interesses de segurança nacional de Israel estarão protegidos (com a maioria dos repórteres ainda acreditando que o NSO é uma entidade totalmente independente).

A força da tecnologia do NSO, desenvolvida por veteranos da Unidade 8200, está em sua capacidade de hackeamento, possivelmente tão alta quanto à da NSA.[15] Isso não agrada a Washington, que busca uma clara supremacia global em ferramentas de vigilância. Os poderes da NSA são os mais invasivos do planeta. "As armas cibernéticas mudaram as relações

13 O Malmab tem um histórico de ocultar documentos dos arquivos do Estado israelense que envergonham o país e obscurecem sua história real. Isso remonta aos primeiros dias de 1948.

14 Eitay Mack, "One year after Pegasus revelations, the state of Israel continues to evade scrutiny", *The Wire*, 18 jul. 2022.

15 O WikiLeaks divulgou documentos em 2015 que revelaram como a NSA grampeou os telefones de inúmeras autoridades alemãs, incluindo a chanceler Angela Merkel, durante anos.

internacionais mais profundamente do que qualquer avanço desde o advento da bomba atômica", escreveram os juristas Ronen Bergman e Mark Mazzetti no *New York Times*.[16] A rede de compartilhamento de inteligência Five Eyes, composta por Estados Unidos, Canadá, Nova Zelândia, Austrália e Grã-Bretanha, é a aliança mais secreta e intrusiva do mundo. Utilizando os poderes quase divinos da NSA para espionar bilhões de cidadãos ao redor do mundo, é uma hipocrisia de qualquer líder dessas nações reclamar do poder do NSO de desafiar o domínio da Five Eyes.

Isso não impediu Jeremy Fleming, diretor da agência de inteligência do Reino Unido, o Centro de Comunicações do governo britânico (GCHQ), de condenar o NSO: as habilidades de hackeamento da empresa israelense são "completamente fora do comum". Ele argumentou: "Minha opinião pessoal é que países ou empresas que divulgam [tecnologia] como essa de forma irrestrita são prejudiciais e não devem ser tolerados". Os jornalistas do *Financial Times* que entrevistaram Fleming não se incomodaram em fazer de sua matéria um comunicado de imprensa do GCHQ e deixar de lado a hipocrisia gritante: apoiar o Five Eyes e a vigilância em massa, mas se opor ao NSO, quando ambos atuam na vigilância e na supressão da liberdade de expressão.[17]

O NSO foi fundado em 2010 pelos israelenses Shalev Hulio e Omri Lavie, amigos de escola que entraram no mundo das start-ups de tecnologia nos anos 2000 e logo perceberam o potencial de desenvolver uma ferramenta que pudesse acessar um telefone celular sem ser detectada. A eles se juntou o ex-funcionário do Mossad e agente da inteligência militar Niv Karmi. Hulio serviu nas reservas militares israelenses e condu-

16 Ronen Bergman & Mark Mazzetti, "The battle for the world's most powerful cyberweapon", *The New York Times*, 28 jan. 2022.
17 Roula Khalaf & Helen Warrell, "U.K. spy chief raises fears over China's digital renminbi", *Financial Times*, 11 dez. 2021.

ziu operações das IDF na Cisjordânia no início dos anos 2000. Conspirar com o lado obscuro está, portanto, no DNA do NSO Group.[18] O primeiro acordo que a empresa fez contou com a ajuda do criminoso estadunidense condenado Elliott Broidy, um diretor de longa data da Republican Jewish Coalition [Coalizão republicana judaica]. Grande apoiador de Donald Trump em sua campanha para a presidência em 2016, Broidy recebeu perdão presidencial em 2021, depois de se declarar culpado de violar leis de lobby internacional.[19]

Broidy foi um dos principais responsáveis por fechar o acordo de venda do spyware Pegasus para o México, em 2011. O país estava imerso em uma guerra brutal contra os cartéis do narcotráfico, a qual havia causado a morte de milhares de civis.[20] Naquela época, quebrar o sistema de telefonia móvel Blackberry era o Santo Graal do spyware. O NSO batizou seu produto premiado com o nome do cavalo alado da mitologia grega porque os fundadores achavam que ele era semelhante a um cavalo de Troia voando pelo ar e entrando em um telefone celular.

Claudio Guarnieri é chefe do Laboratório de Segurança da Anistia Internacional, uma das principais equipes de investigadores de hackeamento on-line. Ele se preocupa com a "romantização das ferramentas cibernéticas". De acordo com Guarnieri, as "ferramentas em si são bastante simples". O que custa caro de verdade "é a estratégia para implantar o cavalo de Troia [malware que engana os usuários sobre seus verdadeiros objetivos]. E é difícil descobrir quem está por trás dele".

O México era um usuário entusiasmado do Pegasus e, em 2013, o spyware estava instalado em pelo menos três agências

18 Raphael Satter, "Exposed Israeli spy linked to apparent effort by NSO Group to derail lawsuits", *Associated Press*, 11 fev. 2019.
19 Alex Kane, "A top progressive consulting firm is doing PR for an Israeli spy company", *The Intercept*, 6 abr. 2019.
20 Tomer Ganon & Hagar Ravet, "The dodgy framework and the middlemen: how NSO sold its first Pegasus licence", *Calcalist*, 24 fev. 2020.

mexicanas, com hardware e software no valor de quinze milhões de dólares. Durante esse período, o NSO vendeu por 77 milhões de dólares um pacote de serviços que permitia a vigilância em larga escala de indivíduos que o governo de Felipe Calderón queria monitorar.[21] Calderón ligou para Shalev Hulio, cofundador do grupo, mas acabou falando com seu colega: "Eu não poderia ter pedido um presente de Natal melhor. Com o que vocês nos deram, podemos finalmente erradicar os cartéis".[22]

Na verdade, autoridades e empresas mexicanas ficaram absolutamente extasiadas com o Pegasus e o utilizaram à exaustão. Afirmaram, inclusive, que o spyware foi determinante nas capturas do famoso traficante El Chapo, em 2014 e 2016. A segunda prisão de El Chapo ocorreu após o monitoramento das ligações telefônicas entre ele e a atriz Kate del Castillo, que levou o ator Sean Penn para conhecer o infame chefão das drogas.[23]

Embora o NSO afirme que só negociava com governos, uma empresa privada mexicana hackeou um jornalista; também foram hackeados defensores da criação de um imposto sobre refrigerantes para combater a enorme quantidade de bebidas açucaradas consumida pelos mexicanos.[24] Estava cada vez mais claro que o perfil das pessoas monitoradas era diverso e, na maioria das vezes, sem nenhuma ligação com o crime ou o terrorismo.

Em uma década, o México gastou mais de 160 milhões de dólares com o Pegasus, mas as autoridades locais disseram que não conseguiam identificar quem estava por trás de

21 Mark Mazzetti *et al.*, "A new age of warfare: how internet mercenaries do battle for authoritarian governments", *The New York Times*, 21 mar. 2019.

22 Ronen Bergman, "Weaving a cyber web", *Yedioth Ahronoth*, 11 jan. 2019.

23 Eitay Mack, "Honduras and the Jerusalem embassy: how Netanyahu backed arms and cocaine deals", *Haaretz*, 1º maio 2022.

24 Nicole Perlroth, "Spyware's odd target: backers of Mexico's soda tax", *The New York Times*, 11 fev. 2017.

seu uso no país — o que seria necessário para abrir processos. Já os lucros do NSO dispararam. "Quanto maior for a violência e a insegurança, maiores serão as oportunidades de negócios para essas empresas", afirmou, em entrevista ao *Haaretz*, Paloma Mendoza-Cortes, investigadora de segurança nacional mexicana.[25]

Os escândalos continuaram a emergir no México, país que foi por anos o mercado mais rentável do NSO. Cartéis de drogas conspiraram com autoridades mexicanas corruptas para obter acesso ao Pegasus e usá-lo para erradicar inimigos mútuos, e as redes criminosas subornaram funcionários corruptos para atingir indivíduos que elas queriam remover ou monitorar. A vigilância cibernética é um setor totalmente desregulado e, apesar das garantias do NSO, não há nenhum indício de que violações sejam monitoradas uma vez que o Pegasus é instalado num dispositivo.[26] Desde a década de 2010, o padrão de votação do México nas Nações Unidas mudou para uma posição menos crítica em relação às políticas israelenses.

Um número desconhecido de jornalistas críticos da corrupção estatal teve seus telefones hackeados pelo spyware do NSO. Vários acabaram mortos. Entre eles, o repórter freelancer Cecilio Pineda Brito, assassinado em 2017. Poucas horas depois de apresentar um vídeo ao vivo no Facebook, no qual acusava políticos locais e a polícia estadual de trabalharem com um criminoso conhecido, ele foi morto a tiros em Ciudad Altamirano, no sul do país.[27] Poucas semanas antes de morrer, Brito teve

25 Oded Yaron, "The secret of NSO's success in Mexico", *Haaretz*, 30 nov. 2020.

26 Cecile Schilis-Gallego & Nina Lakhani, "'It's a free-for-all': how high-tech ended up in the hands of Mexico's cartels", *The Guardian*, 8 dez. 2020.

27 Nina Lakhani, "Revealed: murdered journalist's number selected by Mexican NSO cliente", *The Guardian*, 19 jul. 2021.

seu número de celular selecionado como possível alvo da vigilância do Pegasus pelo Estado mexicano.[28]

Essa era apenas a ponta do iceberg das possíveis vítimas do NSO. Entre 2016 e 2017, dados vazados (e revelados em 2021) mostraram que mais de quinze mil mexicanos haviam sido listados como possíveis alvos de vigilância. Pelo menos cinquenta pessoas ligadas ao presidente mexicano Andrés Manuel López Obrador, incluindo sua família próxima, foram colocadas em uma lista de números de telefone revelada pelo Pegasus Project, um vazamento de cinquenta mil números potencialmente usados ao redor do mundo por clientes do NSO.[29]

SE O MÉXICO FOI O primeiro grande campo de testes do NSO, outros Estados em todo o mundo logo o seguiram.[30] O Pegasus foi rapidamente adquirido por clientes muitas vezes antidemocráticos, incluindo Emirados Árabes Unidos, Panamá, Quênia e Turquia, e supostamente auxiliou na revelação de células terroristas, redes de sequestro de crianças e crime organizado.[31] Em poucos anos, o NSO foi celebrado em Israel como um sucesso global originado no Estado judeu, homenageado por

28 Nina Lakhani, *op. cit.*
29 Nina Lakhani, "Fifty people linked to Mexico's president among potential targets of NSO clientes", *The Guardian*, 20 jul. 2021.
30 O número exato de telefones hackeados pelo Pegasus é desconhecido, e certamente é muito maior do que se imagina, mas um relatório do *Haaretz* e do Laboratório de Segurança da Anistia Internacional encontrou pelo menos 450 telefones confirmados em todo o mundo. Omer Benjakob, "The NSO file: a complete (updating) list of individuals targeted with Pegasus spywares", *Haaretz*, 19 jan. 2022.
31 Os Emirados Árabes Unidos ficaram furiosos depois que Israel assassinou um agente sênior do Hamas em seu território, em 2010. Os laços entre os países foram cortados e só foram restabelecidos quando Israel ofereceu o Pegasus ao regime, em 2013. Ronen Bergman & Mark Mazzetti, "The battle for the world's most powerful cyberweapon", *The New York Times*, 28 jan. 2022.

instituições acadêmicas e inundado com recursos. Em 2018, um programa de fofoca israelense noticiou que o grupo estava pagando algumas das maiores estrelas do país para curtir um retiro com todas as despesas pagas, junto com seus funcionários, na Tailândia.[32]

O NSO defende constantemente seu trabalho, fazendo-o parecer essencial para a busca e captura dos mais notórios criminosos do mundo. O cofundador Hulio disse ao *Washington Post* que "criou esta empresa para salvar vidas. Ponto-final. [...] Vemos o tempo todo essa campanha de que estamos violando os direitos humanos, e isso é muito perturbador. Porque eu sei quantas vidas foram salvas em todo o mundo por causa da nossa tecnologia. Mas não posso falar sobre isso". Ele insistiu que sua empresa sempre teve princípios fundamentais para que "pudéssemos dormir à noite".[33] O grupo rejeitou meu pedido de entrevista com Hulio.

Talvez Hulio não estivesse tão atento a esses princípios quando conversou com o *Washington Post* e fingiu preocupação com o trauma causado pelo Pegasus. Foi "horrível" que jornalistas e outras pessoas tenham sido alvos de suas ferramentas, mas "esse é o preço de se fazer negócios", declarou. "Essa tecnologia foi usada para lidar literalmente com o pior que este planeta tem a oferecer. Alguém tem que fazer o trabalho sujo. Se alguém disser que encontrou uma maneira melhor de capturar criminosos, terroristas ou informações de um pedófilo, eu fecharei esta empresa."

Em outra entrevista, dessa vez para um jornal israelense, Hulio atribuiu os ataques globais ao NSO ao "Catar, ao BDS ou a ambos. No final, são sempre as mesmas entidades. Não quero

32 Elizabeth Dwoskin & Shira Rubin, "'Somebody has to do the dirty work': NSO founders defend the spyware they built", *The Washington Post*, 21 jul. 2021.
33 *Idem.*

parecer cínico agora, mas há aqueles que não querem que [Israel] importe sorvete [a Ben & Jerry's anunciou em 2021 que deixaria de vender sorvete nos assentamentos da Cisjordânia e em Jerusalém Oriental] ou exporte tecnologias".[34]

A realidade era mais prosaica. Era mais fácil avaliar quais países não haviam usado o Pegasus do que descobrir o contrário. A ferramenta havia se tornado onipresente, a arma cibernética de maior visibilidade no início do século XXI. A agência de pesquisa Forensic Architecture descreve o papel do NSO e dos agentes de hackeamento cibernético como "infecções digitais" que não "visam os agentes da sociedade civil como indivíduos, mas sim como redes de colaboração". O grupo descobriu que, na Índia, no México e na Arábia Saudita, uma pessoa é hackeada primeiro, "antes que suas redes profissionais sejam visadas, sempre depois de um mesmo período de tempo. Em cada um desses exemplos, o uso do Pegasus ocorre após ou durante períodos em que essas redes da sociedade civil expõem ou confrontam políticas estatais controversas ou criminosas".[35]

O Pegasus foi usado pelo regime marroquino para atingir críticos, incluindo opositores declarados do governo, que acabaram na prisão por acusações falsas.[36] Israel e Marrocos normalizaram os laços no final de 2020, com o entendimento de que os Estados Unidos reconheceriam o controle contestado do Saara Ocidental pelo Marrocos. Para adoçar o acordo, Israel vendeu drones kamikaze para o Marrocos e, no passado, um sistema de defesa antimísseis. Quando Benny Gantz, ministro

34 Muitos israelenses ficaram indignados quando a Ben & Jerry's anunciou que deixaria de vender sorvete nos territórios palestinos ocupados. Mas se importaram muito menos quando o NSO foi acusado globalmente de ajudar déspotas.

35 "Digital violence: How the NSO Group enables state terror", Forensic Architecture, 3 jul. 2021.

36 Cole Stangler & Abdellatif El Hamamouchi, "Morocco's surveillance machine", *The Intercept*, 21 out. 2021.

da Defesa de Israel, visitou o Marrocos em novembro de 2021, não havia como esconder que as duas nações estavam interessadas principalmente no comércio de armas (as relações diplomáticas eram secundárias). "O Marrocos não é um idiota no campo cibernético", disse o ministro das Relações Exteriores de Israel Yair Lapid em 2021, convenientemente omitindo o fato de que foi a tecnologia israelense que impulsionou a capacidade de hackeamento do Marrocos.

O Pegasus foi comprado por uma galeria completa de ditaduras desonestas, nações que tinham relações oficiais com Israel ou queriam desesperadamente um spyware israelense. Ativistas de Barein e Omã foram alvos da tecnologia do NSO. Ruanda usou o Pegasus para monitorar o dissidente Paul Rusesabagina, o homem que inspirou o filme *Hotel Ruanda* (2004): ele foi enganado e depois sequestrado por autoridades ruandesas em Dubai, levado a julgamento em Ruanda em 2021 e considerado culpado de crimes relacionados ao terrorismo. O Marrocos usou o Pegasus para espionar políticos franceses de alto escalão, incluindo o presidente Emmanuel Macron. O primeiro-ministro húngaro Viktor Orbán, um aliado próximo de Netanyahu, comprou o Pegasus para espionar políticos de oposição e jornalistas críticos. Quando isso foi exposto, em 2021, o porta-voz de Orbán recorreu ao refrão antissemita usual de seu governo, culpando o filantropo judeu bilionário George Soros. Era esse o tipo de aliado que Israel queria cultivar na Europa como apoiador do Estado judeu.

A infestação continuou.[37] Políticos independentistas da Catalunha foram espionados por autoridades espanholas, o que

37 O NSO tentou vender sua ferramenta de hackeamento telefônico para departamentos de polícia dos Estados Unidos e para a Administração de Fiscalização de Drogas (DEA). Supostamente não conseguiu, porque o custo era proibitivo. Joseph Cox, "NSO Group pitched phone hacking tech to American police", *Vice*, 13 maio 2020.

levou à renúncia do chefe da agência de inteligência da Espanha. De acordo com o *Haaretz*, em agosto de 2022 o NSO tinha contratos com 22 órgãos policiais na União Europeia, sem contar as demais empresas de spyware que operavam por todo o continente.[38] Funcionários do Departamento de Estado dos Estados Unidos sediados em Uganda foram alvo da tecnologia do NSO e, quando isso foi revelado, no final de 2021, a empresa israelense expressou profundo pesar porque foi a primeira vez (conhecida) que a aplicação vitimou funcionários estadunidenses. O Pegasus foi projetado para não ser instalado em nenhum número de telefone com o prefixo +1, dos Estados Unidos, uma restrição que foi fruto da insistência das autoridades israelenses para evitar que clientes internacionais espionassem cidadãos estadunidenses. No entanto, o NSO planejou uma solução alternativa, chamada Phantom, demonstrada ao FBI em 2019 como uma alternativa para que a agência hackeasse estadunidenses.[39]

A CIA repassou o Pegasus para que o Djibuti pudesse ajudar nas atividades de contraterrorismo dos Estados Unidos, embora o país seja um conhecido violador dos direitos humanos.[40] A Ucrânia solicitou o Pegasus várias vezes, mas o acesso foi recusado já em 2019, porque Israel queria manter boas relações com a Rússia e continuar atacando alvos na Síria.[41] Isso foi

38 Omer Benjakob, "Pegasus spyware maker NSO has 22 clients in the European Union. And it's not alone", *Haaretz*, 9 ago. 2022.

39 Ronen Bergman & Mark Mazzetti, "The battle for the world's most powerful cyberweapon", *The New York Times*, 28 jan. 2022. O NSO tentou uma série de táticas para entrar no mercado dos Estados Unidos, inclusive oferecendo "sacos de dinheiro" para acessar as redes de telefonia móvel do país, conta o delator Gary Miller. De acordo com ele, o NSO ofereceu dinheiro ao seu então empregador, a Mobileum. Craig Timberg, "NSO offered 'bags of cash' for access to U.S. cell networks, whistle-blower claims", *The Washington Post*, 2 fev. 2022.

40 Ronen Bergman & Mark Mazzetti, *op. cit.*

41 Patrick Kingsley, Isabel Kershner & Ronen Bergman, "War in Ukraine forces Israel into a delicate balancing act", *The New York Times*, 27 fev. 2022; Stephanie Kirchgaessner, "Israel blocked Ukraine from

um ano antes da invasão da Ucrânia pela Rússia, e o governo ucraniano voltou a solicitar o uso do Pegasus, já com a guerra em curso.[42] Esse conflito aumentará enormemente a dependência mundial das ferramentas cibernéticas israelenses para combater o hackeamento russo, iraniano e chinês.

Os tentáculos do NSO se espalharam por toda parte. Israel tem um longo histórico de armar e apoiar os déspotas de Uganda.[43] E Shalev Hulio visitou pessoalmente o país em 2019 para fechar um acordo com a ditadura, no valor de 10 milhões a 20 milhões de dólares.[44] Quando o acordo foi exposto em 2021 e o governo dos Estados Unidos reagiu com fúria, Hulio disse a um amigo: "Sempre soubemos que esse negócio tinha uma data de validade". Provavelmente, ele se referia ao fato de que a lista de clientes do grupo acabaria voltando para assombrá-los — mesmo que, até então, a empresa tivesse faturado bilhões de dólares.[45]

Supostamente, o contrato entre Emirados Árabes Unidos e o NSO teria sido cancelado em 2021, quando ficou claro que o governante de Dubai havia usado o spyware do grupo para hackear o telefone de sua ex-mulher e de seus associados. O jornalista do *New York Times* Ben Hubbard, chefe da sucursal em Beirute, teve o telefone invadido enquanto fazia uma reportagem sobre a Arábia Saudita e seu líder, o príncipe herdeiro Mohammed bin Salman, um homem que investiu grandes quantias de dinheiro em spyware para fins comer-

...

buying Pegasus spyware, fearing Russia's anger", *The Guardian*, 24 mar. 2022.

42 Thomas Brewster, "Ukraine starts using facial recognition to identify dead Russians and tell their relatives", *Forbes*, 23 de mar. 2022.

43 Eitay Mack, "The Uganda files: How Israeli arms brutal dictators who recruit child soldiers", *Haaretz*, 24 dez. 2021.

44 Mehul Srivastava, "The secret Uganda deal that has brought NSO to the brink of colapse", *Financial Times*, 22 dez. 2021.

45 *Idem*.

ciais.[46] Ativistas de direitos humanos e diplomatas da Palestina também foram alvos do Pegasus, inclusive funcionários que estavam preparando queixas contra Israel para apresentar ao Tribunal Penal Internacional. A tecnologia do NSO foi usada pela polícia israelense para coletar secretamente informações dos smartphones de seu próprio povo. O Pegasus havia se tornado um recurso fundamental para as atividades domésticas e internacionais de Israel.[47]

Talvez a Arábia Saudita seja a joia da coroa das façanhas do grupo, já que é uma das nações mais poderosas do mundo árabe e aliada próxima dos Estados Unidos, sem relações formais com o Estado judeu. É um etnoestado muçulmano sunita repressivo, que prende e tortura dissidentes e discrimina ativamente sua minoria xiita.[48] Diferentemente das gerações anteriores de líderes sauditas, Bin Salman achava que o conflito Israel/Palestina era "um incômodo irritante — um problema a ser superado em vez de um conflito a ser resolvido de forma justa", de acordo com Rob Malley, um funcionário sênior da Casa Branca nos governos Obama e Biden.[49]

A venda do Pegasus para os sauditas em 2017 não gerou a menor indignação até o assassinato do colunista do *Washington Post* Jamal Khashoggi, esquartejado no consulado saudita em Istambul, em dezembro de 2018. Israel tem um longo histórico secreto de relações com a Arábia Saudita, fornecendo inteli-

46 Ben Hubbard, "The rise and fall of MBS's digital henchman", *The New York Times*, 13 de mar. 2020.

47 Amos Harel, "Police using Pegasus spyware against Israelis shows: NSO is an arm of the state", *Haaretz*, 18 jan. 2022; Tomer Ganon, "Step-by-step: How Israel police used NSO's Pegasus to spy on citizens", *Calcalist*, 20 jan. 2022.

48 Alex Kantrowitz, "How Saudi Arabia infiltrated Twitter", *BuzzFeed News*, 19 fev. 2020; Stephanie Kirchgaessner, "Revealed: Saudis suspected of phone spying campaign in the U.S.", *The Guardian*, 30 mar. 2020.

49 Ben Hubbard, *MBS: The Rise to Power of Mohammed bin Salman*. Londres: William Collins, 2020, p. 224.

gência sobre ameaças à família real desde a década de 1970.[50] O príncipe Bandar bin Sultan, que se tornou o chefe de espionagem do país, passou décadas se encontrando com líderes israelenses e judeus e com chefes do Mossad.[51]

O NSO foi imediatamente culpabilizado de ser cúmplice do assassinato de Khashoggi ao possibilitar que o príncipe Mohammed bin Salman e sua equipe rastreassem os movimentos de Khashoggi antes de sua morte. O grupo negou qualquer responsabilidade, mas, ainda assim, teria cancelado brevemente seu contrato com a Arábia Saudita. As negativas de cumplicidade do NSO eram inócuas, já que abundaram evidências de que não só a vítima, mas sua esposa, sua noiva e pessoas próximas tiveram os celulares invadidos pelo Pegasus, tanto antes quanto imediatamente depois do crime. E não só pelos sauditas, mas pelos Emirados Árabes Unidos, um aliado próximo que frequentemente faz o favor de rastrear dissidentes para o vizinho. Hoje, tanto a esposa quanto a noiva de Khashoggi, Hanan Elatr e Hatice Cengiz, temem pela própria vida.[52]

A maneira grotesca como Khashoggi foi esquartejado não incomodou o governo de Netanyahu — na verdade, foi exatamente o contrário. Os israelenses queriam que o NSO e outras empresas de hackeamento ficassem ainda mais próximas do regime. Logo após o assassinato, o grupo se reuniu com os proprietários de sua empresa de capital privado na época, a Francisco Partners, para discutir as consequências do escândalo de

50 Ofer Aderet, "Publicly, Israel is a boycotted country. But behind the scenes, a great deal happens", *Haaretz*, 31 mar. 2022.
51 Yossi Melman, "The Saudi spy chief who pioneered secret relations with Israel", *Haaretz*, 12 jul. 2022.
52 Dana Priest, Souad Mekhennet & Arthur Bouvart, "Jamal Khashoggi's wife targeted by spyware before his death", *The Washington Post*, 18 jul. 2021; Dana Priest, "A UAE agency puts Pegasus spyware on phone of Jamal Khashoggi's wife months before his murder, new forensics show", *The Washington Post*, 21 dez. 2021.

Khashoggi. De acordo com fontes que falaram com o *New York Times*, o NSO alegou que os governos israelense e estadunidense queriam que seu trabalho na Arábia Saudita continuasse. Depois de um curto período sem ligações com a petromonarquia, a empresa de spyware retomou seus negócios.[53]

Omar Abdulaziz é um dissidente saudita que vive no Canadá. Ele era amigo de Khashoggi, além de crítico declarado do regime, e planejava trabalhar com Khashoggi no combate aos trolls sauditas no Twitter usando um exército de voluntários. Seu telefone foi hackeado pelo Pegasus em 2018 e, logo depois, alguns de seus amigos e familiares foram detidos e presos na Arábia Saudita. As ameaças aumentaram a tal ponto que as autoridades canadenses o avisaram, em 2021, que ele era um "alvo em potencial" da Arábia Saudita e deveria tomar medidas para se proteger. De Jerusalém Oriental, seu advogado, Alaa Mahajna, liderou um processo nos tribunais israelenses contra o NSO pelo uso de spyware contra Abdulaziz. Anteriormente, Mahajna já havia representado mexicanos visados pelo grupo, mas um juiz israelense impôs uma ordem de silêncio sobre o caso, de modo que as sessões foram realizadas em segredo. Essa tem sido uma forma comum de silenciamento legal israelense quando alguém tenta responsabilizar o país por seu histórico de infrações de direitos humanos. Mahajna me disse que Abdulaziz havia pedido para ser representado por ele em um tribunal israelense porque queria enfrentar a empresa de spyware. "Foi mais trágico [do que o caso mexicano]", disse Mahajna, "porque Abdulaziz achava que os sauditas ouviam todas as conversas entre ele e Khashoggi".

Apesar de ter enfrentado o governo israelense durante quinze anos por conta de seu histórico na Cisjordânia e em Jerusalém Oriental, Mahajna nunca havia se sentido tão ameaçado quanto durante o andamento desse caso. A Black Cube, uma empresa

53 Ronen Bergman & Mark Mazzetti, "Israeli companies aided Saudi spying despite Khashoggi killing", *The New York Times*, 17 jul. 2021.

privada de inteligência israelense com laços estreitos com o Mossad, foi contratada pelo NSO para atingir e prender Mahajna. A tentativa fracassou, mas ele foi acusado de antissemitismo pelo grupo e pela Black Cube, uma alegação que negou veementemente. "Eu teria aceitado o caso [representando Abdulaziz], [não importando] se a empresa acusada fosse italiana ou estadunidense, mas acontece de ser israelense. Isso é antiético e perigoso."

Apesar de suas sérias hesitações em relação ao sistema jurídico israelense, Mahajna acreditava que era importante usar a pressão pública e a lei para obter justiça: "Nos últimos dez ou quinze anos, o sistema jurídico israelense mudou muito e está mais difícil obter uma decisão favorável aos palestinos, mas ainda é uma ferramenta a ser usada. Não se pode simplesmente ignorar o Judiciário israelense". Mahajna estava orgulhoso de suas tentativas de obter a responsabilização do NSO: "Ao contrário dos argumentos do grupo, estou tentando proteger a democracia israelense, pois estou usando a jurisdição de Israel para melhorar os direitos de todos".

Bin Salman tem um histórico de atacar rivais e críticos.[54] Oficiais sauditas e dos Emirados Árabes Unidos hackearam tanto jornalistas homens quanto mulheres da *Al Jazeera English* e divulgaram fotos íntimas das mulheres na tentativa de envergonhá-las. O fundador da Amazon, Jeff Bezos, teve seu celular hackeado depois de se corresponder com Bin Salman via WhatsApp. A proeminente ativista saudita Loujain Al-Hathloul, que ficou presa por anos depois de ajudar a liderar uma campanha para finalmente acabar com a proibição de mulheres dirigirem no país, teve seu telefone comprometido ao ser libertada da prisão, em 2021.

54 A Arábia Saudita usa uma variedade de métodos para atingir dissidentes. Em 2022, um ex-funcionário do Twitter foi julgado nos Estados Unidos depois de ser acusado de passar detalhes sobre dissidentes sauditas para o regime de Riad.

O assassinato de Khashoggi não afetou negativamente as vendas internacionais do NSO. O poder de persuasão do governo israelense era muito forte. A empresa estava presente, por exemplo, na feira de negócios Security and Policing [Segurança e policiamento], no Reino Unido, em 2020. Ela havia sido convidada especificamente pelo governo conservador, ao lado de mais trezentas outras empresas, para o evento de três dias organizado pelo Ministério do Interior. Em 2021, o grupo recebeu novamente um espaço privilegiado na International Security Expo [Exposição de segurança internacional] em Londres. Lá, o NSO optou por não promover o Pegasus, após queixas da Anistia Internacional aos organizadores, e sim a Eclipse, sua tecnologia de combate a drones indesejados.

Fora do evento, houve uma pequena manifestação organizada pela ONG de direitos humanos ALQST, fundada pelo dissidente saudita Yahya Assiri. O alvo do protesto foram as vendas do Pegasus para ditaduras do Golfo Pérsico e a exposição de redes de oposição, ambas na conta do NSO. "Eles [a Arábia Saudita] prenderam, torturaram e assediaram sexualmente nossos contatos dentro do país, então não é uma piada", disse Assiri à *Declassified U.K.*[55]

Assiri era um alvo do governo saudita e teve seu telefone hackeado pela tecnologia do NSO. Ex-membro da Força Aérea Real Saudita e comprador de sistemas de armas, ele começou a escrever anonimamente on-line enquanto ainda trabalhava para o regime. "Eu via pessoas sofrendo com a baixa renda", ele me disse. "Eu me perguntava por que tínhamos tantas dificuldades em um Estado tão rico." Assiri acabou deixando o país e pediu asilo na Grã-Bretanha em 2013. Quando começou a se identificar on-line com seu nome verdadeiro, alguns de seus colegas na Arábia Saudita foram detidos e condenados a longos perío-

55 Phil Miller, "Israeli hacking firm invited to London amidst human rights outcry", *Declassified U.K.*, 30 set. 2021.

dos de prisão. Embora tenha recebido asilo em 2017, ele acredita que as autoridades britânicas possam ter atrasado a decisão para agradar seus amigos em Riad.[56]

Foi somente em 2018 que ficou claro que o Pegasus estava sendo usado para atingir Assiri. Ele recebeu uma mensagem de texto do que parecia ser o Ministério da Justiça da Arábia Saudita, alegando que ele tinha uma audiência em um tribunal saudita. Ele clicou no link e imediatamente percebeu que seu celular estava esquisito. Era um spyware do NSO. Perguntei a ele por que as autoridades sauditas o perseguiam mesmo em outro país. Assiri respondeu que "eles não querem que ninguém fale, diga a verdade, defenda os direitos humanos. Se alguém como eu estiver no país, será preso, torturado e talvez executado. Se estiver fora, tentarão silenciá-lo".

O hackeamento do celular e, em seguida, o assassinato de Khashoggi aumentaram consideravelmente os riscos para Assiri como ativista residente em Londres. Ele disse que, embora não vivesse com medo, não se sentia seguro, já que muitos de seus amigos na Arábia Saudita haviam sido alvo de ataques e desaparecimentos. "Muitos ativistas foram torturados por causa de suas ligações comigo. Isso é muito doloroso. Eles mataram Jamal [Khashoggi] para nos deixar com medo, paralisados."

NICOLE PERLROTH, JORNALISTA do *New York Times* especializada em segurança cibernética, lembrou-se de ter falado com dez executivos do NSO em uma teleconferência em 2016. "Todos se recusaram a fornecer seus nomes ou cargos". Ela foi constantemente informada pelos executivos anônimos de que

56 Em agosto de 2022, a Suprema Corte britânica concluiu que o ativista saudita de direitos humanos Ghanem Al-Masarir tinha o direito de processar o Reino da Arábia Saudita depois que este instalou o spyware do NSO em seu telefone e o agrediu no centro de Londres.

a empresa "não era uma mercenária de sangue frio" e que só negociava com democracias.[57] Perlroth foi informada de que o grupo nunca teve uma única licença de exportação israelense negada, o que indica que a empresa tinha carta branca para vender para praticamente qualquer nação do planeta. Para ela, ficou claro na ligação que o NSO elaborava sua estratégia na hora, quando literalmente a colocaram em espera por vários minutos depois de ela perguntar se a empresa venderia para um Estado repressivo. Esse episódio foi ao cerne do *modus operandi* do NSO: negar, dissimular e mentir descaradamente. Por muitos anos, essa narrativa funcionou em grande parte com a mídia global, que raramente fazia a conexão direta entre as vendas do grupo e a política externa israelense.

Fiz perguntas ao time de relações públicas do NSO sobre como e por que a companhia negocia com países não democráticos e quais as salvaguardas para garantir que seus produtos não sejam usados de forma abusiva pelo comprador. Em resposta, o grupo me encaminhou seu Relatório de Transparência e Responsabilidade, lançado em 2021. Nele, o NSO alega ter "rejeitado mais de trezentos milhões de dólares em oportunidades de vendas, como resultado de seus processos de análise de direitos humanos", e diz que o Ministério da Defesa de Israel "restringe o licenciamento de alguns de nossos produtos e realiza sua própria análise de clientes em potencial a partir da perspectiva dos direitos humanos". O relatório afirma ainda que a empresa atestou seu "compromisso com o respeito aos direitos humanos" com a criação de um Comitê de Governança, Risco e Conformidade, que "analisa as vendas em potencial, fornecendo recomenda-

57 Nicole Perlroth, *This Is How They Tell Me the World Ends: The Cyber-Weapons Arms Race*. Nova York: Bloomsbury, 2021, p. 186. [Ed. bras.: *É assim que me disseram que o mundo acaba: hackers, mercenários e governos na disputa pelo controle cibernético global*. Trad. Christian Schwartz e Liliana Negrello. Porto Alegre: Arquipélago, 2023.]

ções e decisões após um processo de diligência prévia aprofundado e baseado em riscos, incluindo uma avaliação abrangente dos possíveis impactos sobre os direitos humanos".

O NSO dizia ter sessenta clientes em quarenta países e observou que, no ano anterior à divulgação do relatório, havia aberto doze investigações de "uso indevido de produtos". E concluía: "Temos orgulho de ser a primeira empresa do setor cibernético a implementar políticas para o alinhamento completo com os Princípios Orientadores das Nações Unidas sobre Empresas e Direitos Humanos".

Em novembro de 2021, o governo Biden tomou uma medida surpreendente contra o NSO e outra empresa de vigilância israelense, a Candiru, colocando-os em sua "lista de entidades" — organizações citadas nesse documento federal estão proibidas de adquirir tecnologia de empresas estadunidenses. O Departamento de Comércio acusou o grupo de armar governos estrangeiros para "atingir maliciosamente" críticos e autoridades, e alegou que a decisão se deveu aos "esforços do governo Biden para colocar os direitos humanos no centro da política externa dos Estados Unidos, inclusive trabalhando para conter a proliferação de ferramentas digitais usadas para repressão". O NSO gastou várias centenas de milhares de dólares com lobistas, escritórios de advocacia e empresas de relações públicas nos Estados Unidos para ser retirado da lista.[58] Um dos escritórios contratados, o Pillsbury Winthrop Shaw Pittman, distribuiu um documento intitulado "NSO Group: Here for You, Here for Good" [Grupo NSO: aqui para você, aqui para o bem], cujos focos eram um "programa incomparável de governança de

58 Uri Blau, "Pegasus spyware maker NSO is conducting a lobbying campaign to get off U.S. blacklist", *Pro Publica*, 12 jul. 2022; Mark Mazzetti & Ronen Bergman, "Defence firm said U.S. spies backed its bid for Pegasus spyware maker", *The New York Times*, 10 jul. 2022.

direitos humanos", além das ferramentas que "tornaram nosso mundo imensamente mais seguro".[59]

Aparentemente, o grupo ficou chocado com essa experiência, e o governo israelense prometeu usar sua influência em Washington para retirar a empresa da lista do Departamento de Comércio. Um ex-diretor da Agência de Controle de Exportação de Defesa de Israel, Eli Pinko, disse que o governo israelense não deveria ter "cedido" aos estadunidenses e franceses ao pedir desculpas pelas atividades do NSO.[60] Não há evidências de que isso tenha acontecido, embora seja possível que os israelenses o tenham feito para convencer os Estados Unidos a darem outra chance ao grupo. Vários políticos democratas pressionaram por duras sanções financeiras contra o NSO. É provável que nada disso tivesse acontecido se Trump e Netanyahu ainda estivessem no poder, embora o sucessor de Netanyahu, Naftali Bennett, tenha dito em 2022 que o Pegasus era "muito importante na guerra contra o terror e também contra crimes graves".

Embora as medidas de Washington contra o NSO sejam bem-vindas, elas fedem a hipocrisia. Por que ser contra o grupo quando os Estados Unidos estão desenvolvendo e implantando sistemas de vigilância ainda mais poderosos contra os próprios estadunidenses e o resto do mundo? O FBI havia testado os produtos do NSO e flertado com a ideia de usá-los e, de repente, os Estados Unidos estavam preocupados com a invasão de dispositivos mundo afora? Não faz sentido. O motivo provável por trás das ações de Biden contra o grupo foi a preocupação de que uma empresa israelense estivesse usurpando a supremacia tecnológica estadunidense. Isso não impediu o Congresso dos Estados Unidos de condenar cada vez mais o NSO e seus semelhantes.

59 Nick Cleveland-Smith, "Israeli spyware floods Washington with lobbyists despite blacklist", *Responsible Statecraft*, 29 jul. 2022.
60 Avi Bar-Eli, "Israel exports arms endangering human rights because it serves our interests, top defence official admits", *Haaretz*, 7 dez. 2021.

Em julho de 2022, o Comitê de Inteligência da Câmara aprovou a Lei de Autorização de Inteligência, que visa impedir a comunidade de inteligência dos Estados Unidos de comprar ou usar spyware estrangeiro.

Na esteira das sanções de Biden, Shalev Hulio disse à TV israelense que era "hipocrisia" visar sua empresa porque "não há um único país para o qual tenhamos vendido, nenhum [...] para o qual os Estados Unidos não vendam ou para o qual Israel não venda. Portanto, é um pouco hipócrita dizer que não há problema em vender F-35, tanques e drones, mas sim uma ferramenta que coleta informações". Ele estava certo, é claro, sobre a hipocrisia, porém isso não significava que sua empresa deveria continuar seu trabalho indefinidamente ao lado de déspotas. No início de 2022, quando o NSO enfrentava dificuldades para encontrar novos clientes e se afogava em dívidas, Hulio anunciou a representantes dos acionistas majoritários que a companhia poderia voltar a vender para Estados sinalizados no passado pela equipe de diligência prévia como de "risco elevado".[61] O NSO era institucionalmente incapaz de mudar.

Esse tipo de intervenção direta do governo estadunidense era muitas vezes reservado para empresas que operavam na China. O governo Trump havia usado essa estratégia extensivamente para atingir empresas chinesas cúmplices da repressão aos uigures. Portanto, a notícia foi bem recebida pelos ativistas contrários ao NSO, mas qual foi o verdadeiro motivo de uma decisão dessas contra um aliado importante? Será que foi porque a NSA odiava um rival global com fortes poderes de vigilância e queria que suas asas fossem cortadas, se não destruídas? Esse argumento foi reforçado quando os analistas de segurança do Project Zero, do Google, revelaram que as ferramentas do

61 Kaye Wiggins *et al.*, "NSO's cash dilemma: miss debt repayment or sell to risky customer", *Financial Times*, 1º jun. 2022.

NSO eram tão sofisticadas quanto as capacidades de espionagem dos Estados-nação.[62]

Os países que desenvolvem e usam ferramentas cibernéticas ofensivas, como a Rússia, o Reino Unido, os Estados Unidos e a China, têm receio de que seus serviços de inteligência comprem produtos do grupo porque temem que isso permita a Israel saber quem são seus alvos, dentro e fora de seus territórios. Eles estariam abrindo seu aparato de segurança para a coleta de informações pela inteligência israelense? Esses Estados poderosos podem criar suas próprias ferramentas similares às do NSO, mas isso é menos provável no Sul global ou em nações mais pobres, que estão mais abertas a comprar spyware das prateleiras israelenses. De acordo com Yigal Unna, ex-diretor-geral da Diretoria Cibernética Nacional de Israel, os israelenses acreditam que o Estado judeu deve proteger seu domínio global em armas cibernéticas. "Temos que nos preparar para uma batalha para defender o bom nome que conquistamos honestamente", disse.[63]

A resposta do governo israelense à crescente indignação global contra o NSO e contra a falta de supervisão regulatória israelense foi simplesmente adicionar um pequeno obstáculo burocrático para qualquer venda cibernética futura: os países que quisessem redes de vigilância israelenses teriam que assinar uma declaração[64] — negócios, como sempre.

A TECNOLOGIA DO NSO PENETROU em países com uma estreita relação com Israel. O advogado indiano Nihalsing Rathod mora

62 Lily Hay Newman, "Google warns that NSO hacking is on par with elite nation-state spies", *Wired*, 15 dez. 2021.
63 Ronen Bergman & Mark Mazzetti, "Israeli companies aided Saudi spying despite Khashoggi killing", *The New York Times*, 17 jul. 2021.
64 Eitay Mack, "'Trust the dictator': Israel's new methods of 'supervising' cyber arms exports", *Haaretz*, 8 dez. 2021.

na cidade de Nagpur e frequentemente assume casos contra o Estado indiano. Em 2019, ele foi informado pelo WhatsApp que seu telefone e mais outros 21 números haviam sido comprometidos pelo Pegasus. No mesmo instante, presumiu que era por causa de sua representação de ativistas dalit[65] acusados de atividades antigovernamentais no vilarejo de Bhima Koregaon, perto de Pune, em 2018. "O inimigo [Estado indiano] precisa reunir todos os insumos que o ajudem a manchar nossa imagem, nos conectar a pessoas, incidentes ou organizações impopulares e nos chamar de antipatriotas", ele me disse.

Rathod acreditava que as autoridades indianas queriam conhecer suas estratégias de defesa no processo judicial, e o spyware do NSO era a maneira perfeita de fazê-lo. Ele se sentiu exposto:

> O episódio me deixou mais esperto. Antes, éramos céticos quanto ao fato de estarmos sendo ouvidos, observados ou lidos, mas agora temos certeza. Essa exposição nos ajudou a saber que o método tradicional de seguir [as pessoas] fisicamente passou por uma mudança radical. Os métodos de vigilância evoluíram com o tempo e precisamos estar mais atentos do que nunca a nossa privacidade.

Rathod também temia que informações incriminatórias pudessem ser inseridas em seus dispositivos sem seu conhecimento. E o medo se provou legítimo, já que autoridades indianas de fato inseriram documentos comprometedores nos telefones de

65 No antigo sistema de castas indiano, os dalits eram os mais marginalizados, condenados a trabalhos indesejáveis e/ou desgastantes e considerados párias sociais. Embora a Índia tenha abolido formalmente a separação social por castas em 1950, o costume vigorou por dois mil anos e os dalits não raro sofrem ataques de indivíduos cuja origem remete a castas mais altas. [N.E.]

pessoas relacionadas ao caso Bhima Koregaon.[66] Mais de dez ativistas foram presos por supostamente tentarem derrubar o governo Modi e apoiarem grupos marginalizados.

"Posso ficar digitalmente incapacitado a qualquer momento", disse Rathod. "Minha vida de antes, em que eu podia deixar meu telefone em qualquer lugar e aproveitar meu espaço pessoal, não existe mais. Sempre sinto [que há] alguém de olhos arregalados me observando, seja no meu quarto ou por meio das minhas companhias amorosas ou familiares."

A Índia tem sido uma usuária contumaz da tecnologia de vigilância. O regime de Modi implantou o Pegasus para se fortalecer no poder. Dezenas de jornalistas e ativistas indianos foram alvos. A polícia do estado de Pune hackeou telefones e computadores de ativistas de direitos humanos para plantar provas incriminatórias, pelas quais eles são presos posteriormente.[67] A aclamada escritora indiana Arundhati Roy articulou os perigos do conluio israelo-indiano ao desafiar o sentimento amplamente pró-Israel na imprensa indiana durante a era Modi. "A colaboração amistosa entre Israel e a Índia parece ter começado em Israel em 2017", escreveu ela, "durante o que a mídia indiana chamou de '*bromance*' Modi-Netanyahu — a época em que eles arregaçaram as calças e caminharam juntos na Praia de Dor [Haifa]. Eles deixaram mais do que apenas as próprias pegadas na areia."[68]

66 Joanna Slater & Niha Masih, "Indian activists jailed on terrorism charges were on list with surveillance targets", *The Washington Post*, 20 jul. 2021.

67 Andy Greenberg, "Police linked to hacking campaign to frame Indian activists", *Wired*, 16 jun. 2022.

68 Arundhati Roy, "This is no ordinary spying. Our most intimate selves are now exposed", *The Guardian*, 27 jul. 2021.

O PEGASUS TAMBÉM SE ESPALHOU por nações que passam ao largo da mídia global, mas desempenham papel importante no aumento do apoio internacional a Israel. "Estou no exílio e tenho vivido assim, de forma intermitente, há treze anos", contou-me a ativista togolesa Farida Nabourema. Sua vida adulta foi dedicada à oposição à ditadura liderada por Faure Gnassingbé, que é presidente desde 2005 (e cuja família governa desde 1967). O regime é caracterizado por prisões arbitrárias, tortura, desaparecimentos, eleições fraudulentas e esmagamento da liberdade de expressão. "Fui pessoalmente alvo do regime", explicou.

O Togo é uma nação da África Ocidental no Golfo da Guiné com uma população de oito milhões de pessoas e que viveu sob jugo colonial francês até conquistar a independência em 1960. Apesar do governo autocrático de Gnassingbé, Washington fornece apoio financeiro às forças policiais e militares do país. Nos anos seguintes à chegada de Faure Gnassingbé ao poder, muitos ativistas togoleses esperavam por mudanças, usando a internet para pressionar por reformas políticas e sociais muito necessárias. "Vocês podem governar o Togo sem prestar contas", escreveu Nabourema no Facebook em 2014 em uma publicação dirigida ao governo, "mas nós, cidadãos, governamos pela internet e os responsabilizaremos".[69] Ela foi cofundadora do movimento Faure Must Go [Faure deve sair], um lema que explodiu nas ruas em 2017, quando protestos de massa passaram a exigir a reintrodução de limites para mandatos presidenciais.

Logo ficou claro, no entanto, que o regime podia ler as mensagens privadas do WhatsApp dos ativistas. As prisões e torturas eram baseadas em detalhes contidos nessas conversas. A forma como isso ocorreu foi revelada em um relatório de 2018 do Citizen Lab, um grupo de pesquisa de segurança cibernética canadense. Descobriu-se a presença do spyware Pegasus, capaz de

69 Farida Nabourema, "In Togo, there is nowhere to hide", *The New York Times*, 6 out. 2020.

capturar todos os dados de um dispositivo, nos smartphones dos ativistas. Ele foi comprado do NSO pelo regime em 2016.

O Togo estabeleceu um relacionamento próximo com Israel durante o governo Netanyahu. Quando o presidente Gnassingbé visitou Israel em 2017, ele escreveu em um livro de visitas: "Estou sonhando com o retorno de Israel à África e o retorno da África a Israel". O Togo frequentemente votava com Israel nas Nações Unidas, apoiando o governo Trump e Israel em 2017 para reconhecer Jerusalém como a capital do país. Naquele mesmo ano, Gnassingbé promoveu uma cúpula África-Israel em seu país para aumentar o apoio ao Estado judeu em todo o continente, mas ela foi cancelada devido a uma manifestação reunindo centenas de milhares de opositores do presidente na capital, Lomé.

Para Nabourema, a luta tem um caráter pessoal. Ela se inspira em seu pai, Bemba Nabourema: um dissidente durante toda a vida e que foi torturado pelo Estado. Seus irmãos são contrários a sua oposição pública ao regime; ela não fala com eles desde 2013. "Muitas pessoas me veem como alguém que provoca o regime, em vez de ver o regime como provocador de toda essa situação", disse. "Ser ativista no Togo é pior do que ser dependente químico." Um grupo local de direitos humanos disse que 2021 foi o "ano mais sombrio da era democrática no Togo no que diz respeito à liberdade de imprensa".

Nabourema conhece os ativistas que foram alvo da tecnologia do NSO Group. Em outubro de 2017, um de seus colegas foi preso e, logo depois, dois outros que o visitaram na cadeia também foram detidos. Suas mensagens de WhatsApp haviam sido violadas. Desde então, Nabourema nunca mais usou o aplicativo e recomendou aos colegas ativistas que parassem de acessá-lo. "Houve pânico quando os ativistas do Togo descobriram que o WhatsApp havia sido violado pelo Pegasus", ela conta. "Os ativistas achavam que o governo não era tão astuto [antes de perceberem que o Pegasus era usado], mas ele contrata pessoas que são. Antes de tudo isso, outros ativistas achavam que eu era paranoica."

Embora Nabourema tenha ajudado a organizar um treinamento em segurança digital para ativistas locais após as primeiras violações do NSO, ela estava desanimada com as perspectivas de uma mudança real por parte dos ativistas em campo no Togo. Cinco críticos do regime, juntamente com um proeminente bispo e padre católico, foram informados pelo WhatsApp, de propriedade do Facebook, em 2019, que haviam sido alvo do Pegasus.[70] Ela acredita que o spyware ainda é usado em seu país, inclusive durante a disputada eleição presidencial de 2020. Nabourema insiste com os dissidentes que não discutam nada sensível on-line nem armazenem nada comprometedor em seus smartphones. "Nada mudou no Togo", ela lamenta. "As pessoas simplesmente se acostumaram com a nova realidade. Suportamos a ditadura por tanto tempo que, quando o governo apresenta novas ferramentas de coerção, as pessoas não as rejeitam; elas se adaptam e acham que as coisas simplesmente são como são."

Era difícil ficar fora do Togo por tanto tempo, sabendo ser impossível garantir sua segurança em caso de retorno. Nabourema disse que pediu aos moradores locais do país que questionassem o NSO no tribunal, mas ninguém quis fazer isso. "Fiquei decepcionada de verdade. É o princípio que estamos combatendo. Estamos sendo espionados. Talvez você não se incomode em nível pessoal, mas como figura da oposição [no Togo], você deveria estar desafiando o governo a fim de proteger os jovens. [Muitos togoleses] se adaptaram à vigilância no mundo digital."

UM DOS MITOS MAIS persistentes sobre o NSO e muitos de seus concorrentes é que são empresas privadas que só buscam o lucro, sem vínculos formais com o Estado israelense. Essa é uma men-

70 Stephanie Kirchgaessner & Jennifer Rankin, "WhatsApp spyware attack: senior clergymen in Togo among activists targeted", *The Guardian*, 3 ago. 2020.

sagem repetida à exaustão pelo governo de Israel, e grande parte da mídia ocidental tem acompanhado esse movimento, não querendo ou não podendo investigar o que empresas de spyware apoiadas pelo Estado significam para as relações globais, a privacidade e a liberdade de expressão. É fácil condenar os hackers apoiados pela China ou pela Rússia, oponentes dos governos ocidentais, mas e se essas corporações forem apoiadas e usadas por uma nação favorecida pelo Ocidente, como Israel?

Membro do gabinete de segurança de Israel e ministro para assuntos relacionados a Jerusalém, Zeev Elkin contribuiu para essa ilusão em 2019, ao dizer que "o NSO é uma empresa privada utilizando recursos que os israelenses possuem; milhares de pessoas estão no setor cibernético, mas não há envolvimento do governo israelense nisso. Todos entendem o seguinte: não se trata do Estado de Israel".

Essa declaração é mentirosa. O registro do NSO, com cerca de oitocentos funcionários, mostra que ele é uma arma altamente eficaz no arsenal do governo israelense para fazer amigos e influenciar pessoas. De acordo com um relatório de 2016 da Privacy International, Israel tinha o maior número de empresas de vigilância per capita do mundo, superando os Estados Unidos e o Reino Unido. Edin Omanovic, diretor de *advocacy* da Privacy International, me disse que, embora não haja comparação com Israel em termos de tamanho do setor de spyware, outros países também monetizam seus conflitos e desenvolvem tecnologia para combater supostos inimigos. Ele cita as batalhas da Rússia contra críticos internos, além do Reino Unido e suas décadas de conflito na Irlanda do Norte.

Durante os anos Netanyahu, houve um grande esforço do governo israelense para converter a venda de spyware em amizades internacionais. Em grande parte, a aposta funcionou. É possível vincular diretamente as ações de Netanyahu e do chefe do Mossad, Yossi Cohen, à melhoria das relações diplomáticas com (em sua maioria) autocratas de todo o mundo.

Netanyahu visitou a Hungria em julho de 2016, e o primeiro-ministro Viktor Orbán visitou Israel em julho de 2018. O uso da tecnologia do NSO por Orbán começou em fevereiro de 2018 e mirou seus críticos. Quando os Acordos de Abraão foram assinados em agosto de 2020 — uma iniciativa liderada por Netanyahu e Trump entre Israel, os Emirados Árabes Unidos e o Barein —, o Pegasus (entre outros equipamentos de defesa) foi usado como uma importante ferramenta para angariar apoio. E a tática funcionou perfeitamente. Já em 2022, os Emirados Árabes Unidos estavam usando sistemas de defesa aérea fornecidos por Israel contra drones iranianos.

O primeiro-ministro indiano Narendra Modi foi a Israel em julho de 2017, e Netanyahu retribuiu o favor em janeiro do ano seguinte. A Índia começou a usar o Pegasus em julho de 2017. Netanyahu visitou Ruanda em julho de 2016, e o líder Paul Kagame começou a usar tecnologia do NSO em 2017. Netanyahu visitou o Azerbaijão em dezembro de 2016, e o presidente Ilham Aliyev adotou o Pegasus em 2018. O órgão anticorrupção da Polônia comprou o Pegasus depois que a primeira-ministra Beata Szydlo se reuniu com Netanyahu em 2017. O líder pró-Israel de El Salvador, Nayib Bukele, foi acusado de usar as ferramentas do NSO para atingir dezenas de ativistas e jornalistas que investigavam a corrupção do Estado desde 2020. Por ironia do destino, Bukele é de origem palestina: seus avós cristãos vieram de Jerusalém e Belém para El Salvador no início do século XX. Os Emirados Árabes Unidos e a Arábia Saudita também eram entusiasmados usuários do Pegasus, embora Israel não tivesse relações oficiais com eles quando seu uso começou.[71] Também entrou na mira do spyware o movimento pró-democracia da Tailândia, incluindo ativistas que pressionavam pela derrocada da monarquia no país.

71 Amitai Ziv, "Where Netanyahu went, NSO followed: how Israel pushed cyberweapon sales", *Haaretz*, 20 jul. 2021.

Apesar da brutalidade de alguns desses regimes, Israel os visou especificamente para a venda de tecnologia do NSO. De acordo com um funcionário de uma empresa cibernética israelense, "Israel marcou a Arábia Saudita como um alvo estratégico. Esse é um projeto no qual o Ministério da Defesa [de Israel] estava envolvido. O desejo era mimar e satisfazer os sauditas com nossas capacidades".[72] Israel esperava que os sauditas usassem as armas cibernéticas israelenses para escalar as tensões com seu inimigo mútuo, o Irã. Um israelense que apresentou os produtos do NSO no Golfo Pérsico disse ao *Financial Times*: "É o brinquedo que todo oficial de inteligência quer. Eles adoram as demonstrações. E adoram o fato de serem [produtos] de origem israelense".[73]

"Nos Emirados Árabes Unidos e em vários outros lugares do mundo, o Mossad está organizando a estrutura dos acordos [cibernéticos] — especialmente em países sensíveis", Eitay Mack me contou. "Nos países do Golfo, por exemplo, faz duas décadas que o Mossad lidera o trabalho de construção de relações." Em 2022, quando o presidente Joe Biden visitou a Arábia Saudita e Israel, conversou-se abertamente sobre a colaboração entre estes e outras nações árabes no combate a drones e mísseis iranianos.

Havia sinais de que as armas cibernéticas preocupavam o público israelense, embora não o suficiente para justificar qualquer ação substancial. Em artigo publicado no *Haaretz*, o autor israelense Shay Aspril atribuiu essa indiferença ao fato de muitos israelenses admirarem a arte de ganhar dinheiro, independentemente do meio, e respeitarem o crescente setor de alta tecnologia porque ele trouxe reconhecimento e prestígio global ao Estado judeu. "O público continua acreditando

72 Amitai Ziv, *op. cit.*

73 Mehul Srivastava, "How Israel used NSO as diplomatic calling card", *Financial Times*, 21 jul. 2021.

que, se o Ministério da Defesa concede uma licença de exportação, isso deve ser bom para o Estado de Israel", argumentou.[74] Foi somente em 2022, quando se descobriu que o Pegasus era utilizado domesticamente contra cidadãos israelenses, que surgiu uma onda de indignação contra o NSO e a possibilidade de abuso de sua tecnologia.

No entanto, em 2021, uma pesquisa da Anistia Internacional havia constatado que a maioria dos israelenses acreditava que a venda não regulamentada de armas cibernéticas era "imoral" — e os maiores opositores do comércio com regimes antiéticos eram aqueles que se identificavam como judeus religiosos.[75] Mesmo assim, para muitos judeus israelenses, o NSO e similares são uma fonte de orgulho porque mostram como Israel se destaca globalmente no combate a terroristas e pedófilos. A implicação é clara: Israel é vítima. Uma coluna no popular site *Ynet* argumentou que o problema não é a tecnologia do grupo, mas como os governos a utilizam. Isso lembra o mantra da Associação Nacional do Rifle de que as armas não matam, mas as pessoas sim.[76]

O nome NSO e os polpudos salários que o grupo oferecia sempre bastaram para garantir um número infinito de candidatos para seus postos de trabalho. Mas a sucessão de escândalos fez a situação começar a mudar. Em 2021, a empresa teve de recorrer a campanhas nas redes sociais para mostrar que seguia viva e atuante. Ramon Eshkar, vice-presidente do grupo, escreveu na imprensa israelense que "o sionismo, o israelismo e os valores estão em tudo o que o NSO faz". Ele destacou que a empresa "participa de atividades importantes, como operações de locali-

74 Shay Aspril, "Why Israelis don't care about the NSO scandal", *Haaretz*, 19 ago. de 2021.

75 "Substantial majority of Jewish Israelis feel unregulated cyber-arms sales are 'immoral'", *Haaretz*, 9 ago. 2021.

76 Sever Plocker, "NSO's software isn't dangerous, people who use it are", *Ynet*, 4 nov. 2021.

zação de pessoas desaparecidas, busca e resgate — e tudo isso de forma totalmente voluntária".[77]

Cada vez menos israelenses caíam nessa conversa. Um ex-oficial de inteligência de Israel contou de um amigo que recusou uma oferta de emprego do NSO: "Ele explicou que não via diferença entre trabalhar para uma fabricante de mísseis, como a empreiteira militar israelense Rafael, ou para a Nike, cuja mão de obra é precarizada, ou para o NSO, que está imerso em críticas públicas".[78]

O jornalista israelense Amir Oren explicou em 2021 que

> o verdadeiro trunfo na história do NSO [...] tem pouco a ver com negócios ou diplomacia, mas sim com inteligência e [interesses] estratégicos. Se o vendedor israelense e, consequentemente, seu cliente estrangeiro conseguirem hackear um smartphone, tablet ou PC, seu conteúdo e aplicativos, destinatários e contatos, então é óbvio que a Aman [inteligência militar israelense], o Shin Bet, o Mossad e a unidade de investigações da polícia também podem alcançar os mesmos resultados, inclusive hackear o telefone de Macron ou até mesmo de Biden. A inteligência israelense tem uma versão atualizada [do Pegasus], enquanto a versão exportada é desatualizada. Israel tem contramedidas para se proteger [desses hacks].[79]

Ou seja, Israel tem tecnologia para rivalizar com qualquer potência global, e o Pegasus é um brinquedo comparado ao que o Estado judeu é capaz de fazer. O poder do NSO e de Israel é quase irrefreável, chegando até mesmo a enredar a Apple, que em 2021

77 Ramon Eshkar, "NSO is not just about cyber intelligence", *Calist*, 4 nov. 2021.

78 Shuki Sadeh, "Israeli military vs. NSO: the battle for talent is getting dark", *Haaretz*, 29 jun. 2021.

79 Richard Silverstein, "Israel's Unit 8200 produces spyware far more powerful than Pegasus; and Mossad, Shin Bet use it", *Tikun Olam*, 27 jul. 2021.

se viu forçada a emitir uma atualização de emergência para 1,65 bilhão de usuários, depois que o Citizen Lab descobriu uma vulnerabilidade em seu sistema operacional explorada pelo NSO. Na contramão da maior parte da mídia ocidental, a Apple emitiu um comunicado à imprensa acusando diretamente o envolvimento do Estado judeu: "O NSO Group cria uma tecnologia de vigilância sofisticada e patrocinada pelo Estado que permite que seu spyware altamente direcionado vigie suas vítimas".

Ron Deibert, professor canadense de ciência política, filósofo e diretor do Citizen Lab na Munk School of Global Affairs da Universidade de Toronto, me informou de que o maior desafio enfrentado pelos oponentes do setor de vigilância cibernética é lidar com o fato de que "o mundo hoje é administrado por uma classe transnacional de gângsteres. É assim que penso sobre isso, como uma cleptocracia global".

Em seu livro de 2020, *Reset: Reclaiming the Internet for Civil Society* [Reiniciar: recuperando a internet para a sociedade civil], Deibert argumenta que, sem mudanças fundamentais nos incentivos financeiros a empresas como o NSO, o futuro da condição humana é sombrio. "A vigilância de dados pessoais e os controles estatais autoritários são um 'casamento perfeito'", escreveu, "oportunidades de negócios lucrativos aparentemente intermináveis, que retiram a responsabilidade do setor público e facilitam o governo despótico."[80]

NÃO É APENAS O NSO que está causando danos ao redor do mundo. A Cellebrite é outra empresa israelense que trabalha com Estados repressivos, mas esteve muito menos sujeita a críticas. É difícil saber exatamente por que ela escapou da notoriedade do NSO, mas talvez seja porque a Cellebrite prefere ope-

80 Ronald Deibert, *Reset: Reclaiming the Internet for Civil Society*. Toronto: Anansi, 2020, p. 329.

rar seus recursos de hackeamento abaixo do radar ou porque a aliança do NSO com déspotas chamou a atenção de pesquisadores e meios de comunicação que muitas vezes fracassam em fazer a associação entre a companhia e o Estado israelense. "A Cellebrite vende equipamentos para hackear telefones de curta distância, e o NSO Group, de longa distância, mas o efeito é o mesmo para os ativistas", disse Eitay Mack.

Fundada na década de 1990, a Cellebrite começou como uma empresa de tecnologia de consumo, mas na década de 2010 se envolveu profundamente no mercado de vigilância e hackeamento de celulares depois de detectar o enorme potencial de lucros existente na colaboração com autoridades policiais ao redor do globo. No final de 2021, a empresa lançou uma campanha de relações públicas em grande escala chamada Heroes behind the Heroes [Heróis por trás dos heróis], com anúncios on-line e outdoors físicos que promoviam a contribuição essencial de suas "soluções de inteligência digital" às forças policiais de todo o mundo.[81]

Como era de esperar, a blitz de relações públicas foi seletiva em relação aos serviços oferecidos pela Cellebrite e a quem esses anúncios pretendiam influenciar. Em 2022, Eitay Mack escreveu para a empresa e para o Ministério da Defesa de Israel para lembrá-los de onde o equipamento da Cellebrite havia ido parar, incluindo a Rússia, onde jornalistas são perseguidos, e as Filipinas, onde inúmeros repórteres foram assassinados sob o reinado do presidente Rodrigo Duterte.[82]

81 A eficácia da ferramenta de rastreamento telefônico da Cellebrite foi questionada pelo fundador do aplicativo Signal, Moxie Marlinspike, que afirmou em 2021 ter encontrado vulnerabilidades no sistema. Como resultado, ativistas em muitos países, incluindo Grã-Bretanha, Israel e Austrália, pediram que suas forças policiais parassem de usá-lo porque os dados poderiam ser falsificados.
82 Oded Yaron, "Putin investigators targeting LGBTQs, Navalny, use Israeli phone-hacking tech", *Haaretz*, 23 set. 2020.

Nem o governo israelense nem a Cellebrite poderiam alegar ignorância sobre o que talvez acontecesse com equipamentos de vigilância sofisticados nas mãos de autocratas.[83] Há uma fotografia publicada de funcionários da Cellebrite se encontrando com Duterte em 2018. Eles admitiram que a empresa havia treinado uma série de órgãos públicos, alguns dos quais foram diretamente cúmplices do assassinato de milhares de filipinos durante a brutal guerra às drogas de Duterte. Quando questionada sobre sua cumplicidade, a Cellebrite disse ao *Haaretz* que tinha "mecanismos rigorosos de supervisão" sobre suas vendas. Foi uma declaração notavelmente semelhante à do NSO quando questionado sobre suas relações internacionais.

Os países onde a tecnologia de vigilância da Cellebrite foi usada contra críticos, jornalistas, dissidentes ou trabalhadores de direitos humanos incluem Botsuana, Vietnã, Bangladesh e Uganda.[84] Entre as ferramentas compartilhadas com esses regimes, está o aparato de hackeamento chamado dispositivo de extração forense universal (*universal forensic extraction device*), que permite a extração de informações de telefones celulares. Em Bangladesh, o hardware foi usado pelo Batalhão de Ação Rápida, uma famigerada unidade paramilitar acusada de assassinatos extrajudiciais e desaparecimentos. Quando essa conexão foi exposta em 2021, a empresa anunciou rapidamente que as vendas para Bangladesh estavam sendo suspensas, embora fosse provável que o país ainda pudesse usar a tecnologia já adquirida. Além disso, a Cellebrite disse que estabeleceria um comitê consultivo para garantir que "considerações éticas" fossem priorizadas no futuro. Mais uma vez, a tática de relações

83 Diferentemente do Pegasus do NSO, que pode invadir dispositivos remotamente, o equipamento da Cellebrite exige que o telefone esteja em posse do indivíduo.

84 O Vietnã se tornou um dos maiores mercados para equipamentos de defesa israelenses na última década, com negócios estimados em pelo menos 1,5 bilhão de dólares.

públicas da Cellebrite mimetizou o NSO. Bangladesh não tem laços formais com Israel, mas isso não impediu que especialistas em inteligência israelenses treinassem oficiais do país asiático durante um evento de quatro dias nos arredores de Budapeste, na Hungria, em 2019. A Polícia Federal da Etiópia usa produtos da Cellebrite, apesar de o governo deter minorias em massa e reprimir dissidentes, jornalistas e ativistas.[85]

Assim como o NSO, a Cellebrite resiste ao escrutínio da mídia. De acordo com uma reportagem do *Haaretz*, o Ministério da Defesa de Israel não supervisiona as vendas da empresa porque seus produtos são, de alguma forma, classificados como serviços civis de uso duplo e não como uma exportação relacionada à segurança. Essa definição é a carta branca para que a Cellebrite opere em dezenas de países sem qualquer controle sério por parte de Israel.[86]

A empresa nunca teve problemas para obter clientes endinheirados. Só nos Estados Unidos, são mais de 2,8 mil clientes — incluindo forças de segurança e os departamentos de Assuntos de Veteranos e de Agricultura. A Cellebrite, por sua vez, contratou promotores, policiais e agentes do Serviço Secreto para treinar essas pessoas a usá-los.[87] A empresa anunciou negócios fechados com seis das maiores refinarias de petróleo do mundo, além de seis das maiores farmacêuticas. Ela também entrou no campo cada vez mais lucrativo da vigilância corporativa. Por volta de 2015, sistemas da Cellebrite foram compra-

85 Yarno Ritzen, "Bangladesh bought phone-hacking tools from Israel, documents show", *Al Jazeera*, 8 mar. 2021; Oded Yaron, "Ethiopia obtains phone-hacking tech from Israeli firm Cellebrite", *Haaretz*, 18 dez. 2022.

86 Gur Megiddo, "Revealed: Israel firm provided phone-hacking services to Saudi Arabia", *Haaretz*, 16 set. 2020.

87 Mara Hvistendahl & Sam Biddle, "Use of controversial phone-cracking tool is spreading across federal Government", *The Intercept*, 9 fev. 2022.

dos pelo governo venezuelano, em meio a alegações de que eram usados pelo regime para atingir dissidentes.

No entanto, algumas vezes, o alcance da empresa foi afetado por cobertura midiática negativa. Em 2021, depois que Eitay Mack revelou, por meio de documentos judiciais, que o dispositivo de extração forense universal havia sido usado para vigiar ativistas gays e figuras da oposição na Rússia e na Bielorrússia, incluindo um associado do dissidente político russo Alexei Navalny e críticos do ditador bielorrusso Alexander Lukashenko, a corporação anunciou que não venderia mais o sistema para esses países.

Em 2021, a empresa alegou ter se retirado das atividades na China e em Hong Kong, mas, posteriormente, o *Intercept* descobriu que os representantes da Cellebrite seguiram vendendo sua tecnologia de hackeamento para a polícia chinesa, tanto no continente quanto no Tibete.[88] Grupos de direitos humanos insinuaram que a empresa estava cortando os laços oficiais com alguns Estados repressivos porque havia aberto capital na Nasdaq em 2021 e queria evitar polêmicas.[89]

Não era uma tarefa fácil. A Cellebrite havia vendido suas ferramentas para a Indonésia, uma nação muçulmana sem relações diplomáticas com Israel, e o país as usou para atingir opositores políticos e ativistas, inclusive em Papua Ocidental, bem como

88 Mara Hvistendahl, "Chinese police kept buying Cellebrite phone hackers after the company said it ended sales", *The Intercept*, 17 ago. 2021. Joshua Wong, ativista pela democracia em Hong Kong, teve o telefone hackeado pela Cellebrite e alegou, em 2020, que a tecnologia da empresa havia sido usada pelas autoridades de Hong Kong para invadir pelo menos quatro mil telefones celulares "sem consentimento".

89 O principal concorrente da Cellebrite é a empresa sueca de análise forense de celulares MSAB. Ela também opera em estados repressivos, incluindo Mianmar. A empresa recebeu financiamento do Horizon Europe, o programa de pesquisa tecnológica apoiado pela União Europeia que também investiu em Israel. Zach Campbell & Caitlin L. Chandler, "Tools for repression in Myanmar expose gap between E.U. tech investment and regulation", *The Intercept*, 15 jun. 2021.

membros da comunidade gay, que usavam aplicativos de namoro como o Grindr. A Arábia Saudita também foi um cliente entusiasmado, mesmo após o assassinato do jornalista do *Washington Post* Jamal Khashoggi, em 2018.

Numa entrevista concedida em 2020, o CEO da Cellebrite, Yossi Carmil, rejeitou qualquer sugestão de que sua empresa fosse semelhante ao NSO porque os negócios dela eram "muito limitados em sua autoridade, ao contrário do universo dos clientes do NSO e de outros, onde ocorrem coisas ilegais e secretas. A Cellebrite está em território totalmente seguro, com ordens judiciais. Não criamos dispositivos de hackeamento para entidades privadas ou agências de espionagem".[90]

Em 2020, a Upturn, uma organização sem fins lucrativos de Washington, descobriu que a tecnologia da Cellebrite era usada com frequência pelas autoridades policiais dos Estados Unidos para invadir smartphones e, supostamente, combater o crime. Pelo menos 49 dos 50 maiores departamentos de polícia do país usaram a ferramenta para investigar furtos em lojas, estupros e assassinatos.[91] Com a tecnologia da Cellebrite, os smartphones criptografados são invadidos cotidianamente e com sucesso; a Upturn descobriu centenas de milhares de casos entre 2015 e 2020.

Assim como o NSO, a Cellebrite opera em nações que mantêm relações amistosas com Israel, mas também em outras, onde há pouca ou nenhuma diplomacia oficial, com base no fato de que as vendas de armas cibernéticas não precisam respeitar essas sutilezas. Considerações éticas não pesam na tomada de decisões do governo israelense. "Era incrível que a Cellebrite não se preocupasse com as sanções dos Estados Unidos a países como a Rússia e a China e continuasse feliz em vender equipamentos para

90 Gur Megiddo, "Revealed: Israel firm provided phone-hacking services to Saudi Arabia", *Haaretz*, 16 set. 2020.
91 Jack Nicas, "The police can probably break into your phone", *The New York Times*, 21 out. 2020.

eles", disse Eitay Mack. "Foi preciso publicidade negativa para que eles reagissem e cancelassem contratos em ambos os países." Mack reflete que esse tipo de equipamento resolve um problema para Tel Aviv: "É difícil para Israel vender armas ou equipamento bélico que possa ser identificado [como aconteceu durante décadas antes da era cibernética]; [no caso da] vigilância israelense, é diferente". Ela é menos identificável como originária de Israel.

Um ex-funcionário da Cellebrite, anteriormente membro do establishment de defesa, escreveu anonimamente no *Haaretz*: "Posso dizer por experiência própria que a empresa não faz nada para evitar o abuso de seus produtos pelos clientes". O motivo pelo qual os Estados repressivos querem a tecnologia israelense, seja da Cellebrite ou do NSO, é simples: as alternativas comercializadas pela China e outros países são "inferiores".[92]

ALÉM DA CELLEBRITE, HÁ UMA longa lista de empresas israelenses de vigilância cibernética. Tal Dilian, ex-comandante das IDF, agora residente no Chipre, surpreendeu os observadores desse mundo secreto ao mostrar a um repórter da *Forbes*, em 2019, o interior de um caminhão que, segundo ele, poderia invadir qualquer smartphone próximo. Era raro ter um vislumbre dessa tecnologia de perto, e as autoridades cipriotas foram rápidas em confiscá-lo, alegando que havia sido desenvolvido para espionagem comercial.[93] A empresa de Dilian, Intellexa, ainda opera, e ele é regularmente citado na mídia global como especialista em ameaças cibernéticas, apesar de receber incentivos financeiros para exagerá-las.[94]

92 "I worked at Israeli phone-hacking firm Cellebrite. They lied to us", *Haaretz*, 27 jul. 2021.
93 Shuki Sadeh, "A shady Israeli intel genius, his cyber spy van and million dollar deals", *Haaretz*, 31 dez. 2020.
94 Bill Marczak *et al.*, "Pegasus vs. Predator: dissident's doubly infected iPhone reveals Cytrox mercenary spyware", *Citizen Lab*, 16 dez. 2021.

Oportunidades de trabalho no sombrio setor cibernético trouxeram enormes riquezas para israelenses com currículos militares. O ToTok, um aplicativo de bate-papo extremamente popular, foi lançado nos Emirados Árabes Unidos em 2019 e baixado por milhões de pessoas. O que esses usuários não sabiam é que se tratava de uma ferramenta de espionagem, apenas a mais recente de uma longa lista de aparatos empregados por Estados repressivos do Golfo para monitorar seus próprios cidadãos, implementando sistemas de vigilância desenvolvidos por empresas privadas estadunidenses ou israelenses. Por trás do ToTok estava a DarkMatter, uma corporação dos Emirados que atraiu ex-funcionários da inteligência israelense e funcionários da NSA.[95]

Fora do Golfo, vários países adotaram as ferramentas cibernéticas israelenses por causa de sua alardeada eficácia. O Sudão do Sul, uma nação que se tornou independente em 2011, comprou tecnologia de interceptação de comunicações da israelense Verint Systems entre 2015 e 2017, embora os serviços de inteligência do país sejam notórios violadores de direitos humanos. As alegações de crimes de guerra contra as elites sul-sudanesas não impactaram as vendas. O Azerbaijão e a Indonésia também compraram sistemas da Verint e usaram as ferramentas para atingir a comunidade gay.

Outras empresas de vigilância israelenses foram mais ousadas: operaram no coração dos Estados Unidos contra ativistas pró-Palestina. O agora extinto Psy-Group foi financiado por doadores judeus estadunidenses em solo estadunidense sob a promessa de manter suas identidades em segredo. O Psy-Group conduziu operações em todo o mundo, da Ucrânia ao Canadá, e usou uma série de técnicas obscuras, incluindo a criação de

95 Mark Mazzetti, Nicole Perlroth & Ronen Bergman, "It seemed like a popular chat app. It's secretly a spying tool", *The New York Times*, 22 dez. 2019.

conteúdo falso e sua divulgação on-line contra inimigos de um cliente específico.

Alexander Nix, CEO da Cambridge Analytica, a empresa de consultoria britânica usada pela campanha presidencial de Donald Trump em 2016, admitiu ter empregado tecnologias israelenses para atacar opositores políticos. "Usamos empresas israelenses [...] muito eficazes na coleta de informações", disse. Era o Psy-Group. Essa empresa, e outras semelhantes, foram apelidadas de "Mossads particulares".

O Psy-Group era uma empresa privada de inteligência israelense fundada por indivíduos com vínculos com o Estado paralelo de Israel. No final de 2016, ela fez uma parceria com a Cambridge Analytica para fechar negócios com o governo dos Estados Unidos. Ambas as companhias imaginaram a criação de um programa para a desradicalização de simpatizantes do chamado Estado Islâmico no Centro de Engajamento Global do Departamento de Estado dos Estados Unidos. O empresário fundador do Psy-Group, Joel Zamel, tinha a ambição de longo prazo de trabalhar em programas antiextremistas e apoiar governos pró-ocidentais. Às vezes, isso o colocava em apuros. Em 2020, um relatório do Senado estadunidense constatou que o Psy-Group havia tentado influenciar a eleição presidencial de 2016, oferecendo seus serviços à campanha de Trump. O Psy-Group não existe mais, mas Zamel segue trabalhando em diversas empresas privadas de inteligência.

Em seu auge, por volta de 2017, o Psy-Group estava ocupadíssimo, implantando softwares e pessoas que trabalhavam quase como espiões nos Estados Unidos, produzindo pesquisas em redes sociais e na dark web, além de monitoramento físico de apoiadores judeus e palestinos do movimento BDS. Yaakov Amidror, ex-conselheiro de segurança nacional do primeiro-ministro Benjamin Netanyahu, disse à *New Yorker* que trabalhou com a empresa porque "o governo israelense não estava lá [observando ativistas palestinos] e eu pensei que, se há civis dispostos a fazer isso, eu posso ajudá-los". Seu conselho para a equipe do Psy-Group era: "Não batam neles. Não entrem em suas casas".[96]

A missão era expor os apoiadores estadunidenses do BDS. A equipe do Psy-Group foi informada de que a operação era legal e deveria se concentrar especialmente nos líderes do BDS dentro das universidades estadunidenses. A empresa colaborou com um *think tank* neoconservador e belicista de Washington, a Foundation for Defense of Democracies [Fundação para a defesa das democracias] (FDD). Depois de fazer o trabalho, Amidror deu a entender à *New Yorker* que o Psy-Group estava prestando um serviço público. Ele acreditava que os apoiadores do BDS provavelmente eram financiados pelo Hamas ou pela Autoridade Palestina, apesar de não oferecer nenhuma evidência para essa afirmação, e argumentou que era justificável que uma empresa de inteligência israelense reunisse informações sobre cidadãos estadunidenses que não estavam fazendo nada ilegal.

O produtor de Hollywood Harvey Weinstein, que caiu em desgraça, queria contratar a empresa de inteligência privada mais eficaz que o dinheiro pudesse comprar para apagar da mídia qualquer história sobre suas agressões sexuais a inúmeras mulheres. Em 2016, ele escolheu a israelense Black Cube, fundada em 2010 por ex-oficiais da inteligência israelense e pelo ex-chefe do Mossad Meir Dagan. A empresa receberia um bônus de trezentos mil dólares se uma matéria importante sobre Weinstein não fosse publicada no *New York Times*. O ex-primeiro-ministro israelense Ehud Barak admitiu ter apresentado Weinstein aos executivos da empresa. No entanto, o produtor falhou em sua missão e agora está preso nos Estados Unidos por uma série de estupros.

Essa foi a primeira vez que muitas pessoas ouviram falar da Black Cube, mas há muito tempo ela é um dos pilares do mercado global de inteligência privada e corporativa. E ela se ala-

96 Adam Entous, "How a private Israeli intelligence firm spied on pro--Palestinian activists in the U.S.", *The New Yorker*, 28 fev. 2019.

vancou da mesma forma que o NSO: contratando os melhores profissionais do ramo de espionagem. Alguns de seus trabalhos mais infames incluíram a coleta de informações sobre Ben Rhodes e Colin Kahl, altos funcionários do governo Obama, ambos apoiadores importantes do acordo nuclear com o Irã. Os clientes por trás desse trabalho eram supostamente assessores de Donald Trump (embora a Black Cube tenha negado).[97]

Isabel dos Santos, filha do ex-presidente autoritário de Angola e que já foi a mulher mais rica da África, contratou a Black Cube para desenterrar a sujeira do governo angolano, que ela acusou de querer confiscar seus bens. Em resposta, em 2020, as autoridades angolanas acusaram Isabel de desviar enormes quantias de fundos dos recursos naturais de sua terra natal e canalizá-las para contas offshore no Oriente Médio e na Europa. O governo dos Estados Unidos a sancionou no final de 2021 por "corrupção significativa", uma medida que revogou sua permissão para entrar no país.

Um olhar sobre a lista de clientes da Black Cube revela um *modus operandi* exatamente igual ao do NSO: trabalhar onde muitos outros não trabalhariam e em colaboração com o governo israelense. Em 2015, a Black Cube foi contratada pelo então presidente da República Democrática do Congo Joseph Kabila, depois que o diretor da corporação, Dan Zorella, ex-membro de uma unidade de inteligência de elite das IDF, encontrou-se com ele para estabelecer a Operação Coltan. O objetivo de Kabila era espionar seus oponentes, o que incluía qualquer membro da família que o criticasse, mesmo em esfera privada.

Em 2016, a Black Cube foi contratada por uma autoridade sênior da Romênia para espionar o outrora principal promotor anticorrupção do país e operou como um "braço" da inteligên-

97 Oliver Holmes, "Israel intel firm denies it was hired by Trump aides to discredit Obama officials", *The Guardian*, 8 maio 2018.

cia doméstica, de acordo com Zorella.[98] A missão fracassou, e três funcionários da Black Cube, incluindo Zorella, receberam suspensão condicional da pena em um tribunal romeno em 2022.

Em 2018, a empresa ainda trabalhou com aliados de Viktor Orbán, líder autoritário da Hungria e pró-Israel. Na ocasião, opositores, incluindo grupos pró-democracia, começaram a receber e-mails suspeitos de executivos da empresa, propondo um encontro com eles para lhes dar dinheiro. As poucas pessoas que participaram das reuniões, realizadas em restaurantes elegantes de Paris, Viena e Budapeste, foram questionadas sobre o filantropo húngaro George Soros. Seus comentários, gravados secretamente e vazados para a mídia local, sugeriam que eles eram financiados por Soros.[99] Não foi coincidência o fato de a Black Cube estar próxima do governo de Netanyahu em uma época em que a Hungria era um dos mais firmes apoiadores europeus da ocupação.

Tal qual ocorreu com o NSO, a única vez que a Black Cube melindrou judeus israelenses foi quando ficou claro que seus métodos haviam se voltado contra eles — quando afetaram palestinos ou estrangeiros, não houve comoção. Em 2019, os israelenses ficaram furiosos quando veio à tona que um dos homens mais ricos do país, o magnata Idan Ofer, havia contratado a Black Cube para atingir o então ministro da Fazenda Yair Lapid em 2014 devido a suas tentativas de ajustar a tributação sobre descobertas de gás natural. O objetivo era difamar Lapid e forçá-lo a recuar do aumento de impostos, que afetaria negativamente os lucros de Ofer. Como a maior parte da grande imprensa israelense é fielmente patriótica e apoia os serviços de inteligência do país, os jornalistas israelenses que divulgaram

98 Gur Megiddo, "Black Cube, a late Mossad chief and a rogue op against a top Romanian oficial", *Haaretz*, 21 out. 2020.
99 Barry Meier, *Spooked: The Secret Rise of Private Spies*. Londres: Sceptre, 2021, p.108-9.

essa história no *Uvda*, programa de TV investigativo, provavelmente estavam preocupados com a possibilidade de israelenses comuns perderem a fé nas agências de segurança.[100]

Mas a Black Cube não está imune à censura. O Facebook a baniu em 2021 e escreveu que a empresa "operava perfis fictícios, customizados para atingir cada um de seus alvos: alguns se apresentavam como estudantes de pós-graduação, trabalhadores de organizações de direitos humanos, produtores de TV e cinema". Foram anos assumindo identidades falsas para coletar informações úteis a clientes. Contas falsas no Facebook e no LinkedIn e sites enganosos são utilizados para induzir as pessoas a divulgarem informações on-line ou a se encontrarem pessoalmente. Há exemplos de pessoas que recebem e-mails suspeitos de cineastas desconhecidos à procura de informações úteis.

Um ex-funcionário da Black Cube me disse que a empresa é "como uma agência do governo israelense. Ela trabalha frequentemente para ele". A própria empresa admitiu que trabalhou para o Ministério da Defesa de Israel entre 2012 e 2014 e que sua equipe foi colocada em tempo integral em uma base de inteligência das IDF.

O trabalho desse ex-funcionário envolvia a coleta de informações sobre clientes que haviam pagado grandes somas de dinheiro à empresa. Os contratos podiam valer cem mil dólares ou mais, dependendo do tempo necessário para a conclusão do serviço. Esse ex-trabalhador, que solicitou anonimato, disse que a Black Cube estava desempenhando um papel legítimo na sociedade, já que a polícia não conseguia investigar adequadamente os crimes de colarinho branco, tolhida pelo impacto das políticas de "austeridade sobre as forças policiais". Essa foi a mesma linha usada por Adrian Leppard, ex-oficial de polícia do Reino Unido, que entrou para o conselho consultivo da

100 "Israeli private intelligence company Black Cube out of control", *Real News Network*, 11 jun. 2019.

Black Cube em 2020. Ele disse ao *Financial Times* que "apenas uma em cada quinhentas fraudes [cibernéticas] é de fato processada atualmente" e que, portanto, a Black Cube era necessária.[101]

O mesmo ex-funcionário anônimo se define atualmente como um "quase regulador e quase policial. Estou sendo pago por trabalhos que a polícia deveria fazer de graça. É aí que a inteligência privada se espalha". Ele reconheceu que a Black Cube operava em lugares onde o Mossad não podia, inclusive na Líbia, após a derrubada do ditador Muammar Gaddafi pelo Ocidente em 2011. "A Black Cube poderia ter ouvidos e olhos dentro de sua empresa estatal de petróleo", disse.

Obtive um Relatório Semanal interno de 2012 da Black Cube que descrevia a miríade de trabalhos desenvolvidos pela empresa à época. O documento não detalhava todos eles, mas listava reuniões com as IDF e encontros na Alemanha, além de afirmar que a empresa havia "recrutado um jornalista investigativo" com "potencial para ir à Islândia" — uma provável referência ao uso de um repórter disfarçado, encarregado de obter informações para um cliente.

Seth Freedman, espião, ex-jornalista, corretor da bolsa de valores e soldado das IDF sediado em Londres, admitiu ter trabalhado para a Black Cube e investigado 91 pessoas que tinham alguma ligação com as agressões sexuais de Harvey Weinstein. Entre elas, estava a atriz Rose McGowan, enganada por Freedman, juntamente com muitas outras pessoas, para que desse uma entrevista para uma suposta matéria do jornal para o qual ele costumava escrever, o *Guardian*. Quando perguntado pela *BBC* se ele se arrependia de seu trabalho, Freedman disse: "Meu trabalho é obter uma informação que não está disponível livremente e, desde que eu esteja dentro da letra da lei, não me preocupo com sua ética ao me julgar".

101 Kadhim Shubber & Tom Burgis, "Black Cube executive says U.K. austerity helped business", *Financial Times*, 8 fev. 2021.

Importa que agentes da Black Cube sejam frequentemente expostos como amadores que não conseguem realizar seu trabalho com competência, como me disseram vários jornalistas respeitados da área de segurança nacional? Diversas fontes de inteligência me relataram que a disposição da Black Cube de ir além dos limites legais mais do que muitas outras empresas a tornou desejável para clientes em potencial. Mas, de acordo com Barry Meier — ex-jornalista do *New York Times* e autor de um livro de 2021, *Spooked: The Secret Rise of Private Spies* [Espionagem: a ascensão secreta de espiões privados] —, a Black Cube "não era competente. A empresa, apesar dos altos preços que cobrava dos clientes, continuava reciclando táticas de um caso para outro. O resultado foi que algumas de suas operações pareciam espetáculos de baixo orçamento feitos por palhaços desastrados".[102]

COMO FREAR EMPRESAS COMO A NSO? Será necessária uma mudança sistemática e global, pois o desaparecimento do grupo em si não eliminará a demanda de democracias e ditaduras por ferramentas como o Pegasus. David Kaye, ex-Relator Especial das Nações Unidas para a Promoção e Proteção do Direito à Liberdade de Opinião e Expressão entre 2014 e 2020, argumenta que

> nossa atenção não deve se concentrar apenas em uma empresa [NSO] porque, se nos concentrarmos apenas nela, poderemos pensar que as soluções se esgotam em restringir os processos de controle de exportação israelenses. Ou que precisamos garantir que o NSO cumpra sozinho os padrões emergentes de responsabilidade corporativa e de direitos humanos. O problema é global.

102 Barry Meier, *Spooked: The Secret Rise of Private Spies*. Londres: Sceptre, 2021, p. 109.

Kaye acredita que um código de conduta internacional para empresas de vigilância cibernética é um primeiro passo importante, mas reconhece que provavelmente não seria vinculante, tornando a aplicação quase impossível. Para ele, a regulamentação governamental seria a melhor opção, porque assim as empresas teriam medo de sair da linha. Ele a comparou à Convenção sobre Minas Terrestres Antipessoais de 1997, em que a maior parte do mundo, exceto Estados Unidos, Israel, China, Paquistão, Índia, Egito e Rússia, uniu-se para proibir essas armas.

"É possível imaginar um processo em que alguns membros da comunidade internacional queiram banir esse material [armas cibernéticas]", disse Kaye. "Meu palpite é que a maioria dos governos estaria disposta apenas a regulamentar a exportação e o uso. [...] Afinal, me dê uma razão para que os Estados desistam dessa ferramenta ridiculamente poderosa."

Durante seu período como Relator Especial da ONU, Kaye denunciou regularmente o NSO por suas transgressões contra ativistas de direitos humanos e jornalistas no mundo todo. No final de seu mandato, em 2020, ele reconheceu que a regulamentação global estava engatinhando. "Neste momento, é quase como se não houvesse problemas, porque não há restrições legais", disse ao Comitê para a Proteção dos Jornalistas.[103] Os especialistas em direitos humanos da ONU, incluindo a sucessora de Kaye na relatoria, Irene Khan, emitiram um apelo em 2021 para que os Estados "imponham uma moratória global sobre a venda e a transferência de tecnologia de vigilância, até que tenham implementado regulamentações robustas para garantir seu uso em conformidade com os padrões internacionais de direitos humanos".

103 Madeline Earp, "David Kaye on the Pegasus Project and why surveillance reform should reach beyond NSO and Israel", Committee to Protect Journalists, 2 ago. 2021.

Os desafios de regulamentar esse setor fora de controle podem ser difíceis de superar, visto que ele já se espalhou pelo mundo todo. Mas, como disse Shoshana Zuboff, professora de Harvard e autora de *A era do capitalismo de vigilância: a luta por um futuro humano na nova fronteira do poder*, esse é o mesmo sentimento que muitas pessoas tinham antes dos sindicatos começarem a lutar pelos direitos dos trabalhadores ou pela abolição do trabalho infantil.[104] Uma sugestão simples e sensata é proibir todas as ferramentas comerciais de hackeamento cibernético. "Eliminar a motivação do lucro reduz os riscos de proliferação e, ao mesmo tempo, protege o progresso", argumenta Edward Snowden, "deixando, assim, espaço para pesquisas de interesse público e trabalho inerentemente governamental."[105]

Não fazer isso garante uma proliferação de ferramentas como as do NSO, que deixam vulneráveis à exposição cada dispositivo digital e, por consequência, cada pessoa do planeta. Mas isso não é suficiente. Os fornecedores dessas ferramentas, seja em Israel, nos Estados Unidos ou na Itália, devem ser responsabilizados legalmente. Algumas vitórias importantes nos tribunais contra as empresas de vigilância poderiam ser moralmente esclarecedoras para os profissionais do ramo.

A invasão de telefones celulares é a ponta do iceberg das possibilidades de vigilância de nossas vidas. Bill Marczak, pesquisador sênior do Citizen Lab, teme que a segurança aprimorada dos dispositivos móveis no futuro possa "tornar extremamente difícil para o NSO e outras empresas atingi-los. Talvez chegue a um ponto em que isso não seja viável. Talvez eles invadam câmeras inteligentes em residências, ligando microfones para ouvir. Ou geladeiras, torradeiras e carros. Não há escassez do que se possa vigiar".

104 Danna Ingleton, "NSO blacklisting: global reckoning begins for spyware and its tools of repression", *Haaretz*, 6 nov. 2021.
105 Edward Snowden, "The insecurity industry", *Continuing Ed with Edward Snowden*, 27 jul. 2021.

A lógica do capitalismo voraz sem supervisão é uma barreira fundamental para a redução da vigilância em massa. Como me disse Marczak, "as forças do mercado promovem a insegurança em muitos dispositivos porque é mais barato e mais fácil fabricá-los — e isso faz deles alvos potenciais de hackers".

As Big Tech não gostam de palestinos

7

Achamos que as redes sociais são a única maneira de chamar a atenção. Cada publicação, tuíte ou vídeo faz a diferença. É assim que alcançamos as massas e os governos decentes em todo o mundo.

— MUNA EL-KURD, ATIVISTA PALESTINA EM JERUSALÉM ORIENTAL, MAIO DE 2021[1]

Na foto, um homem entre amigos, todos com a mesma opinião. Era maio de 2021, auge do conflito entre Israel e o Hamas, e Benny Gantz, o então ministro da Justiça de Israel, realizava várias reuniões no Zoom com executivos de redes sociais. Funcionários israelenses divulgaram uma foto que mostrava Gantz em sua mesa falando em frente a uma tela grande onde se via seus interlocutores. Gantz falou com o Facebook e o TikTok e exigiu que removessem o conteúdo que, segundo ele, incitava a violência e espalhava informações falsas. Ele os exortou a agir rapidamente em relação às solicitações de remoção do governo israelense.

"Essas medidas impedirão diretamente a violência estimulada por meio das redes sociais por elementos extremistas que estão

1 Ver Tamara Kharroub, "Systematic Digital Repression: Social Media Censoring of Palestinian Voices", Arab Center Washington D.C., 8 jun. 2021. [N.E.]

tentando causar danos ao nosso país", disse Gantz. "Estamos em um momento de emergência social e esperamos sua ajuda."

Participaram dessas reuniões Nick Clegg, então vice-presidente de assuntos globais e comunicações do Facebook e ex-vice-primeiro-ministro da Grã-Bretanha, bem como Joel Kaplan, vice-presidente de políticas públicas globais do Facebook e ex-funcionário sênior do governo George W. Bush. Tanto o Facebook quanto o TikTok expressaram suas condolências aos israelenses que perderam a vida no conflito, mas não houve menção às centenas de palestinos mortos. Na semana seguinte à reunião, o governo israelense disse que o Facebook era muito mais receptivo a suas solicitações de retirada de conteúdo.[2]

Clegg, Kaplan e Azzam Alameddin, chefe de políticas para o Oriente Médio e Norte da África do Facebook, sediado em Dubai, também se reuniram virtualmente com o primeiro-ministro palestino Mohammad Shtayyeh e pediram desculpas pela remoção de publicações palestinas. O Facebook admitiu que palavras-chave como "resistência" e "mártir" foram retiradas por engano e prometeu rever seu método de análise de conteúdo, mas não ofereceu detalhes concretos sobre como melhoraria no futuro. Durante o conflito, a plataforma tentou silenciar o discurso crítico de todas as partes, criando um "centro de operações especiais" com falantes de hebraico e árabe e o objetivo declarado de garantir a inviolabilidade de sua política.

Israel não teve com que se preocupar: no curso da guerra, todas as redes sociais, do Facebook ao YouTube e do TikTok ao Twitter, cercearam, dia sim, dia também, o ponto de vista palestino ou conteúdos críticos a Israel. Embora tenha se intensificado durante esse conflito específico com o Hamas, a cen-

2 Billy Perrigo, "Inside's Facebook's meeting with Palestinian officials over posts inaccurately marked as incitement to violence", *Time*, 21 maio 2021.

sura seguiu um padrão ao longo dos últimos dez anos: desaparecimento sistemático e frequente de postagens pró-Palestina.

Em Israel, o poder do Estado de reprimir o que considerava conteúdo inadequado só aumentou. A Unidade Cibernética do país recebeu o sinal verde da Suprema Corte em 2021 para operar no escuro, mantendo diálogo com empresas de mídia social por baixo dos panos e removendo publicações à completa revelia dos usuários. É um círculo restrito, inacessível, que deixa os palestinos na eterna dúvida acerca do que motiva o desaparecimento de suas palavras.

Em 2021, Gadear Ayden, ex-moderadora do TikTok, revelou que havia integrado a "equipe de Israel" no contexto do conflito daquele ano e notou como a maioria dos vídeos que permaneceram no ar era violenta e anti-Palestina. De acordo com ela, todas as equipes de gerenciamento eram dirigidas por israelenses: "Nenhum árabe daquele grupo progrediu para qualquer cargo sênior na empresa".[3]

No mês de abril, quando Israel agendou a demolição de casas palestinas na área ocupada de Sheikh Jarrah, em Jerusalém Oriental, ativistas descobriram que as publicações com a hashtag #SaveSheikhJarrah estavam desaparecendo do Facebook, Instagram e Twitter. As contas do Twitter foram suspensas e as publicações do Facebook, removidas. No Instagram, advertências de conteúdo violento foram adicionadas a postagens de texto simples e sem imagens; as transmissões ao vivo de Sheikh Jarrah ficaram inacessíveis. Nenhuma razão tangível foi dada além de uma suposta falha técnica, de acordo com um porta-voz do Instagram.[4] A empresa acrescentou que o *bug*

3 Avani Dias, "'There's not enough brutality': former TikTok moderator says workers left up 'disturbing' violence against Palestinians", *ABC Radio*, 9 nov. 2021.

4 Linah Alsaafin, "Palestinians criticize social media censorship over Sheikh Jarrah", *Al Jazeera*, 7 maio 2021.

não afetou exclusivamente postagens relacionadas a Jerusalém Oriental, mas também à Colômbia e a comunidades indígenas. Não era "nossa intenção de forma alguma" suprimir intencionalmente "as vozes e histórias [dos palestinos]".

Em maio de 2021, o *Washington Post* publicou uma manchete de notável honestidade: "Facebook's AI treats Palestinian activists like it treats American black activists. It blocks them" [A inteligência artificial do Facebook trata ativistas palestinos da mesma maneira como trata ativistas afro-estadunidenses: bloqueando-os].[5] A matéria rejeitava as alegações do Facebook e do Twitter que atribuíam o apagamento das histórias palestinas à inteligência artificial. Jillian C. York, diretora de liberdade de expressão internacional na Electronic Frontier Foundation, explicou: "Em última análise, o que presenciamos aqui é a repetição on-line da repressão e da desigualdade que existem off-line. E os palestinos são excluídos do debate sobre as políticas [das plataformas]". Isso foi confirmado no final de 2021, quando documentos vazados de dentro do Facebook provaram que os executivos sêniores se esquivaram de restringir discursos extremistas contra minorias por medo de ofender "parceiros conservadores".[6]

Essa censura generalizada afetou muitos palestinos. Centenas de postagens simplesmente evaporaram sem motivo aparente. O ativista Mohammed El-Kurd, de Jerusalém Oriental, seguido por um milhão de pessoas no Twitter e no Instagram, viu o alcance de seus *stories* nesta última rede ser severamente limitado em maio de 2021 — nem mesmo os funcionários do Facebook souberam dizer a razão disso. Posteriormente, a empresa alegou falha técnica mais uma vez. Um documento interno

5 Elizabeth Dwoskin & Gerrit De Vynck, "Facebook's AI treats Palestinian activists like it treats American black activists. It blocks them", *The Washington Post*, 28 maio 2021.

6 Elizabeth Dwoskin, Nistasha Tiku & Craig Timberg, "Facebook's race-blind practices around hate speech came at the expense at black users, documents show", *The Washington Post*, 21 nov. 2021.

relata que o Facebook assumiu um compromisso de minimizar o "excesso de zelo" sobre o conteúdo de origem palestina, reconhecendo a necessidade de permitir que testemunhas oculares compartilhassem o que estava acontecendo: "Não deve haver motivo para que seu conteúdo seja removido ou restringido".[7] Mesmo assim, os problemas continuaram.

Um homem palestino postou uma mensagem de feliz aniversário no Facebook para o filho pequeno, chamado Qassam, em 2021. A publicação foi removida, provavelmente porque a empresa pensou que ele se referia às Brigadas Izz ad-Din Al-Qassam, ala militar do Hamas. "Essas palavras fazem parte do nosso discurso, fazem parte da nossa cultura", protesta Iyad Alrefaie, diretor da organização Sada Social, que monitora os direitos digitais na Palestina. "O Facebook não diferencia contextos."[8] Um cidadão de Gaza publicou uma foto de um prédio antes de ser atingido por um míssil israelense em 15 de maio de 2021. Ela foi removida pelo Instagram (embora tenha reaparecido após reclamações).[9]

É óbvio que há dois pesos e duas medidas. Em maio de 2021, de acordo com o 7amleh — Centro Árabe para o Avanço das Redes Sociais, 183 mil de 1,09 milhão de conversas públicas em hebraico, travadas nas redes sociais entre judeus israelenses, continham racismo e incitação contra árabes. Mas nada disso foi removido. Alguns dos tuítes ofensivos pregavam coisas como "Árabe bom é árabe morto" e "Escória. Simplesmente apague eles da face da terra sem deixar rastro. Matem todos os habitantes de Gaza e todos os árabes em todos os lugares". Outro dizia: "A todos os árabes do mundo e aos árabes que estão

7 Chris Looft, "Facebook employees questioned apparent restrictions on Palestinian activist's account: documents", *ABC News*, 29 out. 2021.
8 Elizabeth Dwoskin & Gerrit De Vynck, *op. cit.*
9 O excesso de zelo humano ou de inteligência artificial fez com que a página do Ministério da Saúde de Gaza no Facebook fosse removida em 2020, embora tenha sido reestabelecida posteriormente — foi a terceira vez que isso aconteceu.

lendo esta mensagem: que todos os membros da sua família tenham câncer".[10]

Talvez o episódio mais flagrante de censura, corrigido apenas mais tarde e parcialmente, tenha sido protagonizado pelo Instagram, de propriedade do Facebook,[11] que removeu diversas publicações sobre a mesquita de Al-Aqsa em Jerusalém, o terceiro local mais sagrado do Islã, quando as forças israelenses invadiram o complexo enquanto centenas de palestinos rezavam lá dentro, em maio de 2021. A empresa havia incorretamente designado o local como associado à "violência ou a uma organização terrorista", pois era o "nome de uma organização sancionada pelo governo dos Estados Unidos". Os moderadores ou o algoritmo confundiram a mesquita de Al-Aqsa com o grupo militante palestino Brigadas dos Mártires de Al-Aqsa, rotulado como entidade terrorista pelos Estados Unidos e pela União Europeia. Uma fonte no Facebook me disse que a hashtag Al-Aqsa havia sido inicialmente restringida porque estava ligada a uma "organização designada [terrorista]".

Pode ser reconfortante pensar que esse foi apenas um erro inocente de uma big tech, mas um ex-funcionário não caiu nessa conversa. Ashraf Zeitoon trabalhou no Facebook de 2014 até meados de 2017 como chefe de política para o Oriente Médio e Norte da África. Ele disse ao *BuzzFeed News* que a empresa empregava especialistas em terrorismo, plenamente capazes de distinguir entre terroristas e um local de culto muçulmano. Zei-

10 Mona Shtaya, "Who gets to speak out against their occupier on social media?", *+972 Magazine*, 22 mar. 2022.

11 A holding do Instagram, que se chamava Facebook, mudou seu nome para Meta em 2021. Quando este livro foi escrito, essa mudança já havia ocorrido, mas, talvez pela familiaridade do público com a marca, o autor optou por seguir chamando a companhia por seu nome antigo em várias partes do texto. Por fidelidade ao texto original, optamos por manter "Facebook" nos trechos em que o autor assim se refere à holding. Quando utilizamos "Meta", é porque assim está grafado no original. [N.T.]

toon trabalhou na elaboração das políticas de distinção do terrorismo no Facebook. "Dizer que eles identificaram um nome composto como associado a uma organização terrorista é uma desculpa esfarrapada", afirma. "Eles são mais qualificados e competentes do que isso." Zeitoon também acusou a empresa de não querer melindrar os israelenses.[12]

Alguns atuais funcionários do Facebook se indignaram com o silenciamento sistemático da crítica dentro da plataforma. Em 2021, eles colocaram uma pergunta na pauta de uma reunião geral da empresa com o CEO Mark Zuckerberg: "Nossos sistemas de integridade estão fracassando com grupos marginalizados — Palestina, Black Lives Matter, mulheres indígenas. O que faremos a respeito?".

Em junho de 2021, quase duzentos funcionários do Facebook assinaram uma carta aberta exigindo que a empresa tomasse medidas para garantir a proteção de vozes palestinas. Suas recomendações incluíam a contratação de mais palestinos, mais transparência em relação a solicitações governamentais para remoção de publicações e esclarecimentos a respeito das políticas da empresa referentes ao antissemitismo.[13]

Um número cada vez maior de empregados do Facebook expressava descontentamento com as formas pelas quais a plataforma não apenas cerceava o conteúdo palestino mas bloqueava qualquer coisa escrita em árabe. Se, no passado, o próprio Facebook e muitos de seus apoiadores exaltaram a importância da plataforma para a Primavera Árabe, agora o brilho tinha desaparecido e muita gente se dava conta do que ela havia se tornado. "O Facebook está perdendo a confiança dos usuários árabes", escreveu um engenheiro de software da empresa para seus colegas em 2021.

12 Ryan Mac, "Instagram censored posts about one of Islam's holiest mosques, drawing employee ire", *BuzzFeed News*, 13 maio 2021.
13 Zoe Schiffer, "Google employees call for company to support Palestinians and protect anti-Zionist speech", *Verge*, 18 maio 2021.

Muitos mistérios permanecem sem explicação. Em meados de 2021, usuários do Facebook em todo o mundo descobriram repentinamente que haviam curtido ou começado a seguir, sem querer, uma página chamada Jerusalem Prayer Team [Time de orações de Jerusalém]. Com 75 milhões de seguidores, era a maior página pró-Israel do mundo no Facebook, dirigida por Mike Evans, um sionista cristão e ativista pró-Trump. Não se sabe ao certo como ou por que isso ocorreu.

Em 2021, jornalistas de Gaza tiveram o acesso a suas contas do WhatsApp (também de propriedade do Facebook) bloqueado por motivos desconhecidos, embora possivelmente isso tenha ocorrido por seguirem o Hamas na plataforma. Isso não justifica a suspensão. Menos de um dia depois, o WhatsApp bloqueou a conta de pelo menos trinta extremistas judeus de extrema direita em Israel, incluindo a esposa de Itamar Ben-Gvir, líder do partido de extrema direita Otzma Yehudit e que atualmente faz parte do Knesset israelense.[14] Ele acredita que os árabes "não leais" devem ser expulsos de Israel.

Se tivesse mais funcionários palestinos, o Facebook poderia ter sido menos propenso a remover publicações de palestinos com as palavras "resistência" e "mártir" durante o levante de maio de 2021, porque eles estariam cientes de que, na grande maioria dos casos, elas não faziam qualquer incitação à violência; eram simples expressões de apoio à Palestina.[15] Um algoritmo tendencioso e moderadores humanos ignorantes não eram capazes de enxergar essa realidade, e os palestinos não tinham força política para competir com o poder do governo israelense e sua influência dentro da empresa. É por isso que alguns palestinos estão preocupados com a ascensão do metaverso, o mundo digital imersivo

14 Em 2022, Ben-Gvir tornou-se ministro de Segurança Nacional do governo liderado por Benjamin Netanyahu. [N.T.]
15 Hannah Murphy, "Facebook employees demand changes around Palestinian content", *Financial Times*, 2 jun. 2021.

que crescerá nos próximos anos. Há um risco de que a censura e as restrições sofridas pelos palestinos sob ocupação física hoje se espalhem ainda mais pelo espaço virtual.[16]

Em maio de 2021, ativistas pró-Palestina tomaram as rédeas do problema e organizaram uma campanha global de boicote ao Facebook. A palavra de ordem era dar à plataforma uma única estrela nas lojas de aplicativos. E a campanha surtiu efeito: tanto a Apple App Store quanto a Google Play Store registraram uma queda notável nas classificações do Facebook. Foi um ato significativo, embora efêmero, em nome de uma população com poucos recursos.

O Facebook divulgou um relatório em setembro de 2022, em inglês, hebraico e árabe, que avaliava seu desempenho durante o auge do conflito entre Israel e o Hamas. O relatório concluiu que

> as ações da Meta em maio de 2021 parecem ter tido um impacto negativo sobre os direitos humanos [...], os direitos dos usuários palestinos à liberdade de expressão, à liberdade de reunião, à participação política, à não discriminação e, portanto, sobre a capacidade dos palestinos de compartilhar informações e percepções sobre suas experiências à medida que elas ocorrem.[17]

Devido a um "viés não intencional", a empresa excluiu, tanto do Facebook quanto do Instagram, muito mais conteúdo em árabe do que em hebraico. Por trás disso, estão a ausência de funcionários capazes de falar árabe, enviesamento institucional e aprendizado de máquina repleto de falhas.

16 Ameera Kawash, "The occupation enters the metaverse", *+972 Magazine*, 22 fev. 2022.

17 Sam Biddle, "Facebook report concludes company censorship violated Palestinian human rights", *The Intercept*, 22 set. 2022. O relatório foi encomendado pela Meta e realizado pela consultoria independente Business for Social Responsibility.

Jillian C. York, autora de *Silicon Values: The Future of Free Speech under Surveillance Capitalism* [Valores do Silício: o futuro da liberdade de expressão sob o capitalismo de vigilância], me disse que, de maio de 2021 para cá, houve progresso no engajamento com o Facebook graças à campanha Stop Silencing Palestine [Pare de silenciar a Palestina]. "As equipes do Facebook se reuniram seguidas vezes com um conjunto de especialistas — palestinos, em sua maioria, ou pessoas com fortes laços com a Palestina — e ouviram nossas demandas", disse. "Eles destinaram mais recursos para a questão e têm sido mais solícitos quando o conteúdo é ativamente removido de forma errônea. No entanto, eles não se comprometeram [...] a ampliar a transparência e [a reagir às] petições que apresentamos."

York segue pessimista quanto à possibilidade de mudanças significativas; as corporações não veem razão para isso. Segundo ela,

> Essas empresas simplesmente não têm nenhum motivo real para investir em medidas melhores, sobretudo para ajudar grupos marginalizados, e particularmente os grupos e comunidades do Sul global. Sua motivação é o lucro e seu meio, a venda de anúncios. Para quem são esses anúncios? Para seus usuários mais ricos. E para onde eles direcionam a maior parte de sua atenção? A países como os Estados Unidos, o Reino Unido e a Alemanha. É claro que não se trata apenas de anúncios — também é verdade que os governos desses países exigem determinadas ações das empresas e têm o poder para garantir que elas sejam tomadas.

Foi isso que ouvi de inúmeros palestinos nos territórios ocupados e na diáspora: não esperamos que o Facebook e outras redes sociais nos ouçam com seriedade; precisamos de meios alternativos para sermos ouvidos. "Embora uma empresa do Vale do Silício possa ter um incentivo para responder a um movimento social popular nos Estados Unidos", explicou York, "qual é a motivação para responder a palestinos? Ou birmaneses? Ou indígenas? Essas empresas sempre colocarão o lucro acima das pessoas — é literalmente o *modus operandi* delas."

Nada disso incomoda profundamente as grandes empresas de tecnologia. Tratar retoricamente das preocupações de grupos minoritários é, no máximo, uma inconveniência. Na prática, elas dobraram a aposta e investiram ainda mais em Israel. Os funcionários do Google e da Amazon redigiram uma carta de protesto em 2021, depois de noticiado que as companhias trabalhariam no Projeto Nimbus, um contrato no valor de 1,2 bilhão de dólares para fornecer serviços de nuvem para o governo e as Forças de Defesa de Israel. Eles condenaram a tendência dessas corporações de vender cada vez mais seus serviços para departamentos do governo dos Estados Unidos, como o Departamento de Defesa e a Agência de Imigração e Controle de Aduanas, além das forças policiais. Em 2022, um grupo de trabalhadores do Google pediu demissão e acusou a big tech de punir qualquer pessoa que questionasse sua associação com o Projeto Nimbus. Em sua carta de demissão, o funcionário judeu Ariel Korn escreveu: "O Google silencia sistematicamente as vozes palestinas, judias, árabes e muçulmanas que se preocupam com a cumplicidade da empresa nas violações dos direitos humanos dos palestinos — a ponto de retaliar abertamente os trabalhadores e criar um ambiente de medo".

Documentos vazados para o *Intercept* em julho de 2022 confirmaram que o Google oferecia recursos avançados de aprendizado de máquina e inteligência artificial para Israel. Um ex-chefe de segurança do Google Enterprise, que agora dirige a Oracle em Israel, declarou publicamente que um dos objetivos do Nimbus é garantir que o governo alemão não consiga acessar informações sobre as IDF para o Tribunal Penal Internacional.[18] De acordo com a imprensa israelense, um dos mais alardeados

18 Sam Biddle, "Documents reveal advanced AI tools Google is selling to Israel", *The Intercept*, 24 jul. 2022.

benefícios do Projeto Nimbus é impedir que Google e Amazon cortem acessos do governo israelense, independentemente da pressão e do boicote que sofram. É um seguro contra eventuais mudanças políticas desfavoráveis.[19]

"A tecnologia que nossas empresas foram contratadas para construir tornará a discriminação e o deslocamento sistemáticos realizados pelos militares e pelo governo israelense ainda mais cruéis e mortais para os palestinos", escreveram trabalhadores anônimos das duas companhias.[20] Em uma era de repressão multinacional, trabalhar ao lado de Israel é uma escolha fácil para os gigantes do setor de alta tecnologia; seu custo político é baixo.

Em maio de 2021, a deputada estadunidense Rashida Tlaib, primeira palestino-estadunidense a ser eleita para o Congresso, escreveu para o Twitter, Facebook, Instagram e TikTok e exigiu que essas empresas "não empreguem algoritmos e funcionários, intencionalmente ou não, para silenciar as pessoas com base em sua etnia ou afiliação religiosa". O gabinete dela se recusou a comentar quando perguntei se alguma das empresas havia respondido à carta.

O Facebook tem um time de mais de quinze mil moderadores, incluindo falantes nativos de árabe e hebraico, que supostamente revisam o conteúdo e removem tudo que é considerado inadequado.[21] A empresa não divulga detalhes da remoção de conteúdo por país ou região, mas publica trimestralmente um

19 Sam Biddle, "Google and Amazon face shareholder revolt over Israeli defense work", *The Intercept*, 19 maio 2022.

20 "We are Google and Amazon workers. We condemn Project Nimbus", *The Guardian*, 13 out. 2021; Charmaine Chua, Jake Alimahomed-Wilson & Spencer Louis Potiker, "Amazon's investments in Israel reveal cumplicity in settlements and military operations", *The Nation*, 22 jun. 2021.

21 Em uma rara rejeição de uma solicitação israelense em abril de 2022, o Facebook se recusou a remover uma página que Israel alegava estar "claramente ligada ao Hamas". A empresa alegou que não havia encontrado nenhuma evidência para embasar a acusação.

Relatório de Aplicação dos Padrões da Comunidade para tornar o Facebook e o Instagram "seguros e inclusivos". Por exemplo, no terceiro trimestre de 2021, o relatório informava que dois milhões de postagens foram removidas porque refletiam "ódio organizado" e 9,8 milhões, por serem provenientes de organizações e indivíduos perigosos.[22] Era impossível saber quantas postagens foram removidas em conexão com o conflito na Palestina. Quando perguntado, o Facebook se recusou a informar.

Em maio de 2021, o WhatsApp foi usado por turbas israelenses para atacar árabes e seus negócios. Uma mensagem em hebraico dizia: "*Shalom* para todos os cidadãos judeus de Israel. Tenho a honra de convidá-los a participar de um ataque maciço contra os árabes que ocorrerá hoje às 18h no calçadão de Bat Yam (na [sorveteria] Victory). Por favor, cheguem com o equipamento apropriado: soco inglês, espadas, facas, bastões, pistolas e veículos com barras de proteção". O grupo do WhatsApp se chamava "Ataques aos árabes". Essa mensagem teve impacto na vida real, pois em 12 de maio uma multidão israelense destruiu a sorveteria Victory, de propriedade árabe, na cidade de Bat Yam, ao sul de Tel Aviv. Várias armas foram usadas, inclusive as mencionadas na mensagem que circulou no grupo antes do ataque. Ativistas israelenses que viram as mensagens alertaram a polícia, mas a resposta foi lenta. Judeus extremistas organizaram pelo menos vinte ataques via WhatsApp e Telegram.[23] Esses ataques de militantes de extrema direita, refratários a qualquer integração entre judeus e árabes, são um microcosmo de um problema mais amplo na sociedade israelense: a intolerância e a vontade de expurgo de não judeus.[24] Essas men-

22 Sam Biddle, "Facebook anti-terror policy lands head of Afghan Crescent Society on censorship list", *The Intercept*, 22 maio 2022.
23 Emanuel Maiberg, "Israeli mob organized destruction of Arab businesses on WhatsApp", *Vice*, 20 maio 2021.
24 Ran Shimoni, "Kahanism, Arab 'occupation' and violence: far-right stronghold emerges outside Tel Aviv", *Haaretz*, 15 fev. 2022.

sagens de ódio geralmente não são removidas pelas plataformas em que surgem. Em setembro de 2022, Kobi Shabtai, comissário de polícia de Israel, defendeu que, em tempos de conflito, as redes sociais sejam bloqueadas em cidades mistas. "Somos um país democrático, mas há um limite", argumentou.

O viés inconsciente das empresas do Vale do Silício vai muito além das redes sociais. Serviços de GPS como o Google Maps, o Apple Maps e o Waze são onipresentes, mas quase não trazem dados da paisagem palestina. Enquanto a maioria dos assentamentos israelenses é reconhecida e sinalizada nos mapas, centenas de vilarejos palestinos simplesmente não podem ser encontrados. Quando questionadas sobre essa lacuna, as empresas alegam que se trata de uma questão de regras das Nações Unidas, pois a Palestina é apenas um "Estado observador não membro" e, portanto, não podem se posicionar sobre a maneira correta de lidar com a questão. É um argumento absurdo, porque os assentamentos na Cisjordânia não são rotulados nos mapas dos aplicativos como "disputados", mas como simples dados da realidade.[25]

Lembro-me de viajar frequentemente pela Cisjordânia e tentar encontrar meu caminho usando o aplicativo Waze, fundado por israelenses. Quase sempre, me perdia. Nenhum aplicativo de mapeamento atual cobre suficientemente a Palestina. Israel só permitiu a entrada de tecnologia de telefonia móvel 3G na Cisjordânia em 2018, e ainda não está claro quando o 4G será implementado — isso enquanto quase todo o Ocidente, incluindo Israel, já se conecta via 5G. Durante sua viagem a Israel e à Palestina em julho de 2022, Joe Biden anunciou que o 4G seria permitido na Cisjordânia e em Gaza até o final de 2023. As autoridades palestinas reagiram com ceticismo.

25 Haya Haddad & George Zeidan, "Why do Google and Apple Maps recognize illegal Israeli settlements, but not Palestine?", *Haaretz*, 29 set. 2020.

AHMED SHIHAB-ELDIN — jornalista, ator e produtor musical de origem palestina, kuwaitiana e estadunidense indicado ao Emmy — fez muitas reportagens no Oriente Médio, inclusive na Palestina. Em maio de 2021, conforme a tensão entre Israel e a Palestina aumentava, ele me disse que queria compartilhar "relatos crus do terreno, com fontes confiáveis". Ele acompanharia esses relatos de comentários, nos quais não mediria as palavras: "Como eu sempre faço", disse. Ahmed concentrou sua produção de conteúdo nos Reels, ferramenta de vídeos curtos que o algoritmo do Instagram passou a priorizar para desafiar o domínio do TikTok no setor.

"Percebi que, nos Reels, os vídeos mais compartilhados, que alcançavam uma visibilidade incrível, tinham pouquíssima edição para além de uma curta legenda oferecendo um pouco de contexto", observou. Ele estava aliviado com o fato de que a "censura e a autocensura", tão bem conhecidas por ele durante seus quinze anos de carreira jornalística na grande mídia, estavam finalmente sendo quebradas pelo enorme apoio e interesse em suas publicações. "Havia um apetite pelo conteúdo, uma curiosidade desencadeada pela pura desumanidade dos vídeos brutos, um interesse em entender o contexto e dar sentido ao que as pessoas estavam testemunhando." Em um período de duas a três semanas, sua conta no Instagram passou de 80 mil seguidores para mais de 210 mil.

Mas Shihab-Eldin logo percebeu que havia algo errado. Vários ativistas, jornalistas e testemunhas ativamente engajados (inclusive ele) que usavam palavras "duras mas precisas", como apartheid, limpeza étnica, deslocamento forçado e ocupação, começaram a sofrer *shadow bans* em suas contas ou publicações — uma prática que envolve o bloqueio ou a redução do alcance de determinado conteúdo sem o conhecimento de seu criador.

Shihab-Eldin disse que algumas de suas publicações no Instagram paravam de carregar ou recebiam muito menos visualizações que de costume:

> Centenas de seguidores me perguntavam por DM [mensagem direta] por que meus *stories* não apareciam mais no *feed* deles. Era óbvio que o conteúdo estava sendo censurado ou preterido pelo algoritmo. Havia muita comoção e, de repente, tanto em Israel e na Palestina quanto na diáspora, ficou claro que o conteúdo que humanizava os palestinos ou documentava a violência contra eles por parte de Israel estava sendo visado.

Claro que tanto os veículos de mídia tradicionais quanto as redes sociais são empresas com fins lucrativos, o que as torna suscetíveis a pressões políticas, interesses poderosos ou nações influentes. "Apesar de sabermos como isso funciona, as remoções em massa do conteúdo on-line de muitos ativistas palestinos em diferentes plataformas foram alarmantes. [...] Esse nível de censura e *shadow banning* não tinha precedentes."

Depois de escrever sobre suas experiências on-line, Shihab-Eldin foi convidado a detalhar suas preocupações a dois membros da equipe de políticas públicas da Meta, numa reunião em Dubai. Embora os representantes da empresa tenham sido amigáveis e abertos à discussão, ele concluiu que a corporação estava

> totalmente ciente da censura em andamento na plataforma. A principal linha de defesa deles se resumia a dizer que a plataforma se destina, fundamentalmente, a fins de entretenimento ou ao compartilhamento de banalidades com família e amigos. Eles sabiam que as plataformas eram usadas para documentar abusos de direitos humanos, mas não era essa a finalidade delas.

Quando questionada sobre a enorme quantidade de conteúdo pró-Palestina removido sob pressão do governo israelense, a Meta alegou nunca ter reservado qualquer tratamento preferencial às autoridades israelenses. Foi simplesmente porque "Israel sinaliza muito mais conteúdo e faz muito mais solicitações do que a maioria dos outros governos". Os funcionários da Meta não justificaram, de uma maneira que Shihab-Eldin considerasse satisfatória, o fato de as autoridades israelenses poderem publicar, impunemente, grandes quantidades de conteúdo de violência real — por exemplo, bombardeios em Gaza —, enquanto os palestinos e seus apoiadores são acusados de "incitar a violência" e censurados.

"TODOS OS DIAS, VOU PARA o trabalho em Ramallah. Moro entre Ramallah e Nablus e passo por dois postos de controle", me contou a ativista palestina de direitos digitais Mona Shtaya. "Quando vejo câmeras nesses locais, sei que se trata de controle populacional. Isso cria uma política de medo e autocensura. Sempre que atravesso um posto de controle, tenho medo."

Shtaya trabalha como consultora de defesa na 7amleh, o já citado Centro Árabe para o Avanço das Redes Sociais. A organização investiga o estado da internet para os palestinos sob ocupação e, em um relatório de 2020, detalhou as várias formas de pressão que o governo israelense exerce sobre as gigantes das redes sociais para que censurem conteúdo palestino. Na esteira dos ataques terroristas de 11 de setembro de 2001, a 7amleh escreveu que o Facebook, o Twitter e outras plataformas removeram "centenas de milhares, e talvez até milhões, de publicações que documentavam protestos, revoltas e violações dos direitos humanos dos palestinos, sob o pretexto de 'discurso de ódio'".[26] Outros relatórios da 7amleh revelam que a autocensura é um grande problema entre a população palestina, que teme incitar a ira de autoridades palestinas ou israelenses.

Em cooperação com a 7amleh e seu trabalho sobre direitos digitais, Shtaya enfrenta três governos — Israel, a Autoridade Palestina e o Hamas —, e nenhum deles apoia a liberdade de expres-

26 "Systematic efforts to silence Palestinian content on social media", 7amleh, 7 jun. 2020.

são.[27] De maneiras diferentes, todos eles visam controlar quais informações são divulgadas on-line. E, assim, recaem sobre o povo palestino não só censura, mas assédio, prisão e ameaças — até por isso é natural que palestinos tenham pouca fé que autoridades israelenses ou palestinas lhes concedam plenos direitos on-line. De acordo com um estudo de 2022 da 7amleh, 52% acreditam que seus dados pessoais e sua privacidade não estão seguros.[28]

O conceito de "Palestina digital", um espaço livre onde os postos de controle e as fronteiras desaparecem, não é totalmente imaginário quando comparado às duras realidades da vida cotidiana, mas é cada vez mais ceifado pelas corporações do Vale do Silício, pelo Estado israelense e pelas autoridades palestinas. A vigilância em massa é inevitável. "Podemos ter democracia ou sociedade de vigilância, mas não podemos ter as duas coisas", escreve Shoshana Zuboff, autora de *A era do capitalismo de vigilância*. "Uma sociedade de vigilância democrática é uma impossibilidade existencial e política."[29]

Depois de se reunir com executivos do Facebook em 2016, Ayelet Shaked, então ministra da Justiça de Israel, gabou-se de que o YouTube, o Google e o Facebook acatavam até 95% das solicitações israelenses para retirar material que, segundo ela, incitava a violência. Em uma conferência sobre contraterrorismo em Tel Aviv, Shaked disse: "Assim como os videoclipes do Estado Islâmico estão sendo monitorados e removidos da rede, queremos que eles tomem a mesma medida contra o material palestino que incita o terrorismo". Shaked tem seu próprio histórico de incitação à violência: em 2014, chamou as crianças palestinas de "cobrinhas" e pediu a morte de todos os palestinos por-

27 Marwa Fatafta, "Elections or not, the PA is intensifying its authoritarian rule online", *+972 Magazine*, 29 abril. 2021.
28 Mariam Barghouti, "Survey: 52% of Palestinians believe their personal data isn't protected adequately", *Mondoweiss*, 21 jul. 2022.
29 Shoshana Zuboff, "The coup we are not talking about", *The New York Times*, 29 jan. 2021.

que "são todos combatentes inimigos". Esses comentários não foram removidos do Facebook.

Shtaya explicou que o ambiente on-line para os palestinos sob ocupação é marcado por cautela e suspeita. "Estou vivendo em um espaço militarizado", disse. "Isso aumenta a cultura do medo entre as pessoas, especialmente para nós, ativistas. Qualquer link que eu abra on-line, tenho que ter cuidado para que seja seguro." Após décadas de ocupação, Shtaya lamentou que "Israel esteja normalizando essa vida militarizada. Em nosso subconsciente, como palestinos, alguns aceitam a normalização da ocupação. Mas muitos jovens palestinos, não".

O YouTube, de propriedade do Google, é um site popular na Palestina, mas sua moderação opaca de conteúdo é uma frustração constante: muitos vídeos são removidos sem explicação. Globalmente, mais de quinhentas horas de vídeos são carregadas na plataforma a cada minuto. Na Palestina, cerca de um terço da população usa redes sociais, em especial o Facebook, por mais ou menos cinco horas e meia diárias. De acordo com a pesquisa sobre o YouTube conduzida pela acadêmica palestina Amal Nazzal, professora assistente da Faculdade de Administração e Economia da Universidade de Birzeit, na Cisjordânia, um dos principais problemas está no fato de o YouTube se recusar a definir termos de uso. "Não consegui encontrar nenhuma informação sobre como o YouTube define o conteúdo", disse Nazzal. "Tentei entrar em contato com o YouTube e não obtive resposta."

Em seu abrangente relatório de 2020 sobre o YouTube para o *think tank* palestino Al-Shabaka, Nazzal descobriu uma longa lista de vídeos não violentos enviados por palestinos e que foram excluídos por serem supostamente "violentos". Vídeos de soldados israelenses agredindo brutalmente palestinos foram considerados inapropriados e removidos, mas Nazzal observa que inúmeros vídeos das IDF comemorando suas agressões com orgulho permaneceram intocados. Vídeos de ativistas israelenses pró-armas não enfrentam problemas no YouTube, assim como a infinidade de imagens das Forças de Defesa de Israel mostrando a destruição de Gaza.

Nazzal descobriu que "a taxa de pareceres desfavoráveis do YouTube a reclamações de palestinos sobre a exclusão de suas páginas é de 90%. A maioria recebe respostas automáticas, dizendo que o conteúdo contraria os padrões da comunidade. Mas há um padrão duplo, porque muitos canais no YouTube têm vídeos que glorificam a violência e as armas".

Nazzal quer que as empresas de redes sociais conheçam melhor os contextos políticos dos territórios onde operam:

> Não se pode ter uma única definição de palavras como "incitação" e "violência". Tanto o viés humano quanto o da inteligência artificial são contra os palestinos porque a filosofia do YouTube é que a comunidade palestina é inerentemente violenta e, portanto, seu conteúdo deve ser monitorado de perto. Esse tratamento tendencioso precisa ser interrompido, uma vez que o YouTube alega apoiar a liberdade de expressão.[30]

A incitação é definida de forma tão ampla por Israel que, em muitos casos, a simples expressão de apoio aos direitos humanos palestinos, o compartilhamento de um vídeo já publicado ou a oposição à colonização sionista são considerados inadequados. Publicações em redes sociais têm se tornado, cada vez mais, a única "prova" a justificar a detenção de palestinos por dias, semanas ou meses pelos militares israelenses.

O interesse de Israel na incitação é altamente seletivo, com pouquíssimos judeus israelenses detidos pelos mesmos delitos — embora o discurso de ódio nas redes sociais em hebraico tenha crescido 9% de 2020 para 2021, de acordo com a Fundação Berl Katznelson e o instituto de pesquisa Vigo. Essas entidades des-

30 Amal Nazzal, "YouTube's violations of Palestinian digital rights: what needs to be done", *Al-Shabaka*, 27 dez. 2020.

cobriram que 5,2 milhões de comentários apelavam para a violência ou eram ofensivos, sendo os árabes os principais alvos de abuso.[31] A ativista palestina Dareen Tatour sofreu anos de prisão domiciliar e meses de regime fechado em 2018 por escrever um poema que continha os versos "Resist, my people, resist them" [Resista, meu povo. Resista a eles]. Israel a acusou de "incitar o terrorismo".

Em seu relatório, Nazzal mostrou como o YouTube usou dois filtros de discriminação contra o conteúdo palestino: localização e idioma. Qualquer vídeo em árabe tinha maior probabilidade de ser sinalizado, especialmente se contivesse as palavras "Hamas", "Jihad Islâmica" ou "Hezbollah". Hamed, um usuário palestino da Cisjordânia, fundador do canal *Palestine 27k*, descobriu que um de seus vídeos havia sido excluído e resolveu fazer um experimento: ele enviou exatamente o mesmo vídeo a um amigo europeu, que o carregou sem problemas. Outros usuários relataram ter descoberto que o YouTube começou a rastrear suas contas com mais intensidade conforme seus vídeos ganhavam popularidade. Como resultado, até mesmo vídeos antigos começaram a desaparecer, e tudo isso afetou sua capacidade de monetizar o conteúdo com sucesso.

Nazzal reconhece que há discursos de ódio entre alguns membros da comunidade palestina, mas ressalta que há muito mais vindo do Estado de Israel. "Trata-se de uma relação entre colonizador e colonizado; e milhares de palestinos estão na cadeia", disse. "Se seu filho foi morto por Israel e seu marido está preso, há uma diferença entre o discurso de ódio dessa pessoa e o dis-

31 Um estudo do Centro de Ação Religiosa de Israel divulgado em 2022 constatou que 77% de todas as acusações de incitação ao racismo e à violência foram apresentadas contra árabes entre 2014 e 2021. Or Kashti & Chen Maanit, "77% of incitement charges in Israel filed against Arabs, study reveals", *Haaretz*, 1º ago. 2022.

curso de ódio, o monitoramento e a vigilância institucionalizados de Israel."

Houve ocasiões em que a propaganda estatal israelense foi removida. Um anúncio das IDF no YouTube, que pretendia justificar o bombardeio contra Gaza em maio de 2021, mostrava israelenses se abrigando de foguetes do Hamas e crianças chorando; só foi removido depois que a *Vice* notificou o Google.[32] As imagens não eram imprecisas, mas extremamente violentas, e a receita gerada pelo anúncio falou mais alto. Depois que a Anistia Internacional divulgou um relatório em 2022 no qual acusava Israel de praticar apartheid, usuários de alguns países descobriram que, se buscassem o relatório no Google, o primeiro resultado era um anúncio israelense acusando a ONG de antissemitismo.[33]

Esse "orientalismo digital" é a nova forma de controle usada pelas empresas ocidentais de redes sociais, uma agenda que atualiza o velho olhar ocidental discriminatório sobre os povos do Oriente Médio e do Norte da África. Os árabes são mais uma vez tratados como suspeitos por definição.

Oficiais da inteligência israelense na Cisjordânia gerenciam páginas no Facebook para promover a ideia de que a ocupação não existe, de que a resistência palestina é imoral e de que judeus e árabes coexistem pacificamente.[34] Essas contas publicam informações flagrantemente falsas, mas não são removidas pelos moderadores. Esse tipo de *advocacy* sionista é considerado apropriado, de tal forma que Israel usou algoritmos secretos no Facebook para basicamente prever e punir crimes antes que fos-

32 Joseph Cox & Emanuel Maiberg, "YouTube remove Israeli government-linked ad that justified bombing of Gaza", *Vice*, 19 maio 2021.
33 Marc Owen Jones, "Amnesty apartheid report: how Israel is using Google Ads to whitewash its record", *Middle East Eye*, 10 fev. 2022.
34 Hillel Cohen, "Via Facebook, Israel is trying to change Palestinian perception of the occupation", *Haaretz*, 8 ago. 2020; John Brown & Noam Rotem, "Exclusive: the IDF is monitoring what Israeli citizens say on Facebook", *+972 Magazine*, 15 jul. 2015.

sem cometidos. Isso levou à prisão mais de oitocentos palestinos — metade capturada por Israel e metade pela Autoridade Palestina — sem que eles tivessem cometido qualquer ato de violência, mas porque poderiam potencialmente fazê-lo. Relatado pelo *Haaretz* em 2017, esse arrastão digital mostrou o futuro do uso das redes sociais como armas anticrítica. Mais uma vez, o Facebook não disse nem fez nada.[35]

O cidadão palestino Sami Janazreh mora perto de Hebron e foi preso em 2015 por motivos não revelados. Não lhe informaram por que ele foi colocado sob prisão administrativa, um estado de encarceramento no limbo, sem julgamento ou acusação.[36] Depois de 71 dias de greve de fome, as autoridades israelenses lhe disseram que ele seria julgado por incitação nas redes sociais e lhe mostraram capturas de tela de suas publicações no Facebook. "Todo palestino que o serviço de segurança Shin Bet descobre ter compartilhado uma foto de um *shahid* [mártir] ou de um prisioneiro, ou escrito uma publicação no Facebook sobre si mesmo como palestino, pode ser acusado de incitação", disse Sami ao *Haaretz*.[37]

O FATO DE ISRAEL TER tanta influência sobre o Vale do Silício é, ao mesmo tempo, óbvio e ameaçador para o futuro dos grupos marginalizados. Afinal, não foi apenas o Estado judeu que

35 Yossi Gurwitz, "When Kafka met Orwell: Arrest by algorithm", *Mondoweiss*, 3 jul. 2017.
36 A detenção administrativa é uma tática israelense comum para prender palestinos. Em outubro de 2022, 798 pessoas foram mantidas nessas condições, a grande maioria palestina. Foi o maior número desde 2008. A taxa de repressão israelense também estava crescendo em outros lugares. O ano de 2022 foi o mais mortal para os palestinos da Cisjordânia desde 2005 [e até 2023]: foram 120 palestinos mortos até o final de outubro, tanto na Cisjordânia quanto em Jerusalém Oriental.
37 Orr Hirschauge & Hagar Shezaf, "How Israel jails Palestinians because they fit the 'terrorist profile'", *Haaretz*, 31 maio 2017.

descobriu o calcanhar de Aquiles das big tech. A Índia, sob o comando do primeiro-ministro Narendra Modi, exigiu que o Facebook removesse as postagens que criticavam a forma como seu governo havia lidado com a pandemia de covid-19 em 2020. Na maior parte dos casos, a empresa acatou. As autoridades do governo indiano queriam que uma centena de publicações no Facebook, Twitter e Instagram fossem removidas porque não gostavam de nada que criticasse o governo de Modi on-line. Alguns funcionários do Facebook ficaram indignados, preocupados com o fato de a corporação ter se curvado a um poderoso governo populista. Um funcionário do Facebook escreveu internamente que a empresa estava agindo "por medo", pois temia ser banida do país.[38]

O Facebook enfrentou um dilema interno ao gerenciar o conteúdo na Índia. Com evidências de que certas publicações haviam causado danos reais a minorias em Mianmar, Palestina, Índia, Rússia e outros lugares, a equipe de política global da empresa argumentou que o Facebook corria o risco de fechar completamente, caso não atendesse às solicitações do governo. Na Índia, incitações ao genocídio da minoria muçulmana passaram das bordas para o centro do debate, muitas vezes impulsionadas pelo apoio do governo ou pela anuência oficial silenciosa. Deixar esses comentários no ar, o que acontece rotineiramente, é profundamente irresponsável.

O papel das redes sociais nesse contexto febril rapidamente se torna uma questão de vida ou morte. E, ainda assim, a maioria delas não está disposta a agir de forma responsável — seja lá o que isso signifique na prática. Em última análise, quem no Instagram ou no Facebook responderia pela morte de pessoas, quem seria culpabilizado? Provavelmente, ninguém.

38 Sheera Frankel & Mike Isaac, "India and Israel inflame Facebook's fights with its own employees", *The New York Times*, 3 jun. 2021.

A seletividade da moderação do Facebook em Israel e na Palestina é replicada em outros países e conflitos, o que denota a falta de vontade ou a incapacidade da empresa de aliviar as tensões com responsabilidade. Em Mianmar, o Facebook permitiu que publicações com viés genocida permanecessem visíveis e amplificou as mensagens de ódio contra a minoria muçulmana rohingya. Isso levou à violência em massa dirigida pelo exército contra essa parcela da população em 2016 e 2017, e o Facebook foi forçado a pedir desculpas em 2018 por seu papel na facilitação do genocídio. Embora a plataforma tenha prometido melhorar depois de permitir publicações que defendiam a limpeza étnica na Etiópia, pesquisadores do Bureau of Investigative Journalism e do jornal *The Observer* ainda encontraram um grande número de publicações desse tipo on-line em 2022.[39] Nesse mesmo ano, um relatório da Anistia Internacional constatou que o Facebook "sabia ou deveria saber" que seus algoritmos alimentaram o ódio contra os rohingyas em 2017 e exigiu reparações da empresa para as vítimas.[40]

A guerra da Rússia contra a Ucrânia em 2022 levou a uma ação imediata do Vale do Silício para rebaixar, bloquear ou censurar contas do governo russo. As pessoas que tentavam compartilhar links de sites estatais russos eram previamente avisadas de que estavam transmitindo informações de veículos apoiados por Moscou. Como acontece com a maioria das redes sociais, essas ações foram realizadas sem nenhuma transparência.

A invasão da Ucrânia por Vladimir Putin foi ilegal e brutal, mas muitos outros regimes repressivos favorecidos pelos Estados Unidos não foram censurados nas mesmas circuns-

39 Jasper Jackson, Lucy Kassa & Mark Townsend, "Facebook 'lets vigilantes in Ethiopia incite ethnic cleansing'", *The Guardian*, 20 fev. 2022; "Pro-military death squad rallies openly on social media", *Frontier Myanmar*, 2 jun. 2022.

40 "Myanmar: Facebook's systems promoted violence against Rohingya; Meta owes reparations", Anistia Internacional, 28 set. 2022.

tâncias. Talvez a parte mais enfática da resposta do Facebook tenha sido permitir que seus usuários exaltassem uma unidade militar neonazista da Ucrânia, o Batalhão Azov, embora páginas e publicações relacionadas com o grupo tivessem sido banidas anteriormente. De repente, o apoio passou a ser aceitável — o que permitiu ao batalhão usar o Facebook, por um longo tempo, como ferramenta de recrutamento.[41] Essa decisão parecia estar em sintonia com os sempre mutáveis objetivos da política externa dos Estados Unidos. O Facebook contratou dezenas de ex-funcionários da CIA para trabalhar em suas políticas de conteúdo, o TikTok empregou ex-funcionários da Otan, e o Twitter tem ex-agentes do FBI.[42]

Em março de 2022, o Facebook decidiu autorizar, na Rússia, Ucrânia, Polônia e outros territórios vizinhos, que comentários no Facebook e no Instagram apelassem para a violência contra a Rússia, seus soldados, seu presidente, Vladimir Putin, e seu aliado bielorrusso, o presidente Alexander Lukashenko.[43] "À luz da invasão em curso da Ucrânia", disse um porta-voz da Meta à *CNN*, "abrimos uma exceção temporária para que as pessoas afetadas pela guerra expressem sentimentos violentos em relação às Forças Armadas invasoras, como 'morte aos invasores russos'. Essas são medidas temporárias criadas para preservar a voz e a expressão das pessoas que estão enfrentando invasões".

41 Sam Biddle, "Facebook allows praise of neo-Nazi Ukrainian battalion if it fights Russian invasion", *The Intercept*, 25 fev. 2022.
42 Alan Macleod, "Meet the ex-CIA agents deciding Facebook's content policy", *MintPress News*, 12 jul. 2022.
43 Munsif Vengattil & Elizabeth Culliford, "Facebook temporarily allows posts on Ukraine war calling for violence against invading Russians or Putin's death", *Reuters*, 11 mar. 2022. Os moderadores do Facebook foram instruídos a tratar com leveza as imagens violentas da guerra russa na Ucrânia (mas isso não se aplicava ao conflito na Palestina). Sam Biddle & Alice Speri, "Facebook tells moderators to allow graphic images of Russian airstrikes but censors Israeli attacks", *The Intercept*, 27 ago. 2022.

Embora os apelos à violência fossem rotineiramente ignorados pelos moderadores do Facebook no mundo todo, em determinado momento a Meta parou de avaliar se os moderadores humanos estavam removendo adequadamente o conteúdo relacionado ao conflito na Ucrânia, uma vez que as regras mudavam com exagerada frequência e pouca transparência; deixar que uma corporação sem responsabilidade legal tomasse essas decisões era algo sem precedentes.[44] Estava na cara que a companhia não tinha uma política de fato para a guerra e mudava suas regras conforme o dia.

A ativista palestina Mona Shtaya observou a evidente duplicidade de padrões entre a Ucrânia e a Palestina e como as empresas de redes sociais viam os dois conflitos: a resistência ucraniana é legítima e moral, enquanto a palestina deve ser silenciada; o ocupante russo é maligno, enquanto o israelense merece respeito. "As medidas rápidas das empresas para proteger a liberdade de expressão dos ucranianos, especialmente em tempos de guerra, foram chocantes para muitos palestinos", escreveu Mona. Palestinos haviam experimentado a política exatamente oposta durante a guerra entre o Hamas e Israel, em maio de 2021. Mesmo assim, Mona apoiou as plataformas de tecnologia em seu respaldo à Ucrânia, pois esperava que isso levasse a uma reformulação das regras on-line para "ajudar outros grupos oprimidos em todo o mundo — sejam eles da Palestina, da Caxemira, de Xinjiang, da Colômbia, do Saara Ocidental, do Mianmar e outras comunidades".[45]

Governos poderosos pressionam e intimidam as empresas de redes sociais sem enfrentar grandes reações das comunidades minoritárias, já que esses grupos não têm o poder ou a

44 Ryan Mac, Mike Isaac & Sheera Frenkel, "How war in Ukraine roiled Facebook and Instagram", *The New York Times*, 30 mar. 2022.
45 Mona Shtaya, "Who gets to speak out against their occupier on social media?", *+972 Magazine*, 22 mar. 2022.

influência para fazê-lo.[46] Em 2016, o Facebook contratou Jordana Cutler como diretora de políticas públicas para Israel e a diáspora judaica. Antes disso, ela havia sido assessora do primeiro-ministro Benjamin Netanyahu e chefe de gabinete da embaixada israelense em Washington. Em 2020, Jordana disse: "Meu trabalho é [...] falar no Facebook em nome de Israel e da diáspora judaica. Temos reuniões todas as semanas para falar sobre tudo: de spam a pornografia, discurso de ódio, bullying e violência, e como tudo isso se relaciona com os padrões de nossa comunidade. Eu represento Israel nessas reuniões".[47]

O Facebook não tem nenhum representante na Palestina. Seu povo e as centenas de milhões de outros árabes nos 25 países da região são cobertos por Azzam Alameddin, chefe de política do Oriente Médio e Norte da África, sediado em Dubai. O ex-executivo Ashraf Zeitoon, que ocupou a mesma função de Alameddin, lembrou-se de uma briga com Cutler a respeito da inclusão da Cisjordânia como "território ocupado" nas diretrizes da empresa. Outra ex-moderadora de conteúdo do Facebook, Mai Elmahdy, disse que os membros israelenses da equipe de política global pressionavam seus colegas sobre possíveis remoções e diretrizes gerais da plataforma. Não havia nenhum ponto de vista pró-palestino representado nessas discussões.[48]

Maria, uma ex-funcionária do Facebook que trabalhou nas operações da comunidade, disse a Jillian C. York, da Electronic

46 Alice Speri & Sam Biddle, "Zoom censorship of Palestine seminars spark fight over academic freedom", *The Intercept*, 14 nov. 2020; Yarden Katz, "How Microsoft is invested in Israeli settler-colonialism", *Mondoweiss*, 15 mar. 2021.

47 Billy Perrigo, "Inside's Facebook's meeting with Palestinian officials over posts inaccurately marked as incitement to violence", *Time*, 21 maio 2021.

48 Ryan Mac, "Amid Israel-Palestinian violence, Facebook employees are accusing the company of bias against Arabs and Muslims", *BuzzFeed News*, 27 maio 2021.

Frontier Foundation, que a moderação de conteúdo era baseada em um sistema profundamente falho. Documentos publicados pelo *Guardian* em 2017 revelaram como as vozes palestinas eram silenciadas. Um desses relatórios, intitulado "Credible Violence: Abuse Standards" [Violência plausível: padrões de abuso], listava grupos "vulneráveis", incluindo estrangeiros, israelenses e sionistas. Maria disse a York: "A gente dizia que ser sionista não é como ser hindu, muçulmano, branco ou negro. É como ser um socialista revolucionário, é uma ideologia — e, assim, quase tudo relacionado a palestinos é excluído".[49]

Outro documento interno obtido pelo *Intercept* em 2021 revelou as regras sobre como moderar a palavra "sionista". Havia muito pouco espaço para críticas ao sionismo porque elas eram consideradas discurso de ódio. Um documento usado pela mal remunerada multidão de moderadores de conteúdo esperava que eles determinassem se a palavra "sionista" estava sendo usada como sinônimo de judeu, inclusive em publicações sobre assentamentos israelenses. O texto trazia um exemplo de conteúdo a ser removido: "Excluir: conteúdo principal, 'colonos israelenses se recusam a deixar casas construídas em território palestino'; comentário, 'fodam-se os sionistas!'".[50] Embora a palavra "sionista" possa ser usada em uma difamação antissemita, sua interdição impede os palestinos de condenar a violência e a opressão diárias praticadas por sionistas. Muitos palestinos e árabes usam a palavra "sionista" quando se referem à colonização das terras palestinas, e não para demonizar os judeus.

O Facebook tem enfrentado enorme pressão para reduzir a quantidade de conteúdo pró-palestino em sua plataforma por parte dos lobbies sionista e cristão evangélico nos Estados Uni-

49 Jillian C. York, *Silicon Values: The Future of Free Speech Under Surveillance Capitalism*. Londres: Verso, 2020, p. 44.
50 Sam Biddle, "Facebook's secret rules about the word 'Zionist' impede criticism of Israel", *The Intercept*, 15 maio 2021.

dos.[51] Em 2020, mais de 120 organizações enviaram uma carta ao Conselho de Diretores do Facebook, pedindo que eles "adotassem totalmente" a definição de trabalho de antissemitismo da Aliança Internacional para a Memória do Holocausto (IHRA). A orientação da IHRA é problemática, pois classifica a maioria das críticas a Israel como antissemita e confunde antissionismo com ódio aos judeus. No entanto, a coalizão disse que o Facebook deve adotar as diretrizes da IHRA "para proteger os usuários judeus de discursos e imagens que incitam o ódio e, muitas vezes, levam à violência".

O Facebook não adotou oficialmente a definição da IHRA, mas parece aplicar parcialmente suas recomendações. Monika Bickert, vice-presidenta de política de conteúdo do Facebook, respondeu aos peticionários e escreveu que a empresa "se baseia no espírito e no texto da IHRA". Disse também que, de acordo com a política do Facebook, "judeus e israelenses são tratados como 'características protegidas'".[52]

A ironia dos padrões do Facebook em relação ao conflito na Palestina reside em seu fracasso em erradicar o negacionismo do Holocausto e o verdadeiro antissemitismo do site, questões muito mais importantes para os judeus e outras minorias. Grupos supremacistas brancos se organizam abertamente no Facebook, levantando um questionamento legítimo quanto à obrigatoriedade das plataformas de remover conteúdo que simplesmente expressa uma opinião sem fazer apologia à violência.[53] O aumento da violência antissemita de extrema direita

51 Lara Friedman, "Israel-advocacy groups urge Facebook to label criticism of Israel as hate speech", *Jewish Currents*, 19 ago. 2020.
52 Neve Gordon, "Redefining anti-Semitism on Facebook", *Al Jazeera*, 22 set. 2020.
53 A cada trimestre, o Facebook divulga dados sobre o tipo de conteúdo que modera — sem entrar em muitos detalhes. Para o último trimestre de 2021, a plataforma disse que havia tomado medidas em relação a 21,7 milhões de publicações por incitação e violência (acima

e do revisionismo do Holocausto não é causado pelo Facebook, mas é certamente alimentado pela capacidade da plataforma de espalhar a mensagem de forma tão rápida e abrangente.

Como judeu, eu me sinto desconfortável e até mesmo nervoso com a capacidade do Facebook, Twitter e outras redes sociais de amplificar, em escala global, o material grosseiro que nega o fato histórico do Holocausto ou de qualquer outro genocídio. Sinto o mesmo em relação à demonização de judeus ou de qualquer outro grupo minoritário. Por outro lado, quem dá aos moderadores do Facebook ou aos seus obscuros algoritmos de inteligência artificial o direito de decidir o que é considerado apropriado? A memória do Holocausto é um assunto inegavelmente complicado; o que uma pessoa considera ofensivo pode agradar a outra. Obviamente, isso impõe dificuldades às plataformas.

Nos últimos anos, muitas jovens garotas usuárias do TikTok se vestiram como vítimas do Holocausto e fingiram estar em um campo de extermínio nazista, usando maquiagem para imitar sangue ou vestindo uniformes de prisioneiras. Teve gente que achou a *trend* profundamente ofensiva, uma banalização do genocídio. Outras pessoas, e aqui me incluo, veem sua relevância para uma nova geração que quer se lembrar do evento de uma forma moderna. Isso não é negacionismo do Holocausto, mas muitos dos usuários sofreram críticas extremas depois de publicar seus vídeos curtos.[54]

A pressão exercida sobre o Facebook pelo lobby pró-Israel coincide com as tentativas crescentes e bem-sucedidas de convencer países a adotarem a IHRA. Também se tem conseguido que cada vez mais estados estadunidenses aprovem leis antiboicote, criminalizando qualquer pessoa que se recuse a fazer

...

dos 12,4 milhões do trimestre anterior). Não foi especificado se alguma dessas publicações estava relacionada a Israel/Palestina.

54 Neta Halperin, "The memory of the Holocaust is being influenced by TikTok. Here's how", *Haaretz*, 15 fev. 2022.

negócios com os assentamentos ilegais da Cisjordânia. Conforme as ações israelenses na Palestina se tornam mais extremas, seus apoiadores no Ocidente intensificam as tentativas de silenciar as críticas. Em vez de dar ênfase para a expansão da ocupação e para a necessidade de encerrá-la, o Ministério de Assuntos Estratégicos de Israel desenvolveu uma comunidade on-line e um aplicativo chamado ACT.IL, um exército de *trolls* encarregado de importunar as empresas de mídias sociais e os meios de comunicação que publicam conteúdo crítico a Israel.

Depois de enfrentar uma avalanche de críticas sobre seu suposto papel na eleição de Donald Trump para a presidência dos Estados Unidos em 2016, o Facebook estabeleceu um Conselho de Supervisão, uma espécie de Suprema Corte da rede social. Seus membros foram cuidadosamente selecionados em várias partes do mundo. Entre eles, estava Emi Palmor, ex-diretora geral do Ministério da Justiça de Israel — e nenhum palestino. Quando Palmor foi anunciada como membro fundador do conselho, os palestinos se revoltaram, recordando sua função anterior no Ministério da Justiça: pressionar as plataformas pela retirada de conteúdo crítico a Israel.[55]

Palmor negou ter qualquer papel nessas atividades e disse que esperava estar presente quando o Conselho de Supervisão julgasse qualquer caso envolvendo antissemitismo. "Obviamente, por ser israelense e judia [...] tenho uma opinião sobre essas questões e uma compreensão mais profunda do que qualquer outra pessoa do conselho", disse ao *Jerusalem Post*.[56]

O poder do Conselho de Supervisão é questionável, uma vez que, tecnicamente, ele é independente, embora custeado por

55 "Palestinian civil society organizations issue a statement of alarm over the selection of Emi Palmor, former general director of the Israeli Ministry of Justice, to Facebook's Oversight Board", 7amleh, 14 maio 2020.

56 Lahav Harkov, "Emi Palmor: the Israeli watchdog in Facebook's ban on Trump", *Jerusalem Post*, 1º maio 2021.

um fundo do Facebook. Uma porta-voz do conselho insistiu em me dizer que ele é "independente e opera separadamente da Meta". No entanto, o corpo executivo da empresa teve participação na seleção de seus membros. Uma decisão em setembro de 2021 deu a perfeita dimensão de seu raio de ação: o conselho descobriu que uma publicação de maio de 2021 sobre a mesquita Al-Aqsa e a área de Sheikh Jarrah havia sido removida por engano e depois reintegrada pelo Facebook. O conselho comentou as "alegações" de que publicações palestinas vinham sendo censuradas por ordem do governo israelense, e perguntou ao Facebook

> se a empresa havia recebido solicitações oficiais ou extraoficiais de Israel para remover conteúdo relacionado ao conflito de abril/maio. O Facebook respondeu que não havia recebido uma solicitação legal válida de qualquer autoridade governamental relacionada ao conteúdo do usuário nesse caso específico, mas se recusou a fornecer as demais informações solicitadas pelo conselho.[57]

A plataforma deve acatar as decisões do conselho, porém não precisa implementar suas recomendações. Em sua defesa, o Conselho de Supervisão recomendou que a empresa contratasse "uma entidade independente não associada a nenhum dos lados [do conflito] para realizar um exame minucioso a fim de determinar se a moderação de conteúdo do Facebook em árabe e hebraico, incluindo o uso de automação, era aplicada sem parcialidade".

De acordo com documentos divulgados em 2021 por Frances Haugen, denunciante do Facebook, seu antigo empregador investiu pouquíssimos recursos no monitoramento de conteúdo produzido fora dos Estados Unidos. O Facebook sabia que não estava gastando o suficiente na contratação de pessoal

57 Decisão do caso 2021-009-FB-UA, Conselho de Supervisão do Facebook, 14 set. 2021.

e no aprendizado de inteligência artificial para decodificar os mais de 160 idiomas usados na plataforma. Haugen disse que 87% do dinheiro aplicado no combate à desinformação é direcionado ao conteúdo em inglês, embora apenas 9% dos usuários falem inglês. A violência em massa, o genocídio e os assassinatos em Mianmar e na Etiópia podem estar diretamente ligados a esse déficit, segundo Haugen, porque o conteúdo que alcançou grande engajamento foi priorizado sem as devidas verificações de segurança.

Com muita frequência, o Facebook parece estar trabalhando por conta própria para silenciar as vozes palestinas, embora seja impossível saber se houve pressão de Israel. Quando a ativista política palestina Khalida Jarrar foi presa injustamente em 2021, Israel negou um pedido dela para comparecer ao funeral de sua filha Suha. Omar Nazzal, um amigo de Jarrar, postou uma carta dela no Facebook. "Suha veio ao mundo enquanto seu pai estava na prisão, e ela está deixando o mundo enquanto sua mãe está na prisão", escreveu Jarrar. Cinco horas depois, o Facebook informou a Nazzal que sua conta seria bloqueada por dois meses porque a publicação "vai contra nossos padrões de indivíduos e organizações perigosas, portanto somente você pode vê-la".

O conteúdo dessa lista secreta de "indivíduos e organizações perigosas" permaneceu em sigilo por anos, uma caixa preta de incertezas que deixou milhões de usuários sem nenhuma indicação do que seria removido ou mantido. O *Intercept* obteve a lista e as regras associadas e as publicou em 2021, e ouviu especialistas que as definiram como "uma clara personificação das ansiedades, preocupações políticas e valores da política externa estadunidense desde o 11 de Setembro, mesmo que [...] vise proteger todos os usuários do Facebook e se aplique majoritariamente a quem reside fora dos Estados Unidos".

Ainda de acordo com o *Intercept*, "quase tudo e todos na lista são considerados inimigos ou ameaças pelos Estados Unidos ou seus aliados: mais da metade da lista é formada por supostos terroristas estrangeiros, cuja livre expressão está sujeita à mais severa censura do Facebook".[58] Os terroristas listados são, em sua maioria, muçulmanos, do sul da Ásia e do Oriente Médio, e as milícias brancas antigovernamentais têm mais liberdade do que as *personae non gratae* de outras etnias.

O que está em jogo se a sociedade não retomar alguma forma de controle das grandes plataformas de tecnologia e redes sociais é explicado por Shoshana Zuboff, na conclusão de seu livro *A era do capitalismo de vigilância*: "O objetivo agora [dessas empresas] não é dominar a natureza, mas sim a natureza humana", disserta. "O foco mudou de máquinas que superam os limites do nosso corpo para máquinas que modificam o comportamento de indivíduos, grupos e populações em prol de objetivos mercadológicos."[59]

O que isso significa na prática — especialmente para grupos sem real influência política nas capitais ocidentais, incluindo os palestinos — é que devemos lutar contra o fato de sermos pouco mais do que matéria-prima de alta lucratividade para as grandes empresas de tecnologia. Poucas vezes a ideologia do Facebook foi melhor articulada do que pelo então executivo sênior da empresa Andrew Bosworth, agora diretor de tecnologia da Meta. Em um memorando vazado de 2016, ele admitiu que o único objetivo corporativo era

> conectar pessoas [e coletar dados]. [...] É por isso que todo o trabalho que fazemos no crescimento [da plataforma] é justificado [...]. Isso pode ser ruim se feito de forma negativa. Talvez custe a

58 Sam Biddle, "Revealed: Facebook's secret blacklist of 'dangerous individuals and organizations'", *The Intercept*, 13 out. 2021.
59 Shoshana Zuboff, *The Age of Surveillance Capitalism: The Fight for a Human Future at the New Frontier of Power*. Nova York: PublicAffairs, 2019, p. 515. [Ed. bras.: *A era do capitalismo de vigilância: a luta por um futuro humano na nova fronteira do poder*. Trad. George Schlesinger. Rio de Janeiro: Intrínseca, 2021, p. 578.]

> vida de alguém, expondo essa pessoa a seus algozes. [...] Talvez alguém morra em um ataque terrorista coordenado por nossas ferramentas [...]. A verdade é que acreditamos tanto em conectar pessoas que qualquer coisa que nos permita conectar mais pessoas com mais frequência é boa, no fim das contas.

Aparentemente, se o Facebook causasse a perda de vidas humanas, era um risco que valia a pena correr. Os palestinos poderiam argumentar, com razão, que o fato de viverem sob ocupação israelense pouco importa para a empresa, porque nada pode atrapalhar o crescimento infinito. O apartheid é apenas uma lombada no caminho da valorização acionária.

Embora Bosworth tenha refutado a declaração depois de ela se tornar pública em 2018, e o próprio Mark Zuckerberg tenha condenado seu conteúdo, aquele foi um momento de rara honestidade da empresa. Sem maneiras alternativas de se comunicar por plataformas mais diversificadas e sem uma rejeição das regras manipuladas, escritas em segredo por Facebook, Google e demais big tech, os palestinos e outros grupos marginalizados nunca terão justiça ou um alcance minimamente equitativo.

Conclusão

Eles [o mundo] se tornarão mais parecidos conosco
do que nós nos tornaremos parecidos com eles.
— BENJAMIN NETANYAHU, PRIMEIRO-MINISTRO ISRAELENSE

Nas semanas que se seguiram à invasão da Ucrânia pela Rússia no início de 2022, o jornalista e colunista israelense Gideon Levy lembrou seus leitores de uma verdade incômoda. Ele confessou que sua crença de longa data, de que o poder militar era tudo o que importava para permanecer vivo e prosperar, era uma mentira. "A lição que Israel deveria aprender com a Ucrânia é o oposto", escreveu. "O poder militar não basta; é impossível sobreviver sozinho, precisamos de um verdadeiro apoio internacional, que não pode ser comprado apenas com o desenvolvimento de drones lançadores de bombas."

Levy explicou que estava chegando ao fim a época em que bastava gritar "antissemitismo" para que o Estado judeu paralisasse o mundo. Ele esperava que a "culpa" global por causa do Holocausto acabasse logo e permitisse que o mundo finalmente desafiasse a violência e a ocupação israelenses. "Se Israel continuar a confiar tanto em seu poder militar, a culpa, a extorsão emocional e o poder que vêm com ela diminuirão", alertou.[1]

1 Gideon Levy, "Israel is strong — at extortion and pity", *Haaretz*, 10 mar. 2022.

Essa visão raramente aparecia na mídia ocidental. Israel ainda é comumente apresentado como uma democracia próspera, apesar de sitiada, e um aliado fundamental na batalha contra o extremismo. Seu status como exportador de armamentos de ponta é lendário, bem como sua disposição em auxiliar militarmente, armar ou treinar a maioria das nações do mundo. Pouquíssimos outros países podem se igualar nesse quesito.

"O crescimento das indústrias de defesa de Israel é uma história de sucesso inseparável da história do Estado judeu e da totalidade do projeto sionista", escreveu em 2018 o Instituto de Estratégia e Segurança de Jerusalém, um *think tank* israelense de direita. "As indústrias de defesa de Israel são uma fonte de orgulho nacional — e não à toa."[2]

Essa imagem é abalada apenas ocasionalmente. Por exemplo, quando a Anistia Internacional e a Human Rights Watch acusaram Israel de ser um Estado de apartheid. Ou quando o coronel Lawrence Wilkerson, ex-chefe de gabinete do secretário de Estado dos Estados Unidos Colin Powell, declarou em 2021 que Israel talvez não exista daqui a vinte anos porque é um "passivo estratégico de primeira ordem para os Estados Unidos" e está se tornando um "Estado de apartheid".[3]

Apesar disso, a posição de Israel como líder global em vigilância, drones e fervor etnonacionalista não diminuirá tão cedo. Atualmente, os israelenses não estão pagando nenhum preço político ou financeiro pela manutenção desse sistema. Na verdade, as ações da Rússia na Ucrânia alimentarão a corrida armamentista global, especialmente na Europa, que investirá ainda mais dinheiro nas armas ofensivas e defensivas mais letais, de

2 Uzi Rabin, "Israel's defense industries: from clandestine workshops to global giants", Jerusalem Institute for Strategy and Security, 17 jun. 2018.

3 Philip Weiss, "Israel will be 'gone' in 20 years, says Wilkerson, former State Dept. aide", *Mondoweiss*, 22 set. 2021.

drones a mísseis, de tecnologia de vigilância a ferramentas de interceptação telefônica. Israel é um beneficiário direto desse pico de investimento.

Israel aperfeiçoou e liderou a "indústria da pacificação global", um termo cunhado pelo escritor e acadêmico israelense-estadunidense Jeff Halper em seu livro *War against the People: Israel, the Palestinians and Global Pacification* [Guerra contra o povo: Israel, os palestinos e a pacificação global]. Ele explica que a ocupação não é um ônus financeiro para o Estado, mas exatamente o oposto: a Palestina é um campo de testes inestimável para novos equipamentos, do qual se beneficia uma hegemonia militar global, que atende a outras forças armadas em todo o mundo. "Israel é um pequeno país que está lutando para conquistar um nicho no complexo militar-industrial transnacional", escreve Halper.[4]

O Laboratório Palestina mantido por Israel prospera com a perturbação e a violência globais. O agravamento da crise climática beneficiará o setor de defesa de Israel em um futuro em que os Estados-nação não responderão com medidas ativas para reduzir os impactos do aumento da temperatura, mas, em vez disso, se isolarão em guetos, no estilo israelense. Na prática, isso significa muros mais altos e fronteiras mais rígidas, intensificação da vigilância de refugiados, do reconhecimento facial, do número de drones, de cercas inteligentes e de bancos de dados biométricos. Até 2025, estima-se que o complexo industrial de vigilância de fronteiras valerá 68 bilhões de dólares, e empresas israelenses como a Elbit estão seguramente entre as principais beneficiárias.[5]

4 Jeff Halper, *War against the People: Israel, the Palestinians and Global Pacification*. Londres: Pluto, 2015, p. 4.

5 Maeve Higgins, "The $68 billion border surveillance industrial complex", *Vice*, 11 jun. 2021.

Até 2050, a população da Cisjordânia deverá contar com 1,1 milhão de judeus, o que certamente agravará o conflito contínuo entre judeus e palestinos.[6] Os colonos estão sempre procurando novas oportunidades de crescer e se espalhar, então é concebível que cristãos evangélicos que estejam dispostos possam ser um dos principais grupos a emigrar para a Cisjordânia nos próximos anos, já que são eles um dos maiores apoiadores do Estado judeu — isso aumentará enormemente a população para bem mais de um milhão antes de 2050. De acordo com o demógrafo israelense Arnon Soffer, em 2022 os judeus eram minoria tanto em Israel quanto nos territórios palestinos ocupados, constituindo menos de 47% de toda a população.

Quando Israel recebeu milhares de judeus ucranianos após a invasão russa em 2022, os colonos distribuíram um folheto em russo que oferecia assistência para "hospedá-los" em "cidades e assentamentos da Judeia e Samaria [o nome bíblico da Cisjordânia]". Um comentarista pediu que fosse reescrito: "Fugindo da ocupação? Deixe-nos ajudá-lo a se tornar o ocupante!".[7]

O programa de colonização de Israel está em constante evolução, com portas aparentemente abertas a uma expansão sem fim. "As fronteiras dos territórios ocupados não são rígidas ou fixas", escreveu Eyal Weizman, arquiteto britânico-israelense e diretor do grupo de pesquisa Forensic Architecture, em seu livro de 2012, *Hollow Land: Israel's Architecture of Occupation* [Terra oca: a arquitetura de ocupação de Israel]. "Em vez disso, elas são elásticas e estão em constante transformação. [...] Essas fronteiras são dinâmicas, mudam constantemente, diminuem e fluem; elas se arrastam, cercando furtivamente vilarejos e estradas palestinas".[8]

6 Gili Melnitcki, "A third of Israeli Jews will be ultra-Orthodox by 2050, forecast finds", *Haaretz*, 22 nov. 2022.

7 Arkadi Mazin, "Israeli settlers' grim offer to Ukraine's Jewish refugees", *Haaretz*, 27 mar. 2022.

8 Eyal Weizman, *Hollow Land: Israel's Architecture of Occupation*. Londres: Verso, 2012, p. 6-7.

O número crescente de colonos aumentará as tensões com os palestinos e ajudará a facilitar o desenvolvimento de novos métodos de controle e separação para isolar e desarmar politicamente a população da Palestina ocupada. Armas, fronteiras, muros mais sofisticados, vigilância em massa... Até 2050, um terço da população judia israelense, cerca de dezesseis milhões de pessoas, será composta por ultraortodoxos, o que tende a deixar o futuro ainda mais conservador.

Israel espera continuar a ampliar seu apelo para além das nações que querem apenas alguns dos equipamentos militares mais intrusivos e letais do planeta. O foco são os Estados que compartilham seu compromisso com o etnonacionalismo: países que defendem com orgulho a observância religiosa, que são contra o multiculturalismo e os valores liberais, que culpam uma esquerda socialmente indulgente por minar os ideais tradicionais e substituí-los por perspectivas moralmente confusas sobre raça, gênero, casamento e sexualidade.

O teórico político israelense conservador Yoram Hazony explicou sua visão — um quadro assustador para as minorias. Em consonância com uma parcela considerável da população judaica israelense, Hazony argumenta que os Estados Unidos são uma nação cristã, com uma maioria cristã, e portanto os cristãos devem escolher as leis e as regras sociais do país. As minorias podem ter "exceções", mas a maioria deve ser dominante.[9] Em Israel, essa ideia forma uma maioria judaica agressiva que governa os não judeus por meios cada vez mais brutais, reprimindo qualquer resistência. A força extrema, a vigilância e a tecnologia necessárias para consegui-lo são os fatores que, acredita Israel, manterão sua experiência relevante para outros Estados de mentalidade similar.

9 Kathryn Joyce, "The new right's grim, increasingly popular fantasies of an international nationalism", *The New Republic*, 6 jan. 2022.

Em seu livro de 2018, *A virtude do nacionalismo*, Hazony menciona os palestinos apenas uma vez, ao reclamar que o mundo assedia Israel para conceder a condição de Estado aos palestinos — presumivelmente, contra os desejos de Israel. Hazony se insurge contra os opositores do apartheid na África do Sul e na Sérvia sob o autocrata Slobodan Miloševic. Para ele, "a razão pela qual esses povos foram escolhidos para especial ódio e aversão, e para punição especial, qual seja, é porque os sul-africanos e sérvios brancos são vistos como europeus, e são mantidos em um padrão moral que não tem qualquer relação com o que se espera dos seus vizinhos africanos ou muçulmanos".[10] Claramente, Hazony se preocupa que Israel sofra o mesmo destino desses dois Estados desonestos pelo simples fato de ser europeu.[11]

Esse tipo de ideologia tóxica alimenta a realidade diária de Israel na Palestina, ao propagar a mentira de que os palestinos são inerentemente violentos e irracionais; incapazes de não serem terroristas. Nesse sentido, o fato de sofrerem com a ocupação há mais de meio século é uma mera nota de rodapé. Os palestinos precisam ser monitorados, presos, torturados e mortos. Israel precisa mantê-los em uma gaiola de alta tecnologia porque a alternativa é o genocídio dos judeus.

É óbvio, há muito tempo, que israelenses e palestinos precisam viver juntos em paz. Mas, na maioria das vezes, essa ideia é considerada ilusória por seus opositores. Em 1986, o intelectual palestino Edward Said disse a um jornalista do *Globe and Mail* do Canadá: "Todo israelense sabe que não existe um caminho militar contra nós. O que eles vão fazer? Matar todo mundo? Então, alguns de nós dizemos: vamos continuar lutando. E con-

10 Yoram Hazony, *The Virtue of Nationalism*. Nova York: Basic, 2018, p. 163. [Ed. bras.: *A virtude do nacionalismo*. Trad. Evandro Fernandes de Pontes. Campinas: Vide, 2019, p. 214.]

11 Murtaza Hussain, "Right-wing Israeli author writes the 'virtue of nationalism'—and accidentaly exposes its pitfalls", *The Intercept*, 5 maio 2019.

tinuamos dizendo que vamos viver junto com vocês, e que não importa o que eles façam, somos uma sombra".[12]

No entanto, o incitamento extremo e a defesa de expulsões em massa de árabes têm se tornado cada vez mais populares. Em 2022, ao propor uma lei que previa penas de prisão por hastear a bandeira palestina e a deportação das famílias de supostos terroristas, o parlamentar do Likud, Miki Zohar,[13] afirmou: "Os árabes estão tomando conta do país. Estamos vendo isso todos os dias. Eles abusam dos judeus. Eles fazem o que querem. Eles saem para manifestações violentas que, às vezes, levam a linchamentos. Eles pisoteiam as bandeiras israelenses".

A mera visão da bandeira palestina provoca indignação nos políticos israelenses. Israel Katz,[14] também membro do Likud, alertou os palestinos de que eles passariam por outra Nakba. Na tribuna do Parlamento israelense, ele discursou em maio de 2022: "Ontem avisei os estudantes árabes que estão hasteando bandeiras da Palestina nas universidades: lembrem-se de 1948. Lembrem-se de nossa guerra de independência e de sua Nakba. Não estiquem muito a corda [...]. Se não se acalmarem, daremos a vocês uma lição que não será esquecida".

Outro político israelense, o ex-vice-ministro de Assuntos Religiosos Matan Kahana, clamou por limpeza étnica. Também em 2022, ele disse a estudantes do ensino médio no assentamento ilegal de Efrat, em Gush Etzion, que, "se houvesse um botão para remover todos os árabes daqui e enviá-los em um trem expresso para a Suíça — onde viveriam uma vida incrível, desejo a eles tudo de bom na Suíça —, eu apertaria esse botão".

12 Edward Said, *Power, Politics and Culture: Interviews with Edward W. Said*. Nova York: Bloomsbury, 2004, p. 288.

13 Em 2022, Zohar foi nomeado ministro de Esportes e Cultura do novo governo Netanyahu. [N.T.]

14 Katz foi outro político a receber cargo na nova gestão Netanyahu. Tornou-se ministro das Relações Exteriores. [N.T.]

O aumento da incitação e das ações racistas contra os palestinos fez com que até mesmo Yaakov Katz, editor-chefe do *Jerusalem Post* e líder de um meio de comunicação pró-colonização, admitisse em 2022 que "uma porcentagem significativa de Israel se voltou para a extrema direita. Eles usam uma terminologia emprestada dos supremacistas brancos dos Estados Unidos".[15] Foi uma admissão extraordinária, mas não levou o jornal a fazer mais do que umas poucas sugestões, além de pressionar por melhorias na educação.

Ironicamente, é apenas na imprensa israelense, sobretudo no *Haaretz*, e não na mídia dos Estados Unidos (pelo menos não no mainstream) que aparece a avaliação mais honesta de Israel. A mídia palestina e muitas outras no mundo árabe têm relatado a situação com precisão há décadas. A jornalista judia Amira Hass, que vive em Ramallah, escreveu no *Haaretz* em 2022 que Israel é agora uma "mutação judaica", devido a sua adoção do supremacismo messiânico judaico. É apenas uma questão de tempo, alertou Hass, para que esses judeus sejam maioria no Knesset.[16]

O pior cenário, há muito temido mas nunca concretizado, é a total limpeza étnica dos palestinos sob ocupação ou a transferência da população, a expulsão forçada com o pretexto de segurança nacional. Uma guerra catastrófica entre Israel, Irã ou Hezbollah poderia desencadear um argumento esmagador dentro de Israel de que os palestinos, potencialmente protestando em apoio a seus irmãos árabes, estão minando a integridade do Estado. Uma operação militar israelense poderia então ser realizada para garantir um êxodo em massa, e o retorno dos palestinos para casa seria uma possibilidade remota.[17]

15 Yaakov Katz, "Israel has a racism problem — and it comes out on Jerusalem Day", *Jerusalem Post*, 29 maio 2022.

16 Amira Hass, "Will someone finally say Israel has lost it?", *Haaretz*, 31 maio 2022.

17 Jack Khoury, "Ukraine war is warning to Palestinians", *Haaretz*, 23 mar. 2022. Outro cenário de pesadelo para os palestinos é um

Em uma pesquisa realizada em 2016 pelo Pew Research Center, quase metade dos judeus israelenses apoiou a transferência ou a expulsão dos árabes — e cerca de 60% apoiavam a segregação total, de acordo com um estudo realizado em 2022 pelo Instituto de Democracia de Israel. A maioria dos judeus israelenses entrevistados on-line em 2022 apoiou a expulsão de pessoas acusadas de deslealdade ao Estado, uma política defendida pelo popular político de extrema direita Itamar Ben-Gvir.

A reeleição de Netanyahu como primeiro-ministro em novembro de 2022, com a coalizão de direita mais extrema da história do país, sinalizou uma escalada nas ameaças enfrentadas pelos palestinos. A aliança de extrema direita Religious Zionism [Sionismo religioso] se tornou o terceiro maior bloco político no Knesset, defendendo o supremacismo judaico e a remoção forçada dos palestinos. Foi como se a Ku Klux Klan arrombasse a porta do parlamento com um fuzil em riste.

Este livro foi escrito como um alerta sobre o mundo assustador que pode nascer se o etnonacionalismo ao estilo israelense continuar sua ascensão em um século já dominado por um poder estatal imune ao escrutínio, da Rússia a Israel, da China aos Estados Unidos. A invasão da Ucrânia por Vladimir Putin em 2022 e a natureza sem precedentes da indignação e das sanções ocidentais contra Moscou indicam o que é possível quando há uma uniformidade inquestionável de opinião contra as ações de um Estado inimigo. Mas é inconcebível que iniciativas semelhantes de boicote, desinvestimento e sanções sejam tomadas

...

presidente dos Estados Unidos desonesto como Donald Trump, que supostamente disse a um chocado rei da Jordânia que seria um "ótimo negócio" se seu país assumisse o controle da Cisjordânia.

contra outros violadores dos direitos humanos, como a Arábia Saudita, o Egito e Israel — todos amigos de Washington e Londres. Os amigos podem matar e mutilar com impunidade.

Israel vendeu tantos equipamentos de defesa para tantas nações que espera se resguardar de qualquer reação política à sua ocupação interminável. Os aliados, sejam eles consistentes ou conjunturais, deram a Israel a desejada proteção contra a censura internacional ou o comparecimento ao Tribunal Penal Internacional. A venda da ferramenta de interceptação telefônica Pegasus, do NSO Group, e de uma série de outros armamentos de alta tecnologia é o tipo de política que garante a aliança e a amizade, seja de Estados autoritários ou democráticos. Israel se orgulha de ser a nação indispensável.

A estratégia tem funcionado até agora porque Israel não teme ser rotulado como outra Rússia, invadindo e ocupando um território estrangeiro e sofrendo uma avalanche de condenações. Moscou está enfrentando as consequências econômicas de suas ações. Enquanto isso, Israel passou décadas deslegitimando o "processo de paz" com os palestinos; nunca teve qualquer interesse pela paz. O Estado judeu precisa que o mundo legitime sua ocupação e vende a tecnologia usada para manter essa ocupação como um cartão de visita.[18]

Enquanto não houver uma grande campanha internacional de isolamento de Israel, devido a seus abusos contra os direitos humanos, e processos judiciais contra empresas armamentistas israelenses que vendem equipamentos para países repressivos, o setor continuará a prosperar.[19] Grandes lucros são a atração. Não há moralidade nenhuma envolvida. "Por acontecer em

18 Haggai Matar, "From Israel to Russia, occupiers are remaking the world", *+972 Magazine*, 27 mar. 2022.

19 Além do grande número de armas vendidas por Israel, o Estado judeu está interessado em vender seus suprimentos excedentes. Um anúncio em um jornal israelense detalhava uma lista de opções disponíveis, incluindo foguetes, minas e morteiros; ver Oded Yaron,

países do Terceiro Mundo e ser um campo envolto em mistério", disse um ex-funcionário sênior do setor de defesa em 2020, "[o comércio israelense de armas] adquiriu uma reputação ruim ao longo dos anos. Mas a verdade é que o país inteiro se beneficia das exportações de defesa. Elas garantem o sustento de dezenas de milhares de pessoas aqui".[20]

No entanto, a censura deve acontecer para que a Palestina deixe de funcionar como laboratório. Em 2020, o Conselho de Direitos Humanos da ONU divulgou uma lista de empresas locais e estrangeiras que operam em assentamentos ilegais na Cisjordânia e em Jerusalém Oriental. Ela incluía Airbnb, Booking.com, Expedia, JCB, TripAdvisor e Motorola Solutions. Nenhuma dessas empresas parou de operar nesses locais porque quase não houve pressão pública ou política para isso. Israel não era a Rússia de Putin. Bruno Stagno, vice-diretor executivo de defesa da Human Rights Watch, disse que o relatório da ONU sobre as companhias infratoras deveria "alertar todas as empresas: fazer negócios com assentamentos ilegais é ser cúmplice de crimes de guerra".[21]

No entanto, com pouco alarde, muitos investidores deixaram de injetar dinheiro em empresas israelenses, citando preocupações com a cumplicidade delas com os abusos israelenses. O KLP, maior fundo de pensão da Noruega, com 95 bilhões de dólares em ativos, desistiu de dezesseis empresas em 2021 por causa de uma "contribuição de risco inaceitável para violações de direitos humanos" nos assentamentos da Cisjordânia. No mesmo ano, o New Zealand Super Fund vendeu 6,5 milhões de dólares de suas participações em cinco bancos israelenses, alegando "evi-

...

"Any buyers? Israeli Army looking to sell leftover weapons", *Haaretz*, 4 set. 2022.

20 Shuki Sadeh, "Inside the shadowy world of Israeli arms dealers", *Haaretz*, 11 jan. 2020.

21 Areeb Ullah, "U.N. releases list of companies with ties to illegal Israeli settlements", *Middle East Eye*, 12 fev. 2020.

dências confiáveis de que as empresas excluídas financiam projetos para a construção de assentamentos israelenses ilegais".[22]

Portanto, a maré pode estar mudando. Em 2021, o site Responsible Investor descobriu que 67% dos gerentes de investimento acreditavam que os direitos humanos logo se tornariam uma consideração de investimento dominante, não muito diferente da atual centralidade da mudança climática. Tem sido cada vez mais insustentável investir em empresas coniventes com a repressão na China, em Mianmar ou na Palestina.

Eitay Mack, um dos mais persistentes defensores da exposição de acordos de defesa israelenses passados e atuais, diz que sua esperança é convencer um número suficiente de israelenses de que vender morte e miséria ao redor do mundo é o pior tipo de legado. "Há uma tradição em Israel de ouvir testemunhos sobre a verdade do Holocausto", ele me disse. "Talvez a mídia ou o público estejam prontos para ler sobre o sofrimento de outros países e o envolvimento israelense nesse sofrimento."

"É claro que isso é uma contradição, pois a maioria dos israelenses é indiferente à ocupação", continuou. "Mas descobri que muitos deles conseguiam se conectar com a história da venda de armas e com as vítimas desse comércio, além de ver os vínculos com a moral e a história judaicas. Da extrema direita à extrema esquerda, muitos israelenses entendem essa conexão." No entanto, apenas uma pequena porcentagem dos judeus israelenses faz pressão pelo fim das relações de Israel no setor de defesa. Para Mack, a responsabilização não virá dos tribunais do país. "É hora de sair do aspecto legal e levar a campanha para outra arena, porque o sistema judicial israelense não trará justiça."

Israel e seus apoiadores precisam escolher entre o compromisso com o sionismo e a adesão aos valores liberais. Os dois são inconciliáveis, e o Estado de apartheid em Israel e na Pales-

22 David Rosenberg, "In the BDS fight, 'D' is the letter Israel should really worry about", *Haaretz*, 31 out. 2021.

tina é prova disso.[23] O setor de defesa israelense está apostando em sua intrepidez para continuar a impressionar os clientes globais. Em uma época de conflito, insegurança e preocupação crescente com as mudanças climáticas, essa é uma aposta segura. Israel tem as ferramentas para ajudar qualquer nação que possa pagá-lo a fim de evitar os piores aspectos do colapso social, pelo menos provisoriamente.

No entanto, o Estado judeu precisará estar sempre alerta, driblando a infinidade de resultados catastróficos que podem ocorrer, desde um aumento no apoio mundial ao movimento BDS até uma liderança palestina inspiradora que não seja corruptível.[24] Com a opinião pública em muitos países se voltando pouco a pouco contra Israel, será impossível perder a reputação de nação pária, a não ser que haja uma mudança radical em seu comportamento e em sua política de defesa.

23 David Hearst, "Amnesty apartheid report: why Israel fully deserves its place as a pariah state", *Middle East Eye*, 2 fev. 2022.

24 No momento em que este texto foi escrito, não estava claro quando ou se a Suprema Corte dos Estados Unidos decidiria sobre a legalidade do movimento BDS, depois que muitos estados do país legislaram contra ele. Entretanto, em junho de 2022, o Tribunal de Recursos do 8º Distrito determinou que os boicotes a Israel não estavam protegidos pela Primeira Emenda da Constituição, o que configurou um provável desafio à Suprema Corte.

Agradecimentos

É preciso uma aldeia para escrever um livro. Comecei a pensar sobre os assuntos destas páginas há quase vinte anos, em 2005, quando visitei Israel e a Palestina pela primeira vez. Desde então, graças a uma infinidade de amigos, contatos, fontes e encontros, descobri as formas intrincadas pelas quais a ocupação se tornou o campo de testes definitivo para novos métodos de controle e separação; o mundo é um mercado ilimitado e em constante expansão. Este livro nunca teria acontecido sem essas pessoas, e agradeço a elas por suas impressões e paciência.

As pessoas a seguir me forneceram informações valiosas, citações, ótimas refeições, contatos e notícias que me ajudaram a entender a questão. Essas conversas com amigos, conhecidos e fontes aprofundaram meu conhecimento sobre um assunto que ainda recebe muito pouca cobertura da mídia ocidental. Agradeço a todos eles: Anas Algomati, Nick Ahlmark, Yahya Assiri, Ronen Bergman, Anuradha Bhasin, David Brophy, John Brown, Darren Byler, Jonathan Cook, Dan Davies, Ron Deibert, Eran Efrati, Andrew Feinstein, o falecido Robert Fisk, Apostolis Fotiadis, Ulrike Franke, Natalie Gruber, Claudio Guarnieri, Jeff Halper, Jonathan Hempel, Patrick Hilsman, Guy Hirschfeld, Daniel Howden, Alana Hunt, David Kaye, Alaa Mahajna, Bill Marczak, Haroon Matiullah, Yossi Melman, Todd Miller, Farida Nabourema, Amal Nazzal, Edin Omanovic, Arif Ayaz Parrey, Nelofer Pazira, Jack Poulson, Nihalsing Rathod, Ophelia Rivas, Raphael Satter, Michael Sfard, Yehuda Shaul, David Sheen,

Hagar Shezaf, Ahmed Shihab-Eldin, Mona Shtaya, Daniel Silberman, Phevos Simeonidis, Mehul Srivastava, Robel Tesfahannes, Griselda Triana, Felix Weiss, Roy Yellin, Jillian York, Amitai Ziv e Oren Ziv.

Agradeço ao dissidente Daniel, da Unidade 8200 de Israel, por falar sobre um serviço de inteligência que permanece envolto em segredo.

O advogado e ativista israelense de direitos humanos Eitay Mack, que conheci pessoalmente em Jerusalém Oriental há muitos anos, é uma das pessoas mais inspiradoras na luta pela responsabilização de Israel por seu apoio à tirania em todo o mundo. Valorizo nossa amizade, e este livro se beneficiou muito de seus documentos e comentários.

O pesquisador Shir Hever passou anos investigando a ocupação israelense e o complexo militar-industrial do país. Agradeço a ele por seu pensamento crítico.

Há muitas fontes que não podem ser citadas devido à sensibilidade do material. Sabemos mais sobre o uso da Palestina como laboratório graças a seus esforços corajosos.

Conheço o principal jornalista dissidente de Israel, Gideon Levy, desde 2005. Sua crença de que os palestinos são seres humanos, merecedores de direitos iguais, faz dele uma voz rara no Estado judeu. Seu trabalho me inspirou mais do que qualquer outro — o nome do meio do meu primeiro filho é Gideon —, e agradeço a Levy por sua amizade e coragem.

Como em todos os outros livros que escrevi, os documentos do WikiLeaks foram de grande valia para entender como o poder é exercido neste mundo. Agradeço ao corajoso Julian Assange e suas muitas fontes, que acreditam em nosso direito de saber.

Meus queridos amigos e familiares me mantêm são, alimentado, hidratado, amado e desafiado. Agradeço a eles por acreditarem em mim: Reuben Brand, Peter Cronau, Paul Farrell, Luke Fletcher, Benjamim Gilmour, Brietta Hague, Emily Howie, Mark Jeanes, Matt Kennard, David Leser, Caitlin Marks, Ross

Martin, Mary Martin, Peter Morgan, Lizzie O'Shea, Catrin Ormestad, Mike e Jess Otterman, Selena Papps, Justin Randle, Jeff Sparrow, Helga Svendsen e Clare Wright.

Mustafa Qadri e Yasmine Ahmed, que moram em Londres, juntamente com seus maravilhosos filhos, Zain e Iman, têm sido uma fonte constante de amor e amizade. Obrigado por serem vocês.

Agradeço à Verso, minha editora, a Leo Hollis, meu maravilhoso editor, e a toda a equipe por terem trazido este livro ao mundo.

Agradeço à Scribe, minha editora australiana, a Henry Rosenbloom, e a toda a equipe por acreditarem na importância deste material.

Minha agência literária e cinematográfica, a Zeitgeist Agency, está comigo há anos, e quero agradecer a Benython Oldfield, Sharon Galant e Thomasin Chinnery por apoiarem trabalhos cujo objetivo é provocar.

Meu pai, Jeffrey, sempre apoiou firmemente meu trabalho, e agradeço a ele por seu amor e compreensão infinitos. Suas opiniões evoluíram muito ao longo dos anos em relação a Israel/Palestina, e fico feliz por estarmos no mesmo caminho. Infelizmente, minha mãe, Violet, não está mais entre nós, mas seu espírito de empatia continua vivo.

Por último, mas não menos importante, agradeço à minha extraordinária parceira, Alison Martin, e aos nossos dois lindos filhos, Raphael e Atlas, por me darem amor, espaço e apoio para concluir este livro. Nossas vidas são uma mistura de aventura, super-heróis, abraços em família, guloseimas sem glúten e crença em um mundo melhor e mais justo. Eu amo vocês com todo o meu coração. Seu amor me sustenta e me inspira.

Como ser humano e judeu, sei que a igualdade e a justiça entre israelenses e palestinos é a única maneira de resolver esse conflito. Este livro é minha contribuição para acabar com décadas de discriminação e expor as formas secretas pelas quais ela tem sido praticada.

O futuro ainda não está escrito.

Leituras recomendadas

ABUNIMAH, Ali. *One Country: A Bold Proposal to End the Israeli-Palestinian Impasse*. Nova York: Metropolitan Books, 2006.

BEN-MENACHE, Ari. *Profits of War: Inside the Secret U.S.-Israeli Arms Network*. Nova York: Sheridan Square, 1992.

BERGMAN, Ronen. *Rise and Kill First: A Secret History of Israel's Targeted Assassinations*. Londres: John Murray, 2019. [Ed. bras.: *Levante-se e mate primeiro: a história do serviço secreto e dos assassinatos seletivos de Israel*. Trad. Alessandra Bonrruquer. Rio de Janeiro: Record, 2020.]

BRESHEETH-ŽABNER, Haim. *An Army Like No Other: How the Israeli Defence Force Made a Nation*. Londres: Verso, 2020.

BRIDLE, James. *New Dark Age: Technology and the End of the Future*. Londres: Verso, 2019. [Ed. bras.: *A nova idade das trevas: a tecnologia e o fim do futuro*. Trad. Érico Assis. São Paulo: Todavia, 2019.]

BYLER, Darren. *In the Camps: China's High-Tech Penal Colony*. Nova York: Columbia Global Reports, 2021.

CAIN, Geoffrey. *The Perfect Police State: An Undercover Odyssey into China's Terrifying Surveillance Dystopia of the Future*. Nova York: Public Affairs, 2021.

CHOMSKY, Noam. *Fateful Triangle: The United States, Israel and the Palestinians*. Londres: Pluto, 1999.

COOK, Jonathan. *Blood and Religion: The Unmasking of the Jewish and Democratic State*. Londres: Pluto, 2006.

DEIBERT, Ronald J. Reset: *Reclaiming the Internet for Civil Society*. Toronto: Anansi, 2020.

FARROW, Ronan. *Catch and Kill: Lies, Spies and a Conspiracy to Protect Predators*. Londres: Fleet, 2019. [Ed. bras.: *Operação abafa: predadores sexuais e a indústria do silêncio*. Trad. Ana Ban, Fernanda Abreu e Juliana Cunha. São Paulo: Todavia, 2020.]

FEINSTEIN, Andrew. *The Shadow World: Inside the Global Arms Trade*. Londres: Penguin, 2012.

FISK, Robert. *Pity the Nation: Lebanon at War*. Oxford: Oxford University Press, 2001. [Ed. bras.: *Pobre nação: as guerras do Líbano no século XX*. Trad. Vitor Paolozzi. Rio de Janeiro: Record, 2007.]

FOSTER, Kevin. *Anti-Social Media: Conventional Militaries in the Digital Battlespace*. Melbourne: Melbourne University Press, 2021.

FRIEDMAN, Thomas. *From Beirut to Jerusalem*. 2. ed. Londres: HarperCollins, 1998. [Ed. bras.: *De Beirute a Jerusalém*. Trad. Elena Gaidano. Rio de Janeiro: Bertrand Brasil, 1991.]

GRANDIN, Greg. *Empire's Workshop: Latin America, the United States and the Making of an Imperial Republic*. Nova York: Picador, 2021.

HALPER, Jeff. *War against the People: Israel, the Palestinians and Global Pacification*. Londres: Pluto, 2015.

HEVER, Shir. *The Privatisation of Israeli Security*. Londres: Pluto, 2018.

HUBBARD, Ben. *MBS: The Rise to Power of Mohammed bin Salman*. Londres: William Collins, 2020.

KIMMERLING, Baruch. *Politicide: Ariel Sharon's War against the Palestinians*. Londres: Verso, 2003.

MEIER, Barry. *Spooked: The Secret Rise of Private Spies*. Londres: Sceptre, 2021.

MILLER, Todd. *Empire of Borders: The Expansion of the U.S. Borders around the World*. Londres: Verso, 2019.

PERLROTH, Nicole. *This Is How They Tell Me the World Ends: The Cyber Weapons Arms Race*. Londres: Bloomsbury, 2021. [Ed. bras.: *É assim que me disseram que o mundo acaba: hackers, mercenários e governos na disputa pelo controle cibernético global*. Trad. Christian Schwartz e Liliana Negrello. Porto Alegre: Arquipélago Editorial, 2023.]

POLAKOW-SURANSKY, Sasha. *The Unspoken Alliance: Israel's Secret Relationship with Apartheid South Africa*. Nova York: Pantheon, 2010.

REINHART, Tanya. *Israel/Palestine: How to End the War of 1948*. Sidney: Allen and Unwin, 2003.

SAID, Edward W. *Power, Politics and Culture: Interviews with Edward W. Said*. Londres: Bloomsbury, 2004.

WEIZMAN, Eyal. *Hollow Land: Israel's Architecture of Occupation*. Londres: Verso, 2012.

YIZHAR, Samech. *Khirbet Khizeh*. Londres: Granta, 2008.

YORK, Jillian. *Silicon Values: The Future of Free Speech under Surveillance Capitalism*. Londres: Verso, 2021.

ZERTAL, Idith & ELDAR, Akiva. *Lords of the Land: The War over Israel's Settlements in the Occupied Territories (1967-2007)*. Nova York: Nation, 2007.

ZUBOFF, Shoshana. *The Age of Surveillance Capitalism: The Fight for a Human Future at the New Frontier of Power*. Londres: Profile Books, 2019. [Ed. bras.: *A era do capitalismo de vigilância: a luta por um futuro humano na nova fronteira do poder*. Trad. George Schlesinger. Rio de Janeiro: Intrínseca, 2021.]

Foto: Acervo pessoal

ANTONY LOEWENSTEIN é jornalista investigativo independente, escritor e cineasta australiano de origem judaica alemã. Trabalhou em dezenas de países, incluindo o Sudão do Sul, em 2015, e em Jerusalém Oriental, entre 2016 e 2020. Como jornalista, contribuiu para veículos como *The New York Times*, *The Guardian*, *The Washington Post*, *Al Jazeera* e *The New York Review of Books*. É autor de *Disaster Capitalism: Making a Killing out of Catastrophe* [Capitalismo do desastre: fazendo fortuna com a catástrofe] (Verso, 2015), *Profits of Doom: How Vulture Capitalism is Swallowing the World* [Lucros da destruição: como o capitalismo de rapina está destruindo o mundo] (Melbourne University Press, 2013) e *My Israel Question* [Minha questão de Israel] (Melbourne University Press, 2011), entre outros títulos. Com Ahmed Moor, lançou *After Zionism: One State for Israel and Palestine* [Depois do sionismo: um Estado para Israel e Palestina] (Saqi, 2024). Em 2023, *Laboratório Palestina* recebeu menção honrosa no prêmio Moore e venceu o prêmio Walkley Book da Austrália; em 2024, venceu o prêmio Victorian Premier's Literary, na categoria escolha do público.

Título original
The Palestine Laboratory: How Israel Exports the Technology of Occupation around the World

Primeira edição, julho de 2024
São Paulo, Brasil

Dados Internacionais de Catalogação na Publicação (CIP)
Angélica Ilacqua CRB-8/7057

Loewenstein, Antony
Laboratório Palestina: como Israel exporta tecnologia de ocupação para o mundo / Antony Loewenstein; tradução de Gabriel Rocha Gaspar. — São Paulo: Elefante, 2024.
360 p.

Bibliografia
ISBN 978-65-6008-057-7

1. Conflito Árabe-israelense 2. Indústrias de defesa – Israel 3. Segurança interna – Israel 4. Israel – Política militar I. Título II. Gaspar, Gabriel Rocha

24-3002 CDD 956.940

Índices para catálogo sistemático:
1. Conflito Árabe-israelense

---

elefante

editoraelefante.com.br
contato@editoraelefante.com.br
fb.com/editoraelefante
@editoraelefante

Aline Tieme [comercial]
Samanta Marinho [financeiro]
Sidney Schunck [mídia]
Teresa Cristina Silva [redes]

fontes Signifier e Galano Grotesque
papéis Cartão 250 g/m² & Ivory slim 65 g/m²
impressão BMF Gráfica